chtflotten

THE GRAND FLEET

Admiral Sir John Jellicoe

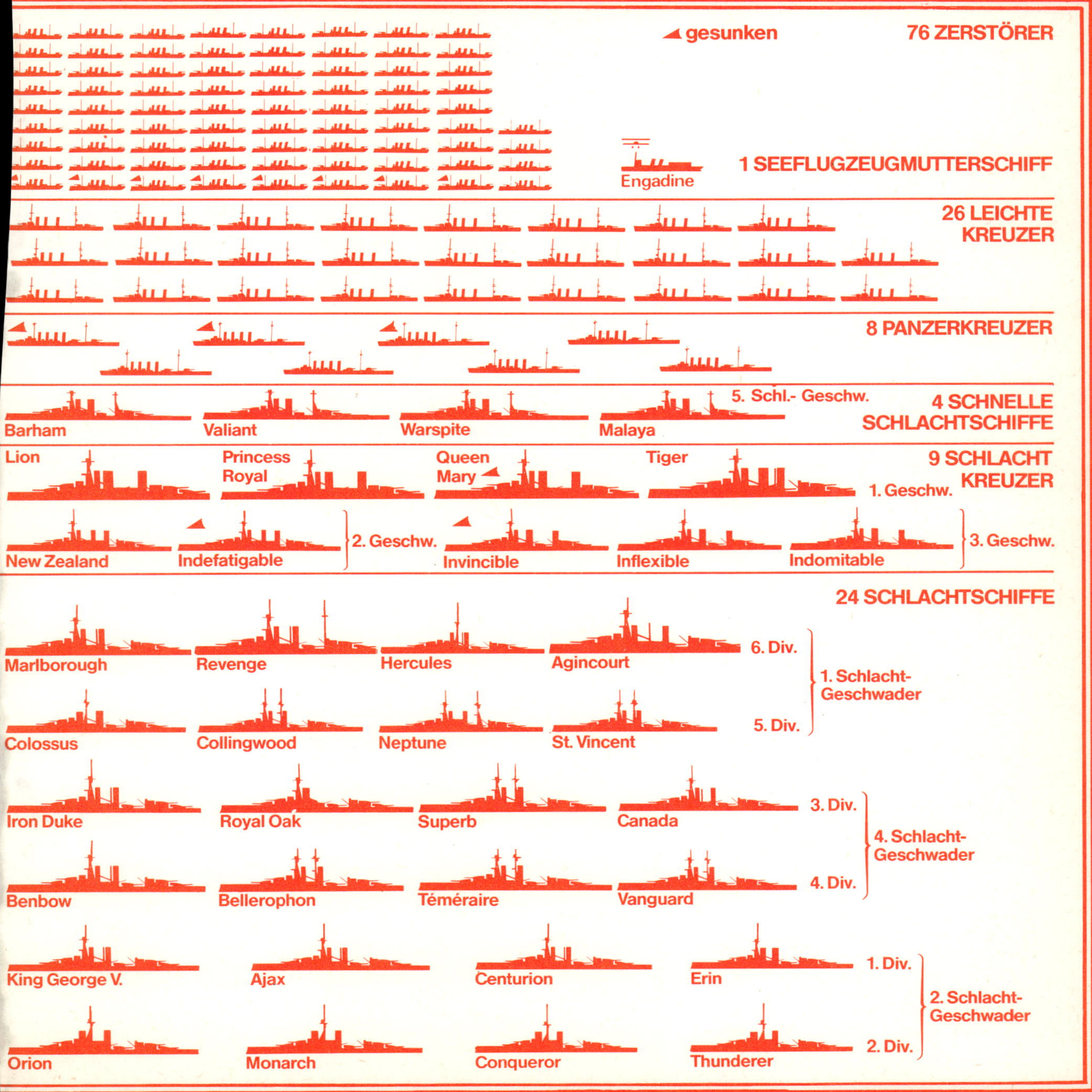

◢ gesunken

76 ZERSTÖRER

1 SEEFLUGZEUGMUTTERSCHIFF

Engadine

26 LEICHTE KREUZER

8 PANZERKREUZER

4 SCHNELLE SCHLACHTSCHIFFE

5. Schl.- Geschw.

Barham, Valiant, Warspite, Malaya

9 SCHLACHT KREUZER

1. Geschw.: Lion, Princess Royal, Queen Mary, Tiger

2. Geschw.: New Zealand, Indefatigable

3. Geschw.: Invincible, Inflexible, Indomitable

24 SCHLACHTSCHIFFE

1. Schlacht-Geschwader

6. Div.: Marlborough, Revenge, Hercules, Agincourt

5. Div.: Colossus, Collingwood, Neptune, St. Vincent

4. Schlacht-Geschwader

3. Div.: Iron Duke, Royal Oak, Superb, Canada

4. Div.: Benbow, Bellerophon, Téméraire, Vanguard

2. Schlacht-Geschwader

1. Div.: King George V., Ajax, Centurion, Erin

2. Div.: Orion, Monarch, Conqueror, Thunderer

VERLAG
FRITZ
MOLDEN

SKAGERRAK
Deutschlands größte Seeschlacht

1916

John Costello
Terry Hughes

VERLAG FRITZ MOLDEN
Wien · München · Zürich · Innsbruck

Schutzumschlagbild: Deutsches Linienschiff der „Kaiser"-Klasse (6. Division) beim Abfeuern einer Breitseite der schweren Artillerie.
Süddeutscher Verlag – Bilderdienst, München

Aus dem Englischen übertragen von
ERWIN SIECHE

Titel der englischen Ausgabe:
JUTLAND 1916

Erstmals erschienen bei Weidenfeld & Nicolson, London

Schutzumschlag: Hans Schaumberger, Wien
Lektor: Johannes Eidlitz
Technischer Betreuer: Herbert Tossenberger
Satz: Filmsatzzentrum Gesellschaft m.b.H.
ISBN 3-217-00863-4

Inhalt

BILDQUELLENNACHWEIS

Bilderdienst Süddeutscher Verlag: 2 (links), 2/3, 3, 12, 14/15, 18/19, 23 (oben), 24, 24/25, 26/27, 32/33, 39, 40/41, 52, 53, 70/71, 79, 81 (oben), 88/89, 90, 90/91, 95 (unten), 98/99, 99, 100, 103, 107, 113 (oben), 118/119, 120/121, 122/123, 137, 140, 161, 162, 178/179, 182, 183, 185 (unten), 190/191, 191 (oben), 203, 207 (oben), 212, 226, Schutzumschlag;

Bundesarchiv: 17, 70, 80/81, 95 (oben), 150/151, 186/187, 192/193, 216;

Daily Mail War Album: 67, 74, 88, 153;

Fujiphotos: 30, 31;

Lt-Cdr Hoyle: 94 (unten), 109 (oben);

Illustrated London News: 96, 96/97, 148;

Imperial War Museum: 34/35, 35, 66, 86/87, 94 (oben), 94/95, 108/109, 110, 124/125, 130/131, 132/133, 134/135, 135, 138, 144/145, 164/165, 165, 168/169, 169, 194/195, 201 (oben), 210/211, 214/215, 222/223;

Miss Margery Jinkin: 60, 93;

J. G. Moore: 91;

Nautic Presentations Ltd: 2 (rechts), 11, 13, 38, 42, 54 (links & rechts), 55, 56, 57, 66, 69, 102, 106, 130 (oben), 139, 149, 156, 166, 170, 172, 178 (oben links & oben rechts), 179 (oben), 199, 225, 231;

Public Record Office, London: 116 (links), 139, 142/143, 146/147, 174/175, 176, 217, 220/221;

W. Schäfer, Kiel: 37;

Roger Viollet: 22/23;

Radio Times Hulton Picture Library: 8/9, 18, 29, 36, 43, 44/45, 47 (links und rechts), 48, 49, 62, 68, 116 (rechts);

W. P. Trotter: 1, 20/21, 46/47, 50/51, 54 (unten), 58/59, 61, 63, 64/65, 67, 68/69, 72/73, 75, 76/77, 80 (oben), 82, 82/83, 84/85, 105, 111, 112/113, 114/115, 115 (oben), 128/129, 129 (oben), 143 (oben), 152/153, 154/155, 156, 158/159, 165, 166/167, 172, 173, 175 (oben), 180/181, 185 (oben), 196/197, 198/199, 200/201, 204, 206/207, 208/209, 209 (oben), 218/219, 220 (oben), 229;

Ullstein: 188.

Die Bildrecherchen besorgte J. G. Moore.

Wir danken insbesondere für die Erlaubnis, aus folgenden Werken zitieren zu dürfen:

The World Crisis, W. S. Churchill;
From the Dreadnought to Scapa Flow, Arthur J. Marder;
Scapa Flow 1919, Admiral Ruge;
Kiel and Jutland, G. von Hase;
The Life und Letters of David Beatty, W. S. Chalmers;
The Grand Fleet 1914–16, Admiral Jellicoe;
Germany's High Seas Fleet, Admiral Scheer;
My Memoirs, Grand Admiral Tirpitz;
The Private War of Seamon Stumpf, Richard Stumpf.

Vorwort

Vor mehr als zwei Generationen fand zwischen der königlich-britischen und der kaiserlich-deutschen Flotte die Skagerrak-Schlacht statt, die bis dahin größte und blutigste Seeschlacht überhaupt. Die Engländer nennen diese Schlacht, die vor der Nordwestküste der Halbinsel Jütland stattfand, „Battle of Jutland". Was uns heute an dieser Schlacht noch so fasziniert, ist nicht nur ihr Ausmaß, der geleistete Einsatz, der Preis, um den gekämpft wurde, sondern die Tatsache, daß die Skagerrak-Schlacht den Höhepunkt und, wenn man will, auch die Erfüllung jenes jahrelangen Wettrüstens zur See bedeutete, das noch vor der Jahrhundertwende begonnen hatte und in dem sich die technische, ja die wirtschaftliche Potenz der europäischen Großmächte widerspiegelte. Dies zeigt fesselnde Parallelen zwischen jener Zeit und dem Heute, das ja ebenfalls Zeuge eines gigantischen Rüstungswettlaufes zwischen zwei Machtblöcken ist.

Die letzten Salven der Skagerrak-Schlacht waren kaum gefallen, als schon die Auseinandersetzung darüber begann, wer der Sieger sei. Selbst heute noch wird über die wahre Bedeutung dieses Zusammenstoßes zweier Hochseeflotten diskutiert. In den mehr als sechs Jahrzehnten, die vergangen sind, wurden viele Bücher zu diesem Thema geschrieben, wobei wir die umfassende Untersuchung Arthur Marders „From Dreadnought to Scapa Flow" hervorheben möchten. Sie übertrifft alle anderen Arbeiten an brillanter Analyse und objektiver Bewertung. Bei der Abfassung unseres Werkes haben wir uns bemüht, den Hergang aus der Sicht der Zeitgenossen darzustellen, an Hand von Augenzeugenberichten der englischen sowie der deutschen Teilnehmer; darüber hinaus haben wir Akten und Quellen benutzt. Die Zeitangaben sind alle auf den britischen „Greenwich Mean Time" (GMT, mittlere Greenwichzeit, zwei Stunden vor der deutschen Zeit) gebracht. Wir hatten das Glück, von Überlebenden der großen Seeschlacht Berichte über ihre Erlebnisse an diesem wichtigen Tag zu erhalten. Ganz besonders möchten wir Cmdr. H. Burrows, Cmdr. Betts, E. L. Edds, J. Cockburn, Lt. Cmdr. Hoyle und Lt. Bickmore danken.

Es war unsere Absicht, nicht nur eine illustrierte Darstellung, sondern einen Bildbericht zu schaffen, und so sind wir deshalb insbesondere Wilfred Pym Trotter für die Genehmigung dankbar, Material aus seinem umfangreichen und einzigartigen Archiv verwenden zu dürfen. Miß Margery Jinkin hat ebenfalls Dokumente und Fotos aus dem Nachlaß Admiral Jinkins zur Verfügung gestellt. Wir danken für die freundliche Unterstützung der Sachbearbeiter des Imperial War Museum, des deutschen Bundesarchives und des Süddeutschen Verlages, die umfangreiches Bildmaterial in ihren Archiven ausfindig machten.

Unser Dank für die hilfreiche Unterstützung und Anregungen gilt dem Direktor der Bibliothek für Zeitgeschichte in Stuttgart, Prof. Dr. Jürgen Rohwer, Prof. Berghahn von der Universität Warwick und Admiral Wegener in Kiel.

Zu besonderem Dank verpflichtet sind wir Dr. Paul Winzen, Köln, für seine anstrengende Sucharbeit in deutschen Archiven, und den Herren Stephen Hartley und Alan Goodger für ihre Nachforschungen in britischen Archiven. Die Sachbearbeiter der britischen Admiralitätsbibliothek, der RUSI Library und des Public Records Office unterstützten uns ebenfalls großzügig. Es wäre unmöglich gewesen, das umfangreiche Dokumentenmaterial in dieses Buch einzuarbeiten, ohne die hingebungsvolle Hilfe von Fiona Parker und Ursula Kelf, die die Übersetzung und die Schreibarbeit besorgten, von Jonathan Moore, der sich der Bildsuche annahm, und von Peter White, der die Gefechtsskizzen gezeichnet hat. Unser besonderer Dank gilt ferner der Lektorin Ann Wilson des Verlages Weidenfeld und dem Layouter David Eldred. Ohne den Ansporn und die Leitung von Rear Admiral Morgan Giles, die Unterstützung von Mr. Read und das Verständnis und die Anstrengungen von Jackie Baldick hätte dieses Projekt nicht verwirklicht werden können.

John Costello
Terry Hughes
London 1976

Die 15.000-Tonner der Majestic-Klasse – die stärksten Schlachtschiffe vor der Jahrhundertwende – erhielten bei der Flottenparade der Royal Navy zu Ehren des Diamantenen Regierungsjubiläums der Königin Victoria am 26. Juni 1897 den Ehrenplatz.

„Unbarmherzig, schonungslos, hart!"

In der Genehmigung des Flottengesetzes durch den deutschen Reichstag sah Tirpitz den Beginn eines umfassenden industriellen und militärischen Fortschritts, der Deutschland schließlich eine Flotte geben konnte, die imstande war, Großbritannien zur See herauszufordern. Doch schon weniger als zwei Jahre danach brachte er den Entwurf eines neuen Flottengesetzes ein, das die Stärke der deutschen Flotte noch wesentlich vergrößern sollte. Großbritannien hatte ihm dafür einen einmaligen Vorwand gegeben, indem es im Oktober 1899 den Krieg gegen die beiden Burenrepubliken begann.

In ganz Europa trat ein Stimmungsumschwung ein: ein Großreich und die mächtige britische Kriegsmarine wurden gegen ein paar tausend brave Siedler mobilisiert, die ihre Heimat tapfer verteidigten! Die internationale Presse griff Großbritannien heftig an, wobei sich die deutschen Blätter durch besonderen Englandhaß hervortaten.

Der „Flottenverein", der seinerzeit die öffentliche Meinung so erfolgreich zugunsten des Flottengesetzes mobilisiert hatte und nun mehr als eine Viertelmillion Mitglieder hatte, benutzte die antibritische Stimmung, um eine erneute Aufstockung des Flottenbauprogramms zu verlangen. Sein Sprachrohr, die Zeitschrift „Die Flotte", brachte alle nur denkbaren Argumente für den beschleunigten Aufbau der deutschen Seemacht.

Das nützte Tirpitz dazu, im Reichstag eine Novelle zum Flottengesetz einzubringen, die wesentlich mehr Schiffsbauten vorsah. Die Baukosten für die 1898 genehmigten Schiffe waren bei weitem überschritten

Krise in Südafrika
Unten: Präsident Paulus Krüger und General Botha führten die Buren im Oktober 1899 im Krieg gegen das britische Empire. Englands militärisches Vorgehen gegen die Buren brachte Europas öffentliche Meinung zum Kochen. Angesichts der britischen Seemacht mußte das burenfreundliche Deutschland tatenlos bleiben. Kaiser Wilhelm II.: „Bitter not tut uns eine starke deutsche Flotte." Sein neuer Reichskanzler, Fürst Bülow (rechts, 1), hier mit Wilhelm II. an Bord der Kaiserjacht *Hohenzollern*, riet: „Deutschland kann sich mit England zur See noch nicht messen."

worden und „der zweite, noch wesentlichere Grund, der für ein Vorziehen der Novelle sprach, war technischer und verwaltlicher Art. Wir mußten danach streben, jedes Jahr möglichst gleich viel Schiffe zu bauen; unser militärisches Ziel und der Stand unserer Einrichtungen empfahlen eine Baurate von drei großen Schiffen im Jahr".

Der Kaiser, wie immer empfänglich für Tirpitz' Opportunismus, erklärte seinem Kanzler von Bülow: „Ich bin nicht in der Lage, anders als neutral zu bleiben, bevor ich eine Flotte habe. Wenn diese Flotte in zwanzig Jahren fertig ist, dann kann ich eine andere Sprache sprechen."

Im Jänner 1900 legte Tirpitz seinen Entwurf für ein neues Flottengesetz vor, welches das Flottenbauprogramm auf 15 Jahre, d. h. bis 1920 ausdehnte. Insge-

Angriff auf den Zwei-Mächte-Standard
Unten: Tirpitz' neue Marine zeigt ihre Stärke bei großangelegten Landungsmanövern an der schleswig-holsteinischen Küste. Dies weckte in Großbritannien Befürchtungen, seine historische Vorherrschaft zur See sei bedroht.
Rechts: Demonstrationen der Stärke der deutschen Seemacht, Schiffsbesuche und eine intensive Propaganda brachten der schnell wachsenden deutschen Flotte begeisterten Rückhalt in der Bevölkerung.

samt waren darin 38 Schlachtschiffe (2 Flottenflaggschiffe, 32 Linienschiffe in 4 Einsatzgeschwadern und 4 Linienschiffe in Reserve) sowie starke Kreuzergeschwader und Torpedobootsflottillen vorgesehen. Zur selben Zeit rühmte sich Großbritannien einer Schlachtflotte von 47 Einheiten, doch wie viele konnte es bis 1920 in Dienst stellen? Die britische Regierung begann schon die Herausforderung zu spüren.

Im Deutschen Reich stieß dieser Flottenbauplan allerdings auf Opposition. Die Sozialdemokraten demonstrierten in Berlin, und die Zentrumspartei verlangte eine Reduzierung des Programms. Dennoch war Tirpitz so sehr davon überzeugt, daß die antibritische Stimmung – genährt von seiner Propaganda-Kampagne – in Deutschland die Annahme des Gesetzes bewirken würde, daß er öffentlich all jene Argumente vorbrachte, die das geheime strategische Konzept der „Risikoflotte“ ausmachten. In den Motivberichten des Flottengesetzes erklärte Admiral von Tirpitz, die Flotte des Deutschen Reiches müsse so stark sein, daß ein Angriff selbst für die größte Seemacht so hohe Risiken einschließe, daß deren Vormachtstellung dadurch beeinträchtigt werde.

Als das Flottengesetz im Juni 1900 den Reichstag passierte, wurden die Strategen der britischen Admiralität alarmiert. Aber auch die Kommentatoren sahen darin einen direkten Angriff auf die „Zwei-für-eins-

„Wir wollten nicht Gitter um uns errichten, sondern grundsätzlich die Flotte als Sache des ganzen Volkes behandelt wissen.“
Tirpitz

Doktrin“. Die öffentliche Meinung allerdings nahm die Bedrohung nicht ernst. Denn England hatte die größere Schiffsbaukapazität und die Royal Navy war der deutschen Flotte an Schlachtschiffen dreifach überlegen.

Die Briten verharrten hinter dem Stahlschild ihrer Kriegsschiffe in ihrer „Splendid Isolation“ und blieben der europäischen Bündnispolitik fern.

Durch den britischen „Naval Defense Act“ wurde ein umfangreiches Schlachtschiffbauprogramm genehmigt; bis dahin verfügte Großbritannien nur über eine Flotte von zehn Schlachtschiffen der 1. Klasse, die im Mittelmeer stationiert war. Die „Fortnightly Review“ warnte: „Unsere anderen Seestreitkräfte werden immer wertloser. Es beginnt schon bei dem unterbemannten Kanalgeschwader und reicht bis zu den unbemannten, vernachlässigten Schiffen der Reserveflotte in den Heimathäfen.“ In großer Zahl lagen diese Schiffe in den Flußmündungen von Portsmouth und Devonport, viele zu alt, um einsatzfähig zu sein.

Diese Lage der Dinge spiegelte sich bei der Flotte rund um die Welt wider. Qualität und Kampfstärke der britischen Geschwader – von den Großkampfschiffen der Schlachtflotte im Gelben Meer bis zu den Flußkanonenbooten in Westafrika – waren sehr unterschiedlich. Zur Verteidigung der Heimatgewässer stand überhaupt nur ein einziges Geschwader bereit. Es bestand aus sieben Schlachtschiffen und vier Kreuzern, verfügte aber über keine Torpedoboote und Zerstörer. Die Royal Navy hielt beharrlich an der geheiligten Tradition fest – die angeblich das Vermächtnis Nelsons war –, es sei „der Mann, der zählt, nicht das Material“. Viele Offiziere glaubten, daß Neuerungen im Schiffsbau oder bei der Schiffsartillerie die Leistungen der Marine untergraben würden.

Die britische Regierung aber begann sich im glei-

Eines der Linienschiffe der Risikoflotte: SMS *Karl der Große*. Hier unter der Holtenauer Brücke im Kaiser-Wilhelm-Kanal.

„Unsere Zukunft liegt auf dem Wasser."
Kaiser Wilhelm II., 1898

„Es ist nicht absolut notwendig, daß die deutsche Flotte so stark ist wie die der größten Seemacht, weil im allgemeinen diese größte Seemacht nicht in der Lage sein wird, alle ihre Kräfte gegen uns zu konzentrieren. Aber selbst wenn es ihr gelingen sollte, uns mit überlegenen Kräften gegenüberzutreten, so würde doch der Gegner beträchtlich dadurch geschwächt werden, daß er den Widerstand einer starken deutschen Flotte überwinden mußte."
Tirpitz zur Strategie der Risikoflotte

chen Maß Sorgen um den Zustand der Royal Navy zu machen, als es klar wurde, daß Deutschland entschlossen war, die Sicherheit Großbritanniens zur See ernsthaft in Frage zu stellen!

Im November 1901 richtete Lord Selborne, der Erste Seelord der Admiralität, folgendes Memorandum an das Kabinett:

„Deutschlands Flottenpolitik ist entschieden und beharrlich. Der Kaiser ist entschlossen, die Macht Deutschlands auf der ganzen Welt einzusetzen, um deutsche Wirtschaftspositionen und Interessen zu fördern. Daraus folgt zwingend, daß die deutsche Seemacht gegenüber dem jetzigen Stand wesentlich verstärkt werden muß, um sich mit der unseren vorteilhafter als gegenwärtig messen zu können."

Der deutsche Flottenstützpunkt Wilhelmshaven an der Nordsee und der Kaiser-Wilhelm-Kanal (heute Nord-Ostsee-Kanal) wurden ausgebaut, um Großkampfschiffe von der Ostsee in die Nordsee verlegen zu können.

Die konservative Regierung unter Premier Balfour war nun angesichts der Verletzlichkeit des Empires aufs höchste bestürzt. Die Deutschen stellten eine neue und gezielte Gefahr dar, aber auch die Politik der Russen und Franzosen war unfreundlich. So machte sich Großbritannien auf die Suche nach Bündnispartnern, um Spannungen in entfernten Weltgegenden nach Möglichkeit zu beseitigen und dadurch die Royal Navy in der Nordsee zusammenziehen zu können.

In logischer Folge wurde eine andere Seemacht Britanniens erster Verbündeter: Japan. Der 1902 geschlossene Bündnisvertrag verringerte die Gefahren für die britischen Besitzungen in Fernost und China und erlaubte es, das britische Chinageschwader anderwärts einzusetzen.

Großbritannien bewegte sich auch auf eine Einigung mit Frankreich zu. Unter dem frankophilen König Edward VII. wurden ab 1901 die zwischen den beiden Nationen noch offenen Differenzen bereinigt, und 1904 wurde die Entente Cordiale geschlossen. Innerhalb von zwei Jahren war Tirpitz' Plan ins Wanken geraten.

Die britische Regierung wendete ihre Aufmerksamkeit der schon lange notwendigen Reform der Royal Navy zu. Glücklicherweise verfügte England über einen der begabtesten Männer in der Geschichte seiner Kriegsmarine, der der deutschen Bedrohung entgegentreten konnte. Admiral Sir John Arbuthnot Fisher war schon 61 Jahre alt, als er 1902 Zweiter Seelord der Admiralität wurde. Seine Energie und Durchschlagskraft waren legendär. Er drückte der britischen Flotte seinen Stempel auf und machte sie, als sie zum großen Kräftemessen im Skagerrak antrat, an ihre Unbesiegbarkeit glauben.

Mit wenigen Worten drückte der Zweite Seelord jene Philosophie aus, mit der er das unmöglich erscheinende Ziel einer Reform der am meisten traditionsverhafteten Marine der Welt erreichen wollte: „Ich sehe den Weg klar vor mir: eine starke Vereinfachung bei gleichzeitiger Steigerung der Leistungsfähigkeit! Das klingt gut, und ich glaube, es wird sich bewähren. Die Reform allerdings wird unter dem Motto ‚Unbarmherzig, schonungslos, hart' stehen!" Solche aggressiven Äußerungen machten Fisher in vielen Kreisen zum gefürchteten Mann. Wer es wagte, ihm entgegenzutreten, wurde von ihm derart angeprangert und verfolgt, daß dessen Karriere darunter litt.

Als Zweiter Seelord war Fisher auch für die Ausbildung des gesamten Marinepersonals verantwortlich. Instinktiv erkannte er die Wurzel des Problems: Die Erziehung und Ausbildung der Marineoffiziere mußten drastisch geändert werden. Dies war eine gewaltige Aufgabe. Der damalige Stand der Seeoffiziersausbildung wurde in einer zeitgenössischen Kritik treffend als „Flickwerk" bezeichnet.

Im Jahre 1902 zeigte das nach dem Ersten Seelord der Admiralität benannte „Selborne-Memorandum" die Lösung auf. Nach ihrem Eintritt in die Marine mit zwölfeinhalb Jahren sollten alle künftigen Offiziere nach einem allgemeinen Lehrplan ausgebildet werden, der sowohl Technik und Physik als auch Navigation und Seemannskunde umfaßte. Im Alter von Zweiundzwanzig konnten sich die jungen Seeoffiziere dann auf die Laufbahnen als Schiffsingenieur, als Seeoffizier oder als Offizier der Marineinfanterie spezialisieren.

Für seine Gegner in der Kriegsmarine waren Fishers Vorschläge wie der Stich ins Wespennest. Einer der geheiligten Glaubenssätze der Navy war in Gefahr, denn bis jetzt hatte Charakter immer mehr gezählt als Fachwissen. Man befürchtete, daß die Admiralität den

„Jackie" Fisher – der Revolutionär in der Admiralität. In den acht Jahren seiner Führungsposition in der Admiralität (1902–1910) reformierte er die Organisation der Royal Navy, so daß sie Tirpitz' Herausforderung begegnen konnte. Sowohl wegen seines Geburtsortes Ceylon als auch wegen seiner Schlauheit erhielt er den Spitznamen: „Der Orientale". Sein Erfolg beruhte auch auf seiner Fähigkeit zur Eigenwerbung und auf seiner engen Freundschaft mit König Edward VII.

politischen und sozialen Strömungen jener Zeit nachgeben könnte, indem man beispielsweise den Spezialistenstatus der Maschineningenieure anerkannte. Doch Fisher war erst am Anfang seiner Maßnahmen.

Im Jahre 1904 wurde er zum Ersten Seelord ernannt. Angesichts der langfristigen Drohung durch Tirpitz begann er sofort mit einer Neudefinierung der britischen Strategie zur See. Es war die Zeit der internationalen Spannungen vor dem Russisch-Japanischen Krieg, und die Admiralität war in Sorge, Europa könnte in diesen Krieg mit hineingezogen werden. Gewisse Zeitungen stifteten Unruhe mit Invasionsgerüchten, und Autoren wie etwa Erskine Childers, der in seinem Buch „The Riddle of the Sands" einen angeblichen deutschen Geheimplan zur Besetzung der friesischen Inseln enthüllte, trugen kaum zur Beruhigung der öffentlichen Meinung bei. Auch andere Vorfälle heizten die Stimmung an, so etwa, als die russische Ostseeflotte auf dem Marsch nach Ostasien bei der Doggerbank auf harmlose englische Fischkutter das Feuer eröffnete. Die Russen hatten die Fischer für japanische Torpedoboote gehalten.

Die Krise begünstigte Fishers Pläne sehr und ermöglichte es ihm, die Umgruppierung der britischen Seemacht zu beschleunigen, um der Drohung in der Nordsee entgegenzutreten. Zu jener Zeit waren neun britische Flotten und Geschwader rund um die Welt verteilt. Fisher schlug eine Konzentration auf die „fünf strategischen Schlüsselpunkte der Welt" vor: Singapur, Kapstadt, Alexandria, Gibraltar und Dover.

Die bisher nur aus älteren Schlachtschiffen bestehende „Home Fleet" wurde in „Kanalflotte" umbenannt und durch vier aus dem Mittelmeer abgezogene Schlachtschiffe auf zwölf Einheiten verstärkt. Zum ersten Mal seit Nelsons Zeiten befand sich der Schwerpunkt der britischen Seemacht nicht mehr im Mittelmeer, wo nur mehr acht Schlachtschiffe verblieben. Diese erheblich verstärkte Kanalflotte überwachte nun ein großes Gebiet und schützte die Zugänge im Westen und Irland mit dem Angelpunkt in Dover. Die ehemalige Kanalflotte mit ihren acht Schlachtschiffen der 1. Klasse wurde in „Atlantikflotte" umbenannt und in Gibraltar stationiert, von wo aus sie sowohl der Mittelmeer- als auch der Kanalflotte Verstärkung geben konnte.

Fisher nahm als nächstes alle Verschwendung und Unzulänglichkeit in der Marine aufs Korn. Er veranlaßte, daß über 150 alte Schiffe sofort außer Dienst gestellt wurden, viele von ihnen wurden zum Abwrakken verkauft. Ihre ausgebildeten Besatzungen standen nun zur Verfügung, um die Einsatzfähigkeit der Flotte zu erhöhen. Dem Steuerzahler blieb daher viel erspart. Durch die neuen Bündnisse mit Frankreich und Japan sowie die sich stetig bessernde Situation innerhalb der Kriegsmarine begann sich nun auch die Balfour-Regierung sicherer zu fühlen.

Ein Ereignis im Mai 1904 zeigte, welch neue und furchterregende Macht eine moderne Schlachtflotte besaß und wie sie das Schicksal einer Nation beeinflussen konnte. In Großbritannien verstand man diese Lehre. Eine Fahrt von acht Monaten hatte die russische Ostseeflotte rund um die Welt geführt, um das Gleichgewicht gegenüber Japan wiederherzustellen. In der Straße von Tsushima trafen die Russen auf die kaiserlich-japanische Flotte unter Admiral Togo. Fünf kampfstarke russische Schlachtschiffe, unterstützt von einer zweiten Division aus sieben älteren Schlachtschiffen, sahen sich vier japanischen Schlachtschiffen und acht Panzerkreuzern gegenüber. Es entwickelte sich die größte Seeschlacht seit Trafalgar, deren Ergebnis von den Marinetaktikern aller seefahrenden Nationen genau analysiert wurde.

Zum ersten Mal waren in einer größeren Seeschlacht schwergepanzerte Schiffe mit schwerer Artillerie im Einsatz. Sowohl die Schlachtflottentaktik als

Das Sterben einer Flotte
Links: Im Mai 1905 vernichtete die Schlachtflotte des Admirals Togo, geführt von den Schlachtschiffen *Fuji, Asai* und *Shikishima* (im Bild bei der Feuereröffnung), die russische Baltische Flotte. Togo (rechts) nützte seine überlegene Geschwindigkeit zum Manöver des „Crossing the T“. Er versperrte der feindlichen Schlachtlinie rechtwinkelig den Weg und schoß mit allen Rohren auf die Russen, während diese, hintereinander in Kiellinie, sich gegenseitig behinderten. Zum ersten Mal in einer größeren Seeschlacht sprachen schwere Kanonen.

auch die Fähigkeit der Schiffe, dem Artilleriefeuer zu widerstehen, mußten ihre Bewährung im Einsatz beweisen. Es war ein ungleicher Kampf. Togo hatte zwar weniger Linienschiffe, aber die Russen, nach der Anstrengung ihrer langen Fahrt, waren den Japanern nicht gewachsen. Ausmanövriert und niedergekämpft, wurden die Russen vernichtend geschlagen. Als die Schlacht zu Ende war, waren nicht weniger als 20 von 30 russischen Schiffen gesunken, sechs hatten kapituliert und sechs wurden in neutralen Häfen interniert. 4830 Matrosen der Zarenmarine waren gefallen, ihr Admiral ein Gefangener des Siegers Togo.

Tsushima war ein erstes Beispiel der neuen Seekriegstaktik, die eine „neue Generation“ von Schlachtschiffen erforderte. Rußland war nun für längere Zeit als Seemacht ausgeschaltet. Es konnte nun auch nicht mehr in den britischen Überlegungen zum „Zwei-Mächte-Standard“ ernstgenommen werden. Die Schlacht von Tsushima beeinflußte auch das Verhalten Deutschlands. Da Rußland nun Frankreich nicht mehr gegen eine deutsche Bedrohung beistehen konnte, erschien es Deutschland möglich, die neuen englischen Bündnisse, die das Deutsche Reich so beengten, auszumanövrieren. Der deutsche Reichskanzler von Bülow provozierte 1905 absichtlich die Marokkokrise, doch die Entente hielt der Belastungsprobe stand: England war bereit, den Bündnispartner Frankreich zu unterstützen. Nun fürchteten die Deutschen ihrerseits einen britischen Präventivschlag gegen ihre im Aufbau befindliche Flotte.

Ende 1905 ergriffen die Deutschen verschiedene Vorsichtsmaßnahmen: Die Kreuzer in Übersee wurden heimbeordert und alle Weihnachtsurlaube gestrichen. Auslösender Grund war der Vorschlag Fishers an König Edward VII., man solle mit der deutschen Flotte wirklich nach dem Beispiel Nelsons bei Kopenhagen verfahren, der am 1. April 1801 ohne Kriegserklärung mit seinem Geschwader in die Reede von Kopenhagen eingedrungen war und angesichts der starken Landbefestigungen die dänische Flotte versenkte.

Die Angst vor einem „Kopenhagen“ und die steigenden internationalen Spannungen gaben Tirpitz die Möglichkeit, erfolgreich weitere sechs Panzerkreuzer und eine große Anzahl von Torpedobooten für die Flotte zu fordern. Bezeichnenderweise wurde auch ein größerer Betrag für die Entwicklung von Unterseebooten bewilligt.

Als die Spannung abnahm, sah sich Deutschland isoliert und gedemütigt. Als direktes Ergebnis des Aufbaus der Risikoflotte war es nun von seinen Gegnern eingekreist. Noch dazu wurde durch Fishers Reformen die Schlagkraft der britischen Flotte sehr verstärkt. Sie war neu gegliedert, und eine Reserveflotte war geschaffen worden, die binnen kurzen seeklar gemacht werden konnte.

Inzwischen ging unter strengster Geheimhaltung auf der Helling Nr. 15 in Portsmouth ein neues Schlachtschiff von revolutionärer Konstruktion seiner Fertigstellung entgegen. Mit einem entscheidenden Schritt, der die Seekriegsführung über Nacht nachhaltig verändern sollte, hatte Großbritannien den Einsatz im Spiel um die Seeherrschaft sprungartig erhöht. Der Startschuß zum industriellen Wettlauf war gefallen. Dieser Wettlauf sollte bald sein unaufhaltsames Eigenleben gewinnen und führte schließlich zum Zusammenstoß der Schlachtflotten.

Die Rückkehr der Kaiserlichen Flotte aus dem Manöver nach Kiel war für die deutschen Bürger ein ebenso beliebtes Schauspiel wie die Flottenparaden der Royal Navy für die Engländer.

Pensionen oder Großkampfschiffe?

Am Morgen des 10. Februar 1906 regnete es in Portsmouth. Gruppen eigens aus London angereister hochgestellter Gäste, die gerade die große Marinewerft besuchten, mußten sich vor einem plötzlichen Regenguß in Sicherheit bringen. Trotz des schlechten Wetters spielte eine Kapelle der Royal Marines ein Potpourri fröhlicher Weisen, und manchmal kam die Sonne hervor. Die Ehrengäste nahmen auf der Stapellauftribüne vor dem Bug des Schiffes Platz. Von ihrem hohen Aussichtspunkt aus konnten sie bequem auf den 160 Meter langen, aus 279 Millimeter starkem Panzerstahl zusammengenieteten Rumpf niederblicken. Fünf kreisrunde Höhlen in dem 63,5 Millimeter dicken Panzerdeck warteten auf den Einbau der schweren Geschütztürme.

Auf der Tribüne beobachtete Admiral Sir John Fisher die Vorbereitungen. Er war sich der Tragweite des Tages voll bewußt: Dies hier war ein vollständig neuer Schlachtschifftyp, der mit einem Schlag alle Vorgänger veralten lassen und Großbritanniens Konkurrenten weit zurückwerfen würde. Die revolutionäre Kombination von Feuerkraft, Geschwindigkeit und Panzerung des neuen Typs war das Ergebnis von Fishers persönlicher Eingebung und Entschlossenheit. Der Erste Seelord hatte die besten Köpfe der Schiffbauindustrie und die hervorragendsten Offiziere des „Fischteichs" – eine von ihm persönlich ausgewählte Elite von Talentierten – zu einem Konstruktionskomitee zusammengeholt.

Mehr als sechs weitgehend durchkonstruierte Entwürfe waren geprüft worden, bis man sich endgültig geeinigt hatte. Während der Beratungen kristallisierte

Die Dreadnought-Revolution
Unten: Schaufelradschlepper nehmen Britanniens neues Schlachtschiff ins Schlepptau, nachdem es am 10. Februar 1906 in Portsmouth von Stapel gelaufen war.
Rechts: Mit der *Dreadnought* waren alle anderen Schlachtschiffe der Welt über Nacht veraltet. Schlagartig verstummte alle Kritik, als sie bei einem geheimen Scharfschießen im Jahr 1907 75 Prozent mehr Geschoßgewicht ins Ziel brachte als jedes andere Schlachtschiff der Flotte.

sich heraus, daß die Lehren von Tsushima und die unaufhaltsam vorwärtsstürmende Entwicklung der Marinetechnik ein vollkommenes Neuüberdenken der Richtlinien für den britischen Schlachtschiffbau zur Folge haben mußten. England brauchte neue, schwere Großkampfschiffe, die eine feindliche Schlachtflotte in einem konzentrierten Artillerieduell vernichten konnten. Wie die Japaner in den Seegefechten bewiesen hatten, war der Torpedo eine tödliche Gefahr für ein Großkampfschiff geworden, gerade weil als Torpedoträger zahlreiche kleine, schnelle Schiffe massiert auftreten konnten, die für ein großes Schiff schwer auszumanövrieren waren. Die Entfernungen, auf die Schlachtschiffe das Feuergefecht führen konnten, waren durch den Fortschritt der Geschütztechnologie und der Richtmittel stark angewachsen und betrugen um 1904 fast 8 km. Daher mußte man Schlachtschiffgefechte aus neuer Sicht sehen. Das Komitee folgerte in seinem Abschlußbericht: „Bei großen Gefechtsentfernungen liegt der Vorteil bei demjenigen Schiff, das die größtmögliche Anzahl größtkalibriger Geschütze führt. Ein einheitliches Geschützkaliber gibt einen weiteren Vorteil."

Gedrängt durch Fisher, einigte sich das Komitee im März 1905 auf einen Entwurf. Das Schiff sollte 18.000 Tonnen Wasser verdrängen, mit zehn 30,5-cm-

Die Schlachtkreuzer
Unten: Fisher nannte sie „maskierte schnelle Schlachtschiffe". HMS *Invincible* lief im April 1907 von Stapel. Mit 8×30,5-cm-Geschützen entwickelte sie dieselbe Feuerkraft wie ein Schlachtschiff, war aber mit 25 Knoten wesentlich schneller. Der Gürtelpanzer war mit 152 mm allerdings nur halb so stark wie der der Dreadnoughts und bot weit weniger Schutz gegen feindliche Granaten.

Geschützen bewaffnet sein und eine Breitseite von Granaten im Gewicht von rund 3100 kg abfeuern können. Das war um 30 Prozent mehr als bei allen bisherigen Schlachtschiffen. Solch ein kampfstarkes Schiff hatte die Welt noch nie gesehen, und mit feinem Gespür entschied Fisher, daß es *Dreadnought* (Fürchtenichts) heißen sollte. Mit diesem Namen bezeichnete man später die ganze Generation der neuen Schlachtschiffe.

Das Schiff war nicht nur wegen seiner Bewaffnung außerordentlich, es war auch nach Fishers Leitspruch „Geschwindigkeit ist der beste Schutz", entworfen. Parsonsturbinen, wie sie die schnellen Passagierschiffe der Atlantikrouten hatten, gaben der *Dreadnought* bei 23.000 PS eine um 2 Knoten höhere Geschwindigkeit, als sie jedes andere in Dienst oder in Bau befindliche Schiff erzielen konnte.

Als der Entschluß einmal gefaßt war, durfte keine Zeit mehr vergeudet werden. In Marinekreisen hatte es schon Spekulationen über eine neue Generation von Schlachtschiffen gegeben. Der Marine der Vereinigten Staaten war vom Kongreß die Kiellegung von neuen Schlachtschiffen genehmigt worden, die ebenfalls ein schweres Einheitskaliber führten, und auch die Deutschen schliefen nicht. Wenn Großbritannien mit einer neuen Generation von Schlachtschiffen aufwartete, dann ergaben sich daraus schwere Risiken, die sorgfältig abgewogen werden mußten. Der ehemalige Seelord, Flottenadmiral Sir Frederick Richards, brachte dies deutlich zum Ausdruck: „Wenn die *Dreadnought* in Dienst gestellt ist, bedeutet das, daß die übrige britische Schlachtflotte im gleichen Moment theoretisch zum alten Eisen geworfen und in einem Augenblick als veraltet abgestempelt wird, in dem sie den Höhepunkt ihrer Kampfkraft erreicht hat und nicht nur zwei, sondern allen Flotten der Welt zusammengenommen gewachsen ist."

Doch Fisher und die Spitzen der Admiralität waren davon überzeugt, das dieses Risiko eingegangen werden mußte.

Das neue Schiff war am 2. Oktober 1905 in der Marinewerft Portsmouth auf Kiel gelegt worden, schon nach vier Monaten streng geheimgehaltener fieberhafter Bautätigkeit war die *Dreadnought* fertig zum Stapellauf.

Die *Dreadnought* war sehr eindrucksvoll, doch der

Deutschlands Antwort
Unten: SMS *Von der Tann,* der erste deutsche Schlachtkreuzer. Ein Vergleich der Silhouette mit jener der *Invincible* zeigt starke Ähnlichkeiten, die sich aber nur auf Aussehen und Geschützanordnung beschränken. Die *Von der Tann* war gegenüber dem englischen Schlachtkreuzerkonzept wesentlich verbessert, sowohl im Hinblick auf Panzerung und Unterwasserschutz als auch auf eine bessere Anordnung der Maschinen.

ehemalige britische Schiffsbaudirektor, Sir William White, sparte nicht mit Kritik an Fishers Konzept. Er meinte, „daß Großbritannien all seine Marine-Eier in ein oder zwei zu große, teure, zwar schöne, aber verletzliche Körbe lege". Er glaubte, daß eine größere Zahl kleinerer Schlachtschiffe die gleichen Aufgaben erfüllen könne. Fisher war natürlich weit davon entfernt, vom Dreadnought-Typ abzugehen, im Gegenteil, er erhob ihn zum Credo und übertrug es auch auf die Kreuzer, die mit einem großen Einheitskaliber ausgerüstet werden sollten. Fisher dachte an eine neue Invincible-Klasse, leicht gepanzert, aber ebenso stark bewaffnet wie ein Dreadnought. Sie sollten eine eigene Flotte schneller und kampfstarker Schlachtkreuzer bilden.

Fisher beobachtete Deutschlands Reaktion sorgfältig. In einer Beziehung täuschte er den Gegner besonders erfolgreich: Nicht nur daß Tirpitz sofort den gesamten Schlachtschiffbau stoppte, Fisher machte ihn auch glauben, daß die neuen Schlachtkreuzer nur mit 20,3-cm-Geschützen bewaffnet werden sollten. Als Ergebnis dieser Täuschung verdrängte das erste deutsche Schiff mit Schlachtkreuzercharakter, der Panzerkreuzer *Blücher,* nur 15.800 Tonnen und führte nur 21-cm-Geschütze, während die Invincibles 30,5-cm-Geschütze hatten.

Die neuen Dreadnoughts hatten die britische Regierung vor ein schweres Dilemma gestellt. Konnte man der Nation jene wirtschaftlichen Lasten aufbürden, die notwendig waren, um von Grund auf eine überlegene Seemacht neu aufzubauen, die mit allem, das Deutschland je bauen konnte, fertig wurde? Anfang 1906 hatte die neue liberale Regierung unter Sir Henry Campbell-Bannerman mit „begeisterter Zustimmung der Liberalen, der Anti-Chauvinisten, der Friedliebenden und der Anti-Militaristen" die konservative Regierung Balfour abgelöst. Nun betrachtete sie die *Dreadnought*-Revolution mit gemischten Gefühlen. Zunächst akzeptierte man die Politik der scheidenden Konservativen, wie sie im Cawdor-Memorandum niedergelegt war, wonach Großbritannien jedes Jahr vier neue Großkampfschiffe bauen sollte, um die Überlegenheit über die beiden nächststärksten Flotten, einschließlich einer Reserve, sicherzustellen. Doch die liberale Presse klagte heftig über die gigantisch steigenden Rüstungsausgaben.

Der Wahre Jacob.]

A Speech Illustrated.

"We Germans are a nation that rejoices in bearing arms and in the game of war. Hence we gladly endure the burden of our armaments, knowing as we do that we must preserve and maintain that peace in which alone our workers can thrive . . ."

Lustige Blätter.]

The Launching of the Ship.

EDWARD VII. : "I christen you '*The Last Shilling*.'"

(Lord Rosebery and Earl Grey have said that England would spend her last shilling in building *Dreadnoughts* if necessary.)

Die neuen, radikalen Parlamentsmitglieder und die Mitglieder der Labour Party waren zwar prinzipiell mit dem britischen Führungsanspruch einverstanden, sie sahen aber nur einen Weg der Kostenbeschränkung, indem man eine Einschränkung der deutschen Seerüstung erreichte oder indem man das Ausmaß der Überlegenheit bezweifelte, das die Admiralität für notwendig erklärte.

Für Großbritannien war die *Dreadnought* in einer Beziehung ein bedeutender Erfolg: Tirpitz war durch die neue Generation britischer Schlachtschiffe überrascht worden, obwohl er rechtzeitig aus der Marinewerft Portsmouth Informationen erhalten hatte. Nun – 1906 – ordnete er ein eiliges Neuüberdenken der Konstruktionspläne an und stoppte die Arbeit an der *Nassau* für neun Monate, damit ihre Pläne umgearbeitet werden konnten. Die Folge war, daß bis 1907 keine deutschen Dreadnoughts auf Kiel gelegt wurden.

Die Gelegenheit für eine britische Initiative zu einer Rüstungsbeschränkung kam 1906, als Rußland vorschlug, eine neuerliche Tagung der Friedenskonferenz von Den Haag (1899) einzuberufen, um einen Weg zur friedlichen Lösung internationaler Konflikte zu diskutieren. Die Bereitschaft der britischen Regierung wurde in einer Rede des Außenministers, Sir Edward Grey, vor dem Unterhaus klar: „Ich glaube nicht, daß die Aufmerksamkeit der öffentlichen Meinung in den verschiedenen europäischen Ländern jemals mehr auf Frieden ausgerichtet war; gerade jetzt aber steigt das Ausmaß der Belastung durch Militär- und Marineausgaben. Jeder wartet auf den anderen.“ Edward VII. betrachtete das alles als „Humbug“, und Kaiser Wilhelm ließ wissen, daß er nicht teilnehmen werde, wenn die Abrüstung auf der Tagesordnung stünde.

Der britische Premier hoffte immer noch, daß etwas erreicht werden könnte. Im Juli 1906 wurde das britische Dreadnought- und Schlachtkreuzer-Programm von vier auf drei Schiffe herabgesetzt, und selbst das dritte Schiff sollte nur gebaut werden, wenn die Ergebnisse der neuen Haager Konferenz unbefriedigend seien. Ein Aufschrei ging durch die englischen Marinekreise, und die konservative Presse stellte zornig fest: „In den zehn Monaten seit ihrer Machtergreifung hat die liberale Regierung der Nation mehr Schaden zugefügt als ein Krieg mit einer europäischen Macht.“ Im Ersten Seelord sah man das Werkzeug einer „nur auf Freihandel erpichten Regierung“.

Fisher störten diese Vorwürfe nicht im geringsten. Er war inzwischen mit der ihm eigenen Geschicklichkeit zum Liebling der Radikalen geworden. Immer wieder versicherte er den Skeptikern: „Unsere gegenwärtige Überlegenheit über Deutschland – unseren einzig möglichen Gegner für die nächsten Jahre – ist so groß, daß es absurd erscheint, von einer Gefährdung unserer Vorherrschaft zu See zu sprechen, selbst wenn wir überhaupt aufhören zu bauen!“

Die liberale Partei war jedoch nur mehr oberflächlich einig darüber, daß die Marine reduziert werden sollte; im August 1907 warnte der Außenminister seine eigenen radikalen Parteifreunde:

Satirische Karikaturen aus „Review of Reviews“, 1909
Links außen: Illustration einer Rede: „Wir Deutsche sind eine Nation, die sich des Waffentragens und des Kriegsspiels freut. Daher tragen wir auch freudig die Lasten unserer Rüstung, denn wir wissen, daß wir den Frieden, in dem allein unsere Arbeiter gedeihen können, erhalten müssen . . .“
Links: Der Stapellauf des Schiffs. Edward VII.: „Ich taufe dich, *The last Shilling*.“ (Lord Rosebery und Earl Grey haben gesagt, daß England, falls notwendig, seinen letzten Schilling für den Bau der Dreadnoughts ausgeben wird.)

„Natürlich bleibe ich nach wie vor von der Tatsache beeindruckt, wie hilflos die Menschheit den durch die Rüstung auferlegten Bürden gegenübersteht . . . Wenn eine Nation der anderen einen Schritt voraus ist, kann dieses mutige Unternehmen zu einer Reform führen, aber auch zum Martyrium.“

Deutschland war überzeugt, daß Britannien zynisch nur zum eigenen Vorteil handelte. Der deutsche Staatssekretär im Außenamt drückte es so aus: „Freiheit, Menschlichkeit und Zivilisation . . . Diese drei schönen Schlagworte sind nicht Allgemeingut aller Nationen. England hat sie für sich allein gepachtet.“

So war der erste große Versuch, das englisch-deutsche Wettrüsten zur See aufzuhalten, zum Scheitern verurteilt, und es kann nicht verwundern, daß die Haager Konferenz im Herbst 1907 abgebrochen wurde, ohne daß es zu einer ernsthaften Diskussion über die Abrüstung gekommen wäre.

Fisher war überzeugt, daß Großbritannien nicht Gefahr lief, „zum Märtyrer zu werden“. Bei einem Festbankett des Londoner Oberbürgermeisters stellte er überschwenglich fest: „Die Flotte ist nulli secundus (steht keinem nach), wie der Lateiner sagt, weder die Schiffe, noch die Offiziere und Mannschaften (Applaus) . . . Daher wende ich mich an alle hier Versammelten, ich wende mich an alle meine Landsleute und sage: Schlafen Sie ruhig in Ihren Betten.“ (Gelächter und Applaus.)

Fisher hatte allen Grund, zuversichtlich zu sein. Die Royal Navy war niemals stärker als damals. Er informierte den König persönlich über den Stand der Flotte: „Sieben Dreadnoughts und drei Invincibles, die meiner Meinung nach noch besser sind als die Dreadnoughts, insgesamt zehn Großkampfschiffe, fertig oder im Bau, während Deutschland bis zum März nicht einmal eines begonnen hat!“ Doch Großbritanniens Seeherrschaft werde nur so lange gesichert bleiben, solange es mehr dieser entscheidenden Dreadnoughts bauen konnte als Deutschland.

Nun, da Britannien die überwältigende Seemacht zu besitzen schien, versuchte der radikale Flügel der Liberalen Partei, Gelder von der Rüstung für dringend notwendige Sozialreformen abzuzweigen. Den Radikalen kamen die Erfolge der britischen Bündnisdiplomatie zu Hilfe, denn 1907 wurde die englisch-französische „Entente cordiale“ durch den Beitritt Rußlands zur „Triple-Entente“ erweitert. Leider hatte der um Deutschland gelegte eiserne Ring von Bündnissen folgenschwere Auswirkungen in der deutschen Seerüstung, denn Tirpitz verdoppelte seine Anstrengungen zum Aufbau der „Risikoflotte“, um England Paroli zu bieten. Das Gefühl der Einkreisung erregte bei den Deutschen tiefe Besorgnis. Für Tirpitz schien die politische Gefahrenzone für die deutsche „Risikoflotte“ noch verlängert. Abgesehen von der Einkreisung, war 1907 die Angst vor einem „Kopenhagen“ besonders groß, und Gerüchte wie „Fisher ist bereits unterwegs“ erzeugten Unruhe in Kiel. Tirpitz hatte nun ein klares Ziel: „Ich mußte immer im Auge behalten . . . daß wir sowohl aus technischen und organisatorischen Gründen als auch wegen der Bereitstellung der Geldmittel so gleichmäßig wie möglich

Tirpitz sagt nein
1907 wurden auf der Konferenz in Den Haag Bemühungen zur Abbremsung des europäischen Rüstungswettlaufes unternommen. Doch Tirpitz – im Bild im Gespräch mit dem Kaiser und Admiral von Holtzendorff – beharrte auf seinem Standpunkt: „Die Briten werden sich noch mehr ärgern, wenn sie sehen, daß wir ihnen im Schlachtkreuzerbau auf dem Fuße folgen, insbesondere da unsere Schlachtkreuzer etwas größer als die *Invincible* sein werden.“

weiterbauten. Am vorteilhaftesten schien es, wenn wir im Jahr drei Großkampfschiffe auf Stapel legen konnten." Er setzte diesen Plan in die Tat um, als er 1907 eine Novelle zum Flottengesetz 1900 in den Reichstag einbrachte. Darin wurde die Dienstzeit aller Schlachtschiffe der kaiserlichen Marine von 25 auf 20 Jahre herabgesetzt, dadurch stieg die Zahl der Ersatzbauten stark an. In britischen Marinekreisen rief dieser Gesetzentwurf große Bestürzung hervor, denn nun mußte die neue deutsche Flotte erheblich stärker werden, als dies von der Admiralität vorausgesehen worden war. Auch die britische Presse wurde durch diese Gesetzesnovelle alarmiert. Die „Daily Mail" glaubte: „Deutschland wird eine Flotte bauen, die die Wünsche und Hoffnungen der Deutschen erfüllen und die stärkste der Welt sein wird."

Der bekannte Kommentator W. T. Stead, der ursprünglich für eine allgemeine Abrüstung eingetreten war, forderte nun ebenfalls für jeden deutschen Neubau zwei britische.

Diese Novelle zum Flottengesetz von 1900 stellte 1908 Großbritannien auf eine harte Nervenprobe und machte die Flottenfrage zu einem der Angelpunkte der britischen Innenpolitik. Die aufgeschreckten Sozialreformer der Liberalen Partei versuchten die Regierung davor zurückzuhalten, sich Hals über Kopf in riesige Ausgaben für Schiffsneubauten zu stürzen. Doch der Schatzkanzler beruhigte die Radikalen, indem er die Marineausgaben kürzen ließ. Auch die Admiralität beugte sich dem Druck der Radikalen und forderte im Budget 1908/09 nur mehr zwei Großkampfschiffe. Das war natürlich ein Geschenk vom Mars für die Chauvinisten. Die Anhänger der „Großen Marine" wurden wütend und glaubten, daß angesichts eines neuen deutschen Bauprogramms unentschuldbare Fehler gemacht würden. Die „Daily Mail" zeigte drastisch das Problem auf: „Gibt Großbritannien seine Seemacht auf, um Alterspensionen auszuzahlen?"

Trotz des Geschreis der Radikalen steuerte die liberale Regierung einen Mittelkurs. In der Budgetdebatte im März versicherte der Amtsführende Premier Asquith dem Parlament: „Wir müssen nicht nur für eine ausreichende Schiffszahl sorgen, sondern auch dafür, daß genügend Neubauten auf Kiel gelegt werden, damit bis Ende 1911 keine Überlegenheit Deutschlands eintreten kann!"

Als Asquith im Juni 1908 Premierminister wurde, wurde er sich sehr bald der vollen Tragweite seiner Verpflichtungen zur Aufrechterhaltung der britischen Seeherrschaft bewußt. Es kam peinlicherweise ans Licht, daß die Regierung die deutsche Herausforderung vollkommen unterschätzt hatte. Unter dem Anreiz der Flottengesetze entwickelte die deutsche Industrie eine eindrucksvolle Baukapazität für Kriegsschiffe. Die Zahl der Schiffswerften war von 1897 bis 1907 von 39 auf 47 gestiegen, mit mehr als 50.000 Beschäftigten. Hinter diesen Werften standen die großen Maschinen- und Waffenindustrien wie etwa Krupp, die ihre Produktion von hochwertigen Panzerplatten und Schiffsgeschützen stetig erhöhten. Die drei kaiserlichen Werften bauten ungefähr ein Drittel der neuen Schiffe: Schlachtschiffe wurden in Wilhelmsha-

Fehlgeschlagene Entspannung
Ein Salut begrüßt König Edward VII. bei seinem Besuch der Kieler Woche 1908, der die engen verwandtschaftlichen Bindungen zwischen dem deutschen und dem englischen Thron unterstrich. Doch die Versuche Edwards, seinen Neffen, den Kaiser, zu einer Verlangsamung der deutschen Seerüstung zu überreden, schlugen fehl. Wilhelm II. meinte: „Wenn es um den Preis der Entwicklung der deutschen Marine geht, muß mein Wunsch nach guten Beziehungen zu England zurückstehen."

ven, Kreuzer in Kiel, in der größten der kaiserlichen Werften, gebaut, und Schichau in Danzig baute Torpedoboote, Zerstörer und andere kleine Einheiten. Die Staatswerften bildeten aber nur einen Teil der deutschen Schiffsbauindustrie, denn um 1908 waren durch Tirpitz' Politik zahlreiche private Werften entstanden, die nun zwei Drittel des Kriegsschiffbaues abwickelten. Die wichtigsten waren die Friedrich-Krupp-Germaniawerft und die Howaldtswerke in Kiel, Blohm & Voss in Hamburg, ferner die A. G. Vulkan mit je einem Betrieb in Hamburg und Stettin.

Lange Jahre hatte sich Großbritannien darauf verlassen, Kriegsschiffe sowohl in größerer Zahl als auch schneller als jeder andere Rivale bauen zu können.

Der Bau eines britischen Schlachtschiffes dauerte nur zwei Jahre, während man schätzte, daß die Deutschen etwa 32 bis 36 Monate brauchten. Aber 1908 entdeckte die Admiralität untrügliche Anzeichen, daß die Deutschen das Bautempo beschleunigten und drauf und dran waren, die Führung zu übernehmen. Große Materialmengen waren bereits für die zukünftigen Neubauten bereitgestellt, und Besucher der Krupp-Werke in Essen berichteten, daß dort zumindest 100 fertige schwere Geschützrohre lägen. Der Konzern hatte auf dem Kapitalmarkt eine große Anleihe aufgenommen, wovon ein Teil für den Ausbau der Germaniawerft bestimmt war. Die britische Admiralität schätzte, daß allein die Produktion Krupps auf dem eminent wichtigen Artilleriesektor die der drei wichtigsten englischen Fabriken zusammen um das Doppelte überstieg.

Wegen eines Auftragstiefstandes im Handelsschiffsbau geriet die britische Werftindustrie in Schwierigkeiten, und beim Kriegsschiffbau sah es ebenfalls traurig aus: bei den schottischen Werften am Clyde fiel der Auftragsstand an Kriegsschiffneubauten von 50.000 auf 5.000 Tonnen. Die „Daily Mail" drängte die Regierung zum Handeln und schrieb: „Wenn die Regierung nicht aus hartherzigen Pedanten besteht, sollte jetzt die Genehmigung zum Bau gegeben werden . . . 80 Prozent der Baukosten eines britischen Schlachtschiffes fließen als Löhne in die Taschen der britischen Arbeiter."

Auch Tirpitz sah sich durch ähnlichen Druck aus Kreisen der Industrie gezwungen, zwei Schiffe aus dem Etat 1909 schon ein Jahr früher bei Schichau in Auftrag zu geben, obwohl der Reichstag noch keine Mittel dafür bewilligt hatte.

Konteradmiral John Jellicoe, Fishers Vertrauensmann in der Marine, durchschaute Tirpitz' Manöver. Der kühle Rechner Jellicoe bemerkte, daß allein auf Grund der veröffentlichten Zahlen im Jahre 1908 wesentlich mehr Geld in die Marine gepumpt worden war, als im Vorjahr. Nach der Lektüre der Analyse Jellicoes reifte im Ersten Lord der Admiralität, McKenna, die Überzeugung, Großbritannien würde sehr bald das Übergewicht bei den so wichtigen Dreadnoughts verlieren. Um ein solches Unglück abzuwenden, entschloß er sich, für das Budgetjahr 1909 zunächst sechs, dann aber acht Großkampfschiffe zu fordern. Am 3. Jänner 1909 schrieb McKenna an den Premierminister:

„Ich möchte gewiß jede Panikmache vermeiden, aber ich kann mich den nachstehend aufgeführten Folgerungen nicht verschließen, die ich für meine Pflicht halte, Ihnen zu unterbreiten:

1. Deutschland überschreitet das 1907 gesetzlich festgelegte Flottenbauprogramm.
2. Dies geschieht geheim.
3. Es ist sicher, daß im Frühjahr 1912 schon 13 deutsche Großkampfschiffe in Dienst sein werden.
4. Vermutlich werden aber im Frühjahr 1912 bereits 21 Großkampfschiffe in Dienst gestellt sein.
5. Derzeit hat Deutschland die gleiche Schlachtschiff-Baukapazität wie wir.

Die letzte Vermutung alarmiert am meisten. Sollte sie sich bestätigen, wird das in der Bevölkerung ein böses Erwachen geben."

Unterstützt von Grey und Haldane war Asquith bereit, McKennas Schlußfolgerung zu akzeptieren, stieß aber in seinem Kabinett auf den Widerstand des Schatzkanzlers Lloyd George und des Staatssekretärs für Inneres, Winston Churchill. Churchill behauptete, die ganze Angelegenheit sei das „Resultat windiger Agitation uninformierter nervöser Hitzköpfe für die Verschwendung öffentlicher Gelder für eine Rüstung, die in solchem Ausmaß für die Verteidigung gar nicht notwendig, sondern Teil einer protzigen, sensationslüsternen und aggressiven Chauvinistenpolitik ist, die nur Popularität bei gewissen gedankenlosen Leuten erringen soll". Unterstützt wurde Churchill von den handfesten Argumenten Lloyd Georges, der ein alarmierendes Bild der Austritte aus der Liberalen Partei – vor allem unter den Abgeordneten – malte, sollte die Regierung den Kriegsschiffsbau verstärken.

Ein Bruch innerhalb des Kabinetts schien unabwendbar, doch Asquith schlug einen klugen Kompromiß vor, um das Problem zu lösen. Vier Schiffe sollten sofort auf Kiel gelegt werden, eine Budgetreserve sollte die Kiellegung von vier weiteren Schiffen im April 1910 ermöglichen, wenn es die Lage erforderte. McKenna und die Admiralität mußten diese Lösung akzeptieren, um einen Zusammenbruch der Regierung zu verhindern.

Churchill kommentierte sarkastisch: „Die Admiralität hat sechs Schiffe verlangt, die Herren Sparmeister vier, schließlich haben wir uns auf acht geeinigt."

Es war eine dramatische Szene, als der Erste Lord am 16. März 1909 im Unterhaus aufstand, um den Budgetansatz bekanntzugeben. Die Unterhausmitglieder waren über seine Aussagen bestürzt: „Die Regierung sieht sich zur Zeit der Schwierigkeit gegenüber, daß sie im Gegensatz zu früheren Annahmen nicht weiß, welches Bautempo die Deutschen einschlagen werden . . . Wir müssen uns auf diese neue Sachlage einstellen und damit rechnen, daß im Jahr 1911 nicht neun, sondern vermutlich dreizehn deutsche Schiffe fertiggestellt werden und 1912 so viele Schiffe fertig werden, wie im Laufe des nächsten Finanzjahres oder 1910 auf Kiel gelegt werden."

Diese Neuigkeit schockierte das Haus, und nach Wortmeldungen Balfours und des Premierministers herrschte betretenes Schweigen. Einer der Radikalen beschrieb die Wirkung: „Unsere Leute benahmen sich wie eine Herde Schafe, wenn es donnert!"

Das Marinebudget wurde sofort zum innenpolitischen Zündstoff. Ein Teil der öffentlichen Meinung schlug lauten Alarm und fragte, warum die Regierung nicht sofort mit dem Bau aller acht Schiffe begänne. Marinekreise unterstützten die Forderung nach sofortiger Genehmigung des gesamten Bauprogramms. Die konservative Presse steigerte die öffentliche Stimmung zur Hysterie. Der von dem konservativen Parlamentarier George Wyndham geprägte Slogan „We want eight and we won't wait" (Acht wollen wir, und das sofort!) war in aller Mund. Die „Daily Mail" schrieb, daß sich in den britischen Städten Panik ausbreite, und „The Observer" beharrte auf „Acht, alle acht, und nichts als die acht". In der Presse wimmelte es plötzlich von Berichten über geheimnisvolle Luftschiffe am englischen Himmel, und wieder einmal sprach man von der Invasion, ja es wurden Übungen abgehalten, bei denen Truppen in Autos von Mitgliedern des britischen Automobilklubs im Eiltempo an die Küste gebracht wurden.

Die Aufregung erfaßte das gesamte Weltreich, und es kam zu solch bemerkenswerten Rüstungsbeiträgen wie dem von Australien und Neuseeland, die je ein Schlachtschiff spendeten, was von der Regierung dankbar angenommen wurde.

Am 29. März stellte die Opposition einen Mißtrauensantrag gegen die Regierung. Geführt wurde die

Radikalismus gegen Imperialismus
Die unaufhörliche deutsche maritime Herausforderung führte zu schweren Spannungen innerhalb der liberalen Regierung Großbritanniens, als der Erste Lord der Admiralität, Reginald McKenna, für 1909 den Bau von acht neuen Dreadnoughts verlangte. Premierminister Asquith vermied um Haaresbreite eine Spaltung des Kabinetts, indem er sich mit Schatzkanzler David Lloyd George und Innenminister Winston Churchill einigte (Bild unten).

Debatte von Sir Edward Grey. Er legte dar, daß er noch auf eine Einigung mit Deutschland hoffe. Während er aber das Wettrüsten beklagte, bestand er doch darauf, daß Großbritannien seine Seeüberlegenheit erhalten müsse.

„Man kann die Bedeutung der deutschen Marine für Deutschland nicht mit der Bedeutung unserer Marine für uns (Briten) vergleichen. Der Besitz einer starken Marine würde ihr (das deutsche) Prestige, ihren diplomatischen Einfluß und ihre Kraft zum Schutz ihres Handels stärken; doch verglichen mit uns – für sie ist es keine Frage auf Leben und Tod wie für uns."

Die Sache der Kriegsmarine wurde durch Nachrichten unterstützt, daß die strategische Lage im Mittelmeer sich ändere, da die Regierungen Österreich-Ungarns und Italiens beschlossen hatten, Großkampfschiffe zu bauen. Im selben Jahr noch genehmigte die Regierung den Bau von vier zusätzlichen Schiffen. Gleichzeitig ordnete Fisher an, daß diese Schiffe mit einem schwereren Kaliber bewaffnet werden sollten, als es die Deutschen hatten: 34,3 cm.

Das Jahr 1912 verging ohne den befürchteten Verlust der Seeherrschaft, denn die Deutschen steigerten weder ihre Bauzahlen noch die Baugeschwindigkeit. Doch die Krise hatte die Gefühle so heftig erregt, daß Mißtrauen und Feindseligkeit auf beiden Seiten von nun ab alle Versuche, das Wettrüsten zur See einzustellen, im Keim erstickten.

Ein knapper Vorsprung

Als HMS *Queen Elizabeth* am 16. Oktober 1913 in Portsmouth von Stapel lief, war das die Geburtsstunde einer neuen Generation von Großkampfschiffen. Diese Schlachtschiffe mit einer Wasserverdrängung von 29.150 Tonnen liefen fast so schnell wie Schlachtkreuzer. Ihre 38,1-cm-Geschütze waren damals die stärksten der Welt und ihre 330-mm-Gürtelpanzerung hatte nicht ihresgleichen.

Die englisch-deutschen Beziehungen waren im Jahr 1910 trügerisch normal. Als sich herausstellte, daß Deutschland sein geplantes Bauprogramm an Großkampfschiffen erfüllte, das Bautempo aber nicht beschleunigte, riefen die Radikalen in England nach einer Verringerung des Etats. Der Premierminister genehmigte trotzdem die Kiellegung von fünf Dreadnoughts im Budgetjahr 1910-11. Er mußte aber bald entdecken, daß die Admiralität keine Pläne hatte, wie sie diese stetig anwachsende Flotte im Kriegsfall einsetzen wollte.

Das Erwachen kam 1911. Deutschland hatte das Kanonenboot *Panther* vor die marokkanische Stadt Agadir entsandt, angeblich um deutsche Staatsbürger während eines Aufstandes gegen den Sultan zu schützen, doch betrachteten die Ententemächte diese deutsche Begründung sehr skeptisch, da wenig Deutsche in Agadir waren. Es sah vielmehr so aus, als wollte Deutschland die Entente blamieren. Die britische Regierung war sich darüber klar, daß sie dem französischen Bundesgenossen beistehen mußte, was immer auch dabei herauskommen mochte. Die Situation spitzte sich derartig zu, daß am 22. Juli der Kriegsausbruch in wenigen Stunden bevorzustehen schien. Doch das britische Kabinett mußte bestürzt feststellen, daß keinerlei Pläne für den Aufmarsch der britischen Flotte ausgearbeitet waren.

Fisher, der 1910 in Ruhestand getreten war, hatte seinerzeit immer auf der Schaffung einer „Denk-Abteilung“ der Marine bestanden, und dies hatte auch zu Kritik seitens seiner zahlreichen Gegner geführt, die schließlich Asquith dazu überredet hatten, eine „Royal Commission“, einen Ausschuß einzusetzen, der über die Zustände in der Marine eine Untersuchung anstellen sollte. Dieser Bericht hatte schließlich auch indirekt zum Sturz Fishers beigetragen, den aber in der Hauptsache sein Erzfeind, Lord Charles Beresford, Oberbefehlshaber der Kanalflotte, herbeigeführt hatte, nicht zuletzt indem er seinen ostentativen Rücktritt vom Kommando dem Premierminister gegenüber mit der Erklärung begründete: „Die Marine ist sehr gekränkt und beunruhigt, und zwar nicht so sehr darüber, was getan wird, sondern wie es getan wird.“ Der Streit zwischen Fisher und „Charlie B“ wurde für die politische Führung eine große Peinlichkeit.

Die Admiralität war davon überzeugt, daß die Flotte jeden zukünftigen Krieg allein gewinnen würde. Einen Einsatz der Armee hielt sie für überhaupt nicht notwendig, ausgenommen eine Landung an der Ostseeküste, um Berlin zu bedrohen. Die Strategen der Armee wiederum verwarfen diesen Plan als vollkommen undurchführbar. Fisher antwortete ihnen ätzend: „Die Armee ist ein Geschoß, welches von der Marine abgefeuert wird.“

Auch seit dem Abgang Fishers hatte sich die Meinung der Admiralität nicht geändert, doch erwies sich nun auf dem Höhepunkt einer sehr gefährlichen Krise die Marine auf einen Krieg noch immer jämmerlich unvorbereitet.

Trotz der Gerüchte, daß die deutsche Hochseeflotte

Die Sommerkrise von 1911
Die Royal Navy, die zur Parade anläßlich der Krönung König George V. aus aller Welt zusammengezogen worden war (unten) und ihre gewaltige Stärke demonstriert hatte, erwies sich – als die Marokko-Krise ausbrach – als überraschend schwach, weil über die ganze Welt verstreut. Das Fehlen eines Seekriegsplanes wurde der diktatorischen Art zugeschrieben, in der Sir John Fisher (links) die Admiralität führte. Lord Charles Beresford (rechts) forderte eine Untersuchungskommission, die Mißständen in der Marine nachging und den Anstoß zum Rücktritt Admiral Fishers gab.

in Wilhelmshaven bereits Dampf aufmache, um über die Nordsee anzugreifen, waren die britischen Streitkräfte zwischen dem schottischen Cromarty und Berehaven an der Südwestküste Irlands verstreut. Von den Schiffen, die von Übungen heimkamen, musterten Reservisten ab, und Churchill entdeckte verblüfft, daß der Erste Seelord Sir Arthur Wilson, Fishers Nachfolger, zum Fischen nach Schottland gefahren war.

Es kam zum Eklat, als Wilson auf einer am 23. August einberufenen Sondersitzung der Stabschefs den detaillierten Plänen der Armee über die Entsendung eines Expeditionsheeres nach Frankreich überhaupt keine Vorschläge der Marine zu Seite stellen konnte. Für den Kriegsminister Haldane war damit das Maß voll. Er drängte Asquith zu einem Wechsel an der Spitze der Admiralität, Asquith ersetzte McKenna als Ersten Lord durch den „jungen Löwen" Winston Churchill.

Der sechsundreißig Jahre alte bisherige Innenminister begann seine Tätigkeit in der Admiralität im Oktober mit einer Anweisung zur Einsetzung eines Marine-Kriegsstabes. Er trieb das Ministerium zur Aktion an! Als erster mußte Wilson seinen Hut nehmen. Für kurze Zeit wurde Sir Francis Bridgeman sein Nachfolger, später folgte Prinz Louis von Battenberg. Dieser fähige Taktiker und Stratege, „aufgewachsen im Schoß der Royal Navy", begann sofort Großbritanniens Flottenaktionen für den Fall eines Krieges mit Deutschland zu planen.

Glücklicherweise war die gefährliche Marokko-Krise beigelegt worden und die Entente intakt geblieben. Doch schon sah sich die Regierung Asquith dem nächsten Problem gegenüber. Die deutschen Diplomaten hatten Tirpitz wieder einen Vorwand geliefert, eine neuerliche Novelle des Flottengesetzes einzubringen. Gemäß den bisherigen Flottengesetzen sollte der Bau der Schlachtschiffe auf lediglich je zwei Einheiten in den Jahren 1912, 1914 und 1916 zurückfallen. Tirpitz wollte daraus drei pro Jahr machen, indem er drei zusätzliche Schlachtschiffe baute. Der Plan wurde dem Kaiser vorgelegt mit der Begründung, daß ein ständiges Verhältnis von 3 : 2 gegenüber Großbritannien bestehen sollte. Natürlich konnten die Briten dieses neue Verhältnis nicht akzeptieren, da es eine Verstär-

Ein letzter Versuch, das Wettrüsten aufzuhalten
Das britische Kabinett entsandte Lord Haldane (unten) nach Berlin, um mit dem Kaiser ein Übereinkommen über die Seerüstung auszuhandeln. Die deutschen Forderungen waren aber unannehmbar. Nun wurde die Arbeit des Ersten Lords der Admiralität Winston Churchill (linke Seite) lebenswichtig.

kung der deutschen Flotte und den Verlust des „Zwei-Mächte-Standards" bedeutet hätte. Die britische Regierung, eine weitere Rüstungssteigerung fürchtend, entsandte den Kriegsminister Richard Haldane, der Deutsch sprach, nach Berlin, um die Möglichkeiten eines Abkommens zu sondieren. Haldane hatte eine Reihe von Besprechungen mit Reichskanzler von Bethmann-Hollweg, Admiral von Tirpitz und dem Kaiser. Der deutsche Vorschlag lautete geradeheraus: Falls England sich verpflichtete, in jedem Krieg, in den Deutschland verwickelt würde, ohne der Angreifer zu sein, neutral zu bleiben, dann würde die Gesetzesnovelle nicht vorgelegt werden. Die Verhandlungen erwiesen sich als kompliziert, wobei der Reichskanzler sichtlich bemüht war, eine Einigung zu erzielen. Haldane hielt sich streng an die ihm mitgegebene Richtlinie:

„Ohne eine Verständigung über den Schiffsbau kann es kein Abkommen geben. Es wäre ein Gerippe ohne Fleisch ... Die Welt würde über solch ein Abkommen lachen, und unser Volk würde glauben, daß wir zu Narren gemacht worden sind."

Die britische Regierung versuchte den deutschen Machthunger zu befriedigen, indem sie dem Deutschen Reich große Teile Afrikas anbot, doch es wurde von der falschen Voraussetzung ausgegangen, daß Deutschland dann auf seine Seerüstung verzichten würde.

Haldane brachte von seiner Berliner Mission den Entwurf des deutschen Flottengesetzes 1912 mit. Er übertraf die schlimmsten Befürchtungen des Kabinetts. Großbritannien hätte drei Jahre lang je fünf Großkampfschiffe bauen müssen, um eine Überlegenheit von 60 Prozent bei Schlachtschiffen und Schlachtkreuzern aufrechtzuerhalten. Zusätzlich hätten die Schiffe der Mittelmeerflotte in die

Churchill sah die steigende Bedrohung durch die Deutschen und entwickelte eine intensive Tätigkeit, um die Flotte kriegsbereit zu machen. Fisher war dabei sein Ratgeber, der aus dem Ruhestand eine lebhafte und umfassende Korrespondenz mit Churchill unterhielt, die sich mit allen Aspekten der Politik befaßte.

Churchill betrieb energisch die Umstellung der Schiffe auf Ölfeuerung, die ihnen eine größere Geschwindigkeit und einen größeren Aktionsradius gab als die Kohlefeuerung. Diese Umstellung war tiefgreifend, denn sie bedeutete, daß Großbritanniens Verteidigung von den Ölzufuhren aus fernen Ländern abhängig wurde, die unter Umständen schwierig zu kontrollieren waren.

Dem Ersten Seelord waren die ausgezeichneten Leistungen der deutschen Schiffsartillerie wohlbekannt. Daher drängte er, unterstützt von dem neuernannten Zweiten Seelord, Sir John Jellicoe, auf die Einführung der Zentralfeueranlage auf den britischen Schlachtschiffen. Diese nach einem Entwurf von Admiral Sir Percy Scott gebauten Anlagen ermöglichten das genau gleichzeitige Abgeben von Salven aller schweren Geschütze eines Schiffes. Das dazugehörige

Herausforderung an Großbritannien

Der Reichsadler auf See
Deutschlands neuer 20.000-Tonnen-Schlachtkreuzer *Von der Tann* erregte bei der Krönungsparade 1911 in Spithead großes Aufsehen. Im selben Jahr schlug Tirpitz eine Verstärkung des deutschen Schlachtschiffbaus vor, um ein Kräfteverhältnis 3 : 2 gegenüber England zu erhalten.

„Ziel und Zweck unserer Flottenpolitik ist die politische Unabhängigkeit von England . . . Um sie zu erreichen, müssen wir das militärische Übergewicht Englands verringern. Wenn uns dies nicht gelingt, war unsere ganze Flottenpolitik der letzten 14 Jahre sinnlos und vergebens."
Tirpitz, 1911

Monat großer Festlichkeiten. Im ganzen Empire, von den Bergen Schottlands bis zu den Grenzsiedlungen in Afrika und den Bergforts in Indien wurden aus Anlaß des diamantenen Thronjubiläums der Königin Victoria Paraden und Feste veranstaltet. Die Engländer des Empires feierten, denn in Victorias Regierungszeit war das größte Reich geschaffen worden, das die Welt je gesehen hatte. Am Samstag, dem 26. Juni, richtete sich die Aufmerksamkeit der Welt auf die Stadt Portsmouth. Nachdem die Briten die Einigkeit des Empire, den Triumph ihrer Institutionen und die Stärke ihrer Wirtschaft gefeiert hatten, bereiteten sie dort die große Flottenparade vor.

In den Gewässern vor Spithead, zwischen Portsmouth und den niedrigen Hügeln der Isle of Wight, waren 173 britische Kriegsschiffe mit insgesamt 35.000 Mann Besatzung zur Revue vor Seiner königlichen Hoheit, dem Prinzen von Wales, zusammengezogen worden. Die Schiffe lagen in fünf langen Kolonnen auf einem Gebiet von rund 100 Quadratkilometern vor Anker. Sie boten für Tausende von Schaulustigen, die sich an den Stränden und Küsten von Southsea und der Isle of Wight drängten, einen herrlichen Anblick. An Deck der Schiffe mit ihren schwarzen Rümpfen, den weißen Aufbauten und ockerfarbenen Schornsteinen waren die Besatzungen zur Parade angetreten und erwarteten die königliche Jacht. Man sah Schiffe aller Typen: schlanke Vier-Schornstein-Kreuzer, Zerstörer mit ihrer typischen gewölbten Back und Torpedobootflottillen. Doch der ganze Stolz Großbritanniens waren die 50 Schlachtschiffe, der Kern der Flotte.

Der Marine galt die besondere Liebe des viktorianischen England. Man war sich klar darüber, daß Großbritanniens Sicherheit vom Meer abhing und „Briten niemals Sklaven werden", solange die Flotte stark war. Doch sie symbolisierte noch viel mehr.

Die britische Flotte erfüllte eine weltweite Aufgabe in der Erhaltung des Empire und zum Schutz des Mutterlandes. Dazu das einflußreiche Magazin „Fortnightly Review": „Die Aufrechterhaltung der traditionellen Stärke der britischen Flotte ist nicht nur wichtig für die Bewohner des britischen Weltreiches, sondern stellt einen Eckpfeiler zur Erhaltung des *Status quo* in Europa und den entfernteren Weltregionen dar."

Die 330 Schiffseinheiten und 92.000 Mann der Royal Navy waren als „langausgezogene Schlachtlinie" über die ganze Welt verteilt und verliehen der rein britischen Ansicht vom Recht Nachdruck, die die „Welt der Heiden" zu akzeptieren hatte. Trotz ihrer zahlenmäßigen Größe und ihrer weltweiten Präsenz beruhte die Stärke der Royal Navy mehr auf ihrer psychologischen Wirkung als auf ihren Waffen.

Doch Großbritannien gab sich einem Gefühl eitler Selbstgefälligkeit über seine Marine hin, die in Wirklichkeit noch immer im Stil und in der Tradition Nelsons operierte: Charakter bedeutete alles, Wissenschaft und Ausrüstung kamen erst an zweiter Stelle. Am Ende des 19. Jahrhunderts entsprach das strategische Konzept der Royal Navy noch immer jenem der hölzernen Linienschiffe und spiegelte das Mißtrauen gegenüber den Erbfeinden Frankreich und Rußland wider. Die meisten der kampfstarken Einheiten waren im Mittelmeer, in Malta oder Alexandrien stationiert, um die durch den Suezkanal führende Route nach Indien zu schützen. Richtlinie der Flottenpolitik war der „Zwei-Mächte-Standard", 1898 vom Ersten Lord der Admiralität, Lord Goschen, so definiert: „Wir müssen sowohl in der Anzahl der Schiffe als auch in der Kampfkraft den Flotten der zwei nächststärksten Länder zusammen überlegen sein." Der Zwei-Mächte-Standard zuzüglich einer Sicherheitsreserve blieb der Leitsatz der britischen Regierung.

In den achtziger Jahren war man in Großbritannien in Sorge, von anderen Seemächten überholt zu werden. Mit dem Seeverteidigungsgesetz von 1889 wurde daher ein umfangreiches Schlachtschiffbauprogramm beschlossen. Die britische Regierung glaubte sich darauf verlassen zu können, daß der britische Schiffbau stets überlegen sein werde und England seine Schiffe schneller als jede andere Nation bauen könne. Auch hier gab es eine „Doktrin", nämlich die „Zwei-für-eins-Doktrin", wonach Großbritannien für jedes von einer fremden Macht gebautes Schlachtschiff in gleicher Zeit zwei Schlachtschiffe von Stapel lassen könne. 1898 sollten 29 Schlachtschiffe 1. Klasse (d. h. nicht älter als 15 Jahre) in Dienst stehen und 12 weitere im Bau sein.

Es wurden auch andere Schiffstypen wie z. B. schnelle Kreuzer zum Handelsschutz, zur Aufklärung

Feuerleitgerät befand sich hoch droben im Vormars, unbehindert von Schornstein- und Pulverqualm.

Die britische Regierung versuchte immer noch, das Wettrüsten zur See einzuschränken; Churchill aber ließ keinen Zweifel über seine Zielsetzung bei der Einbringung des Marinebudgets 1912. Sollte Deutschland zwei zusätzliche Schiffe bauen, würde Britannien vier bauen, sollte Deutschland drei zusätzlich auf Kiel legen, würden es in Britannien sechs sein.

Dennoch machte Churchill ein ernsthaftes Angebot für „Marine-Ferien“: „Jede Verringerung oder Verlangsamung bei deutschen Neubauten wird, innerhalb gewisser Grenzen, von uns mitgemacht werden, indem wir unsere Bautätigkeit genau proportional verringern.“ Zur selben Zeit wurde die Royal Navy in den Heimatgewässern konzentriert und den Franzosen die Aufgabe übertragen, für die Sicherheit im Mittelmeer zu sorgen.

Großbritannien hatte zum Einsatz in der ersten Linie 18 Dreadnoughts in Dienst sowie 14 im Bau, dazu kamen 9 Schlachtkreuzer in Dienst und einer im Bau. Deutschland verfügte über 13 moderne Schlachtschiffe, 6 waren im Bau; 7 Schlachtkreuzer waren einsatzbereit. Großbritannien konnte über eine Flotte von 25 kampffähigen älteren Schlachtschiffen verfügen, auf deutscher Seite waren es 18.

Beide Flotten hatten auch neue Stützpunkte, Werften und Reparaturanlagen erhalten. Die Royal Navy segelte nicht mehr würdevoll auf der ganzen Welt herum, sondern war in den rauhen Gewässern der Nordsee konzentriert. Hier war sie bereit, die Strategie der Fernblockade in die Tat umzusetzen, indem sie die Nordsee zwischen den Orkneys und Norwegen sperrte. Scapa Flow, der größte Naturhafen der britischen Inseln, wurde zum Ankerplatz der Home Fleet ausersehen. Seine nördliche Lage und die reißenden Gezeitenströme versprachen einen guten Schutz vor Überwasser- und U-Boot-Angriffen. Leider gab es 1914 in Scapa Flow außer Möwen und Kormoranen fast nichts, das den Tausenden von Seeleuten, die im Falle eines Krieges hier stationiert sein würden, das Leben angenehm machen konnte. Sehr überstürzt wurden auch Cromarty und Rosyth zu Marinestützpunkten ausgebaut, während die Ostküstenhäfen Harwich und Sheerness Ausgangspunkt für Kreuzer- und Zerstörervorstöße werden sollten.

Auf den britischen Inseln fehlte eine Kette von Stützpunkten entlang der Ostküste, die genügend Dock- und Reparaturmöglichkeiten für die schweren Einheiten boten. Einander folgende Regierungen hatten es nicht zuwege gebracht, Geldmittel für solch unbeliebte Ausgaben flüssig zu machen. Selbst in den schon existierenden Marinestützpunkten in Portsmouth, Chatham und Devonport mangelte es an genügend Dock- und Reparaturraum.

Deutschland hatte den neugegründeten Flottenstützpunkt Wilhelmshaven zügig ausgebaut. Obwohl der Kaiser-Wilhelm-Kanal bis zu seiner Erweiterung 1914 eine Verlegung schwerer Einheiten von der Nord- in die Ostsee gar nicht gestattete, wurde in

Eine Marine mit Kastengeist
Die kaiserlich-deutsche Marine übernahm das starre Schema der preußischen Armee.
Linke Seite: Deckoffiziere, hier beim geselligen Zusammensein in der Unteroffiziersmesse, hatten Schwierigkeiten, zum Offizier aufzusteigen.
Rechts: Die Mannschaftsdienstgrade hatten natürlich die schwersten Aufgaben an Bord zu erfüllen, wie zum Beispiel Kohlenschippen, und konnten kaum Offizier werden. Die deutschen Schiffsbesatzungen waren aber gut ausgebildet und schlagkräftig.

Wilhelmshaven Schiff um Schiff in Dienst gestellt; in Brunsbüttel, an der Nordseemündung des Kanals, wurden weitläufige neue Liegeplätze gebaut. In Scapa Flow und in den schottischen Stützpunkten mußten die englischen Seeleute an Bord wohnen, im Gegensatz dazu konnten die deutschen Besatzungen in ihren Stützpunkthäfen zum Exerzieren und für Übungen an Land gehen. Viele Schiffsbesatzungen konnten in Kasernen an Land untergebracht werden, wo es auch gutgeführte Offiziersmessen gab. Die deutschen Seeleute bevorzugten Kiel, wo es Abwechslung und Unterhaltung, Kinos und Varietés gab. Wilhelmshaven mit seinen endlosen Reihenhäusern voll Marineangehörigen nannten sie liebevoll-geringschätzig „Schlicktown“.

In Großbritannien wie auch in Deutschland war man sich bewußt, daß ein Kräftemessen der beiden Flotten nicht bloß durch das Material entschieden werden würde, sondern durch die Führung und den Ausbildungsstand der Besatzungen. Hier spiegelten die beiden Flotten die gesellschaftliche Lage und die sich ergebenden Spannungen wider. Der US-Marinetheoretiker Admiral Mahan hatte 1910 die britische Presse verärgert, indem er den britischen Willen, als Sieger aus einer Konfrontation mit Deutschland zur See hervorzugehen, anzweifelte. Der amerikanische Historiker bewunderte die deutsche Leistungsfähigkeit und schrieb: „Insulare Demokratien sind in ihren Kriegsvorbereitungen nachlässig und untüchtig. Die natürliche Folge war, daß ihre Kriege lange dauerten und viel kosteten. Aber zukünftige Kriege können nicht lange dauern, obwohl sie sehr teuer werden können, abgesehen von ihren unmittelbaren Kosten; teuer vor allem auch durch verlorene Vorteile und erzwungene Kriegsentschädigungen.“

In Großbritannien hatten sich Sozialstruktur und Klassengefüge stark geändert. Die Budgets von Lloyd George, die Parlamentskrisen, der Druck der Streiks, das alles hatte einen Liberalisierungsprozeß in der britischen Gesellschaft eingeleitet. Verstärkt wurde diese Strömung durch den Bedarf der Marine an bestausgebildeten Spezialisten zum Betrieb der vielfältigen neuartigen Anlagen und Geräte an Bord eines modernen Kriegsschiffs. Man rief nach Ingenieuren, Mechanikern, Funkern und Elektrikern, selbst vom einfachen Seemann verlangte man jetzt viel mehr. Um die schweren Geschütze zu bedienen oder die Vielfältigkeiten des Signaldienstes zu beherrschen oder seinen Dienst am Torpedorohr zu versehen, mußte er schon überdurchschnittliche Fähigkeiten mitbringen.

Auf den neuen Kriegsschiffen – durch Schotte in kleinste wasserdichte Einheiten unterteilt und mit Technik förmlich vollgestopft – waren die Lebensbedingungen zumindest äußerst unbequem, manchmal sogar gesundheitsgefährdend. An Bord schliefen die Seeleute in mehreren Reihen übereinander in aufgehängten Hängematten, der Matrose hatte nur 2,5 Kubikmeter Lebensraum zur Verfügung im Vergleich zu den 22,5 Kubikmetern der Zivilisten seiner Zeit. Obwohl der Gesundheitszustand in der Flotte recht gut war, litten zwischen 1905 und 1910 nicht weniger als 12 Prozent der Besatzungen an dem alten Matrosenübel der Geschlechtskrankheiten. Zweifelhaften Ruhm erwarb sich die Ostasienstation mit sogar 15 Prozent Geschlechtskranken.

Vor dem Ersten Weltkrieg fühlten sich viele überdurchschnittlich begabte Rekruten von der Marine angezogen. Einer der neuen Ausbilder, Lieutenant-Commander Betts, Kadettenlehrer an Bord von HMS *Falmouth* und anderen Leichten Kreuzern, begeisterte sich: „Es ist erstklassiges und überdurchschnittliches Menschenmaterial. Lesen und gutes Rechnen war Voraussetzung zur Aufnahme in die Marine.“ Trotz der strengen Disziplin wurde in der Royal Navy eine gewisse Toleranz entwickelt, die sich in den Kriegsjah-

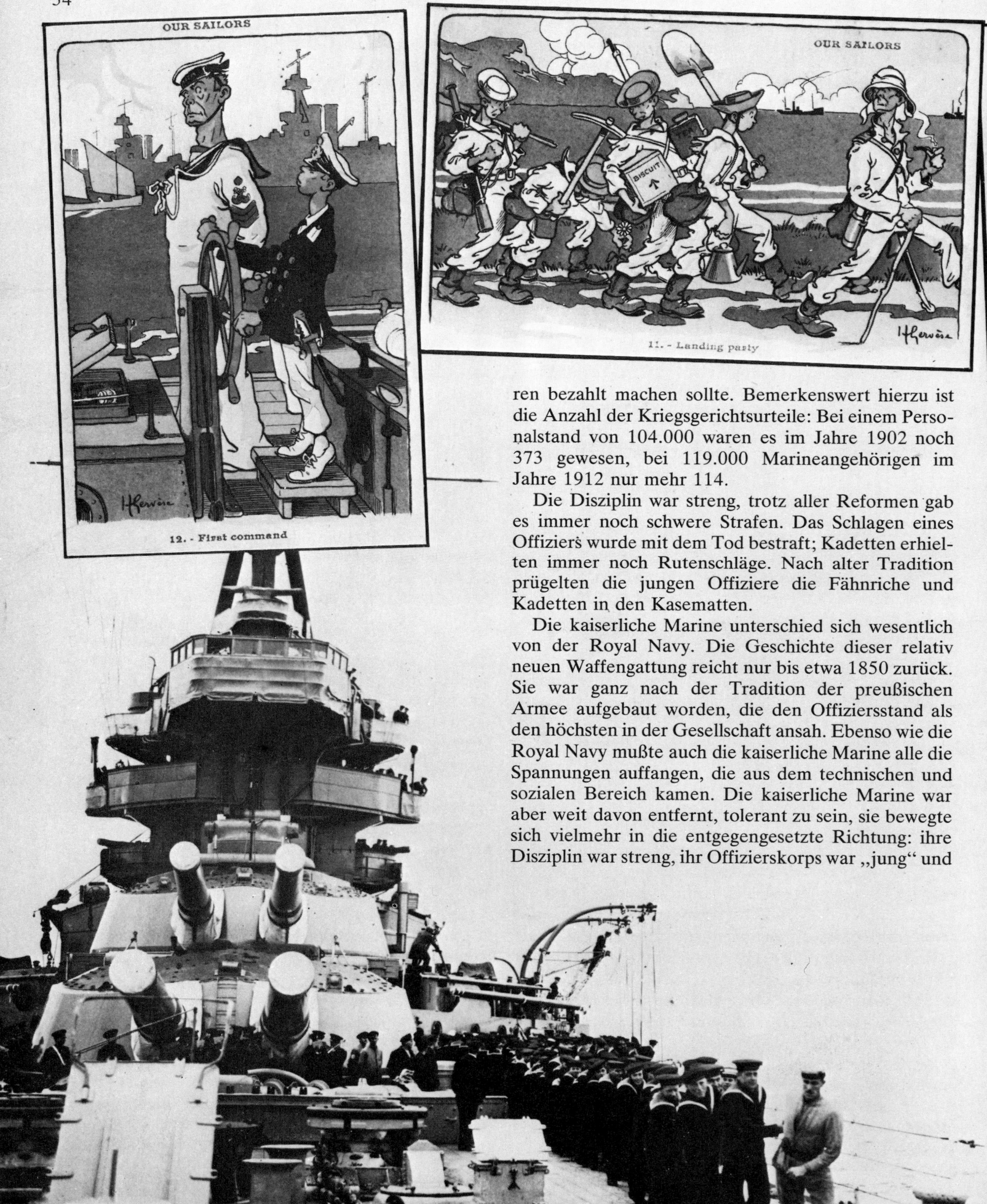

12. - First command

11. - Landing party

ren bezahlt machen sollte. Bemerkenswert hierzu ist die Anzahl der Kriegsgerichtsurteile: Bei einem Personalstand von 104.000 waren es im Jahre 1902 noch 373 gewesen, bei 119.000 Marineangehörigen im Jahre 1912 nur mehr 114.

Die Disziplin war streng, trotz aller Reformen gab es immer noch schwere Strafen. Das Schlagen eines Offiziers wurde mit dem Tod bestraft; Kadetten erhielten immer noch Rutenschläge. Nach alter Tradition prügelten die jungen Offiziere die Fähnriche und Kadetten in den Kasematten.

Die kaiserliche Marine unterschied sich wesentlich von der Royal Navy. Die Geschichte dieser relativ neuen Waffengattung reicht nur bis etwa 1850 zurück. Sie war ganz nach der Tradition der preußischen Armee aufgebaut worden, die den Offiziersstand als den höchsten in der Gesellschaft ansah. Ebenso wie die Royal Navy mußte auch die kaiserliche Marine alle die Spannungen auffangen, die aus dem technischen und sozialen Bereich kamen. Die kaiserliche Marine war aber weit davon entfernt, tolerant zu sein, sie bewegte sich vielmehr in die entgegengesetzte Richtung: ihre Disziplin war streng, ihr Offizierskorps war „jung“ und

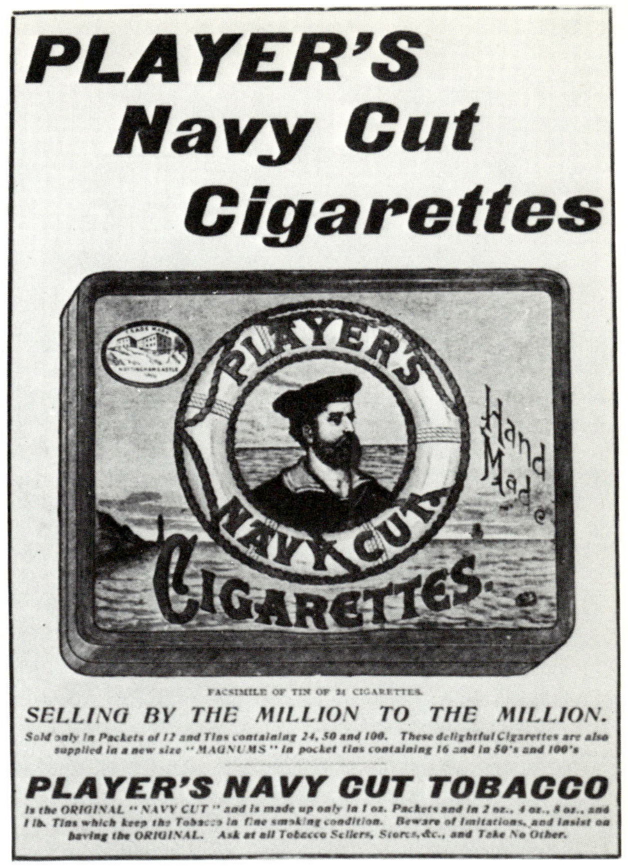

Das Ansehen der Marine war Herzenssache des Empire, der gediegene Charakter seiner „Teerjacken" wurde zum Qualitätsbegriff.

und für manche andere Aufgabe gefordert, doch das Hauptgewicht der Überlegenheit zur See wurde in einer Schlachtflotte aus schwersten und kampfstärksten Einheiten gesehen, die gegen den Feind konzentriert werden konnten. Abgesehen von Frankreich und Rußland, den traditionellen Gegnern Englands, begannen auch die USA, Japan und Deutschland die Wichtigkeit einer Seemacht zu erkennen. Nahe dem Mutterland, über der Nordsee, hatte sich „eine Wolke, nicht größer als eine Faust" gebildet. Kaiser Wilhelm II. war fest entschlossen, Deutschland eine Seemacht werden zu lassen. Die öffentliche Meinung in England erblickte in Deutschland keine ernst zu nehmende Bedrohung.

Dennoch schrieb die „Times" 1888:

„Es gibt zur Zeit keine Marine mit besseren Offizieren und Mannschaften als die deutsche. Die Offiziere haben ohne Ausnahme hohe wissenschaftliche Kenntnisse, sind erstklassige Seeleute und ausgezeichnet diszipliniert. Die Besatzungen bieten, obwohl die meisten aus dem Binnenland stammen, ein Idealbild von Schneidigkeit. Man kann sagen, daß sie in jeder Beziehung ebenso gute Seeleute sind wie unsere eigenen Blaujacken."

Das deutsche Kaiserreich mußte zwar einen langen Weg gehen, bis es eine Seemacht, vergleichbar mit der britischen, darstellte, doch der Ehrgeiz des deutschen Kaisers entzündete sich gerade an dieser Aufgabe.

Im selben Juni 1897, als Britanniens Seemacht zur Flottenparade versammelt wurde, entwickelte das deutsche Kaiserreich geheime Pläne, Großbritannien die seebeherrschende Stellung streitig zu machen. Kaiser Wilhelm II. war ein unermüdlicher Fürsprecher des Seemachtgedankens. Als Enkel der Königin Victoria hatte er oft Gelegenheit gehabt, Einheiten der Royal Navy zu besichtigen und ihre Manöver mitanzusehen. Er war außerdem stolz darauf, Admiral der Royal Navy zu sein. Die Royal Navy war ihm Vorbild, an ihrem Beispiel hatte er gelernt, daß eine Weltmachtstellung durch wirkungsvollen Einsatz einer Kriegsmarine errungen werden konnte.

Tiefen Eindruck hinterließ bei ihm das berühmte Buch des US-Admirals Mahan „The Influence of Seapower in History" (Der Einfluß der Seemacht auf die Geschichte). Wilhelms intellektueller Enthusiasmus wurzelte in einer jungenhaften Begeisterung für alles, was mit der Marine zu tun hatte. Er liebte die Uniform seiner Marine. Um eine Vorstellung von Richard Wagners „Fliegendem Holländer" zu besuchen, kleidete er sich beispielsweise in eine Admiralsuniform. Oft skizzierte er Schlachtschiffsentwürfe am Rand von Staatspapieren, ja er versuchte sich sogar als Marinemaler und dichtete „Ägirs Lied", eine Art episches Gedicht, das den germanischen Gott des Meeres verherrlichte.

Deutschland besaß bereits die stärkste Armee der Welt, der Kaiser widmete sich nun aber dem Aufbau einer ebenso starken und respektierten Marine. Als Wilhelm II. den deutschen Kaiserthron 1888 bestieg, bestand sein Reich erst seit 17 Jahren. Dieses Deutsche Reich war eine Mischung verschiedenster Länderinteressen. Unter der Führung und unter dem Druck Preußens hatten sich vier Königreiche, nämlich Preußen selbst, Bayern, Württemberg und Sachsen, sowie sechs Großherzogtümer, nämlich Oldenburg, Mecklenburg-Strelitz, Mecklenburg-Schwerin, Sachsen-Weimar, Hessen und Baden, ferner die Herzogtümer Braunschweig, Sachsen-Meiningen, Sachsen-Altenburg, Sachsen-Coburg und Gotha sowie das

„Admiral des Atlantiks“
Unten: Deutsche Künstler zeigten ihren Kaiser gern in der von ihm erträumten romantischen Rolle.
Rechts: Deutschlands „Oberster Kriegsherr“ hatte selbst den Ehrgeiz, ein Marinemaler zu sein. Er stellte seine Seestücke aus und skizzierte auf Formularen oder Rückseiten von Speisekarten Entwürfe für neue Großkampfschiffe.

Herzogtum Anhalt und schließlich die Fürstentümer Schwarzburg-Sondershausen, Schwarzburg-Rudolstadt, Waldeck, Reuß (ältere Linie), Reuß (jüngere Linie), Schaumburg-Lippe und Lippe zusammengeschlossen. Dazu kamen noch drei Freie Reichsstädte, nämlich Hamburg, Bremen und Lübeck, und ganz zuletzt das 1870/71 eroberte „Reichsland“ Elsaß-Lothringen. Diese aus der ungeheuren Zahl deutscher Kleinstaaten des Mittelalters und der frühen Neuzeit schon arg zusammengeschmolzenen, aber immer noch souveränen Staaten wurden nun von Bismarck während des Deutsch-Französischen Krieges zum Zweiten deutschen Kaiserreich zusammengeschmiedet. Theoretisch war die Rolle des Kaisers in diesem Reich die eines „Primus inter pares“ im Verhältnis zu den anderen deutschen Fürsten. Aber in der Praxis sah das ganz anders aus. Der Kaiser war ja zugleich König von Preußen. Damit herrschte er unmittelbar über zwei Drittel aller Deutschen und über 60 Prozent der Fläche des Deutschen Reiches. Die sehr konservative Verfassung Preußens gab ihm nahezu absolute Macht. Diese autokratische Tendenz übertrug sich durch die Reichsverfassung, die der erste Reichskanzler Bismarck sich selbst auf den Leib zugeschnitten hatte, eben auch auf das Reich.

Dazu kam, daß besonders Kaiser Wilhelm einen ausgesprochen autoritären Herrschaftsstil pflegte und daß ihm selbst das liberale Bürgertum, das noch 1848 revoltiert hatte, in einer Welle des Patriotismus und des Nationalgefühles darin entgegenkam. Der Sieg über die Franzosen, die Reichsgründung und der stark expansionistische Kurs des neuen Deutschen Reiches begeisterten große Massen. Zu der einmaligen Stellung des deutschen Kaisers kam es aber auch durch weitere Umstände. Er personifizierte nicht nur das deutsche Einheitsstreben, sondern führte in den Augen der Deutschen auch „die schimmernde Wehr“, womit nicht nur gemeint war, daß er einen silbernen Adlerhelm, silbernen Panzer und weißen Rittermantel trug, wenn er Ansprachen an das Parlament und den Reichstag hielt, sondern auch, daß er diese schimmernde Wehr, nämlich die deutsche Wehrmacht, Heer und Kriegsmarine, glorifizierte und damit dazu beitrug, daß auch die Bürger in diesem deutschen Reichsheer und dieser deutschen Reichskriegsmarine das Instrument der Macht ihres Volkes und das Mittel zur Erreichung des Status einer wahren Großmacht erblickten. Das Deutsche Reich jener Zeit war voll von Widersprüchen und damit auch Spannungen. Während fast überall, vor allem aber in Preußen, das Militär den Ton angab und der „schäbige Zivilist“ über die Achsel angesehen wurde, während man, wieder vor allem in Preußen, im Bunde mit den Großgrundbesitzern nicht nur eine militaristische, sondern auch eine ausgesprochen agrarische Politik machte, wuchs im Westen Preußens, vor allem an Rhein und Ruhr, aber auch überall sonst im Reich, eine gewaltige Industrie empor, die drauf und dran war, Großbritannien einzuholen und vor allem auf den Weltmärkten zum heftigsten Konkurrenten der britischen Industrie zu werden.

Mit der Industrie wuchs natürlich das Bürgertum, aber auch die Arbeiterschaft. Dementsprechend bilde-

Bordroutine
Linke Seite unten: Die rauhe Wirklichkeit – Kutteraussetzen an Bord von HMS *Marlborough,* während die Bordkapelle anfeuernde Weisen spielt.
Links: Und so sah es auf den Postkarten aus!

litt unter der „Schande", neben dem seit altersher hochangesehenen Offizierskorps der preußischen Armee als „Parvenü" betrachtet zu werden.

Die kaiserliche Marine war extrem technisch orientiert und ebenso wie die Royal Navy darauf angewiesen, Personal aus technischen Berufen anzuziehen. Anders als die britische Marine konnte die deutsche Flotte ihre Mannschaften auf Grund der allgemeinen Wehrpflicht ergänzen. In der britischen Flotte dienten die Mannschaften – oft von Jugend an – zwölf Jahre und verlängerten häufig um weitere zehn Jahre. In Deutschland dagegen konnten Facharbeiter und Techniker, etwa aus dem Ruhrgebiet oder anderen Industriezentren, zum Flottendienst eingezogen werden, freilich bekamen manche dieser Leute die strenge Marinedisziplin rasch über. Viele von ihnen standen aus politischen oder sozialen Gründen in heftiger Opposition zum Offizierskorps. Dazu kam, daß auf den größeren Schiffen in den verschiedenen Messen für die verschiedenen Ränge auch sehr verschiedenes Essen ausgegeben wurde. Auch dies führte zu Spannungen.

Die deutschen Marineoffiziere stammten überwiegend aus der Ober- und Mittelschicht, es gab aber bemerkenswerte gesellschaftliche Vorurteile. Der Inspekteur der Ausbildungsabteilung der Marine wies selbst mitten im Krieg einen Anwärter zurück, weil „sich die Familie größtenteils aus Personen der unteren Stände zusammensetzt (Wirt und Fabriksarbeiter, Tischler und Segelmacher, Dentist und Zuckerbäcker). Außerdem sind die finanziellen Grundlagen für eine Karriere nicht gegeben". Ein Historiker schrieb über das deutsche Offizierskorps: „Ein bürgerlicher Kadett, der in das Marineoffizierskorps eintrat, strebte sofort danach, das Aussehen, die Manieren und oft auch die gleichzeitig damit einhergehende Arroganz des preußischen Adels, insbesondere des preußischen Offizierskorps, anzunehmen." Viele von ihnen „sahen auf ihre ärmeren Kameraden in der gleichen Weise herab wie der Adelige auf den Bürger, jedoch mit weit weniger gewohnter Zurückhaltung".

Die Stabsoffiziere beispielsweise hielten sich für etwas Besseres als die Maschineningenieure. Die Deckoffiziere – das Unteroffizierskorps der Marine –, die für das reibungslose militärische Zusammenspiel aller Stationen auf den Schiffen sorgten, nahmen den Kastengeist und die Exklusivität des Offizierskorps sehr übel.

Die umfassende und harte Ausbildung der Seekadetten war der Grundstein für die Leistungsfähigkeit des deutschen Marineoffizierskorps. Sie begann mit 1½ Monaten infanteristischer Grundausbildung, gefolgt von 10½ Monaten Navigations- und Maschinenausbildung, 11 Monaten Unterricht mit den Schwerpunkten Schiffsbaulehre und Maschinenkunde und endete schließlich mit 6 Monaten Spezialausbildung auf dem Artillerie-, Torpedo- und Sperrwaffensektor. Das letzte Ausbildungsjahr verbrachten die Fähnriche an Bord, wo sie noch besonders in den seemännischen Fächern ausgebildet wurden.

Die Offiziere der Royal Navy wurden nach einer vollkommen anderen Tradition ausgebildet. Aus den jahrhundertealten Erfahrungen des Kampfes auf See und der Erfordernisse eines engen Zusammenlebens an Bord hatten sich die Schwerpunkte der praktischen Bordausbildung entwickelt. Fishers Reformen der Offiziersanwärterausbildung sollten ein überaltertes System ersetzen, das wenig Wert auf die praktische Berufsausbildung und all die neuen strategischen und taktischen Probleme des Schlachtschiff- und U-Boot-Zeitalters gelegt hatte.

Er hob die mittelalterlichen Bedingungen auf, die von einem zukünftigen Offizier verlangten, daß er aus der richtigen Familie stammte, das Vaterunser aufsagen und nackt über einen Sessel springen konnte. Seine Versuche, eine ausgewogene Ausbildung für diejenigen Jungen zu schaffen, die bereits mit 12½ Jahren in die Navy eintraten, stieß auf den tiefverwurzelten Widerstand der „alten Garde". Unter anderem versuchte die Admiralität verzweifelt, das Mißtrauen gegen Maschinenoffiziere abzubauen. Es war Fisher schmerzlich bewußt, daß die Marineoffi-

WILLS'S CIGARETTES.
NORTH DAKOTA.

WILLS'S CIGARETTES.
PETROPAVLOVSK.

WILLS'S CIGARETTES.
RIVIDAVIA

WILLS'S CIGARETTES.
INDEFATIGABLE.

WILLS'S CIGARETTES.
DREADNOUGHT.

WILLS'S CIGARETTES.
SOUTH CAROLINA.

WILLS'S CIGARETTES.
ARKANSAS.

WILLS'S CIGARETTES.
BLUCHER.

WILLS'S CIGARETTES.
TSUKUBA.

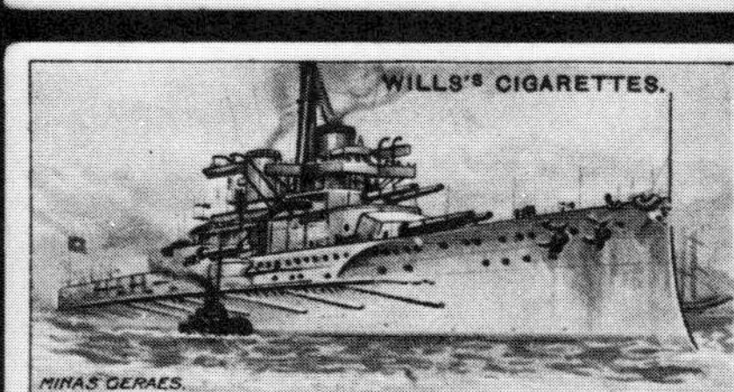
WILLS'S CIGARETTES.
MINAS GERAES.

WILLS'S CIGARETTES.
NASSAU.

WILLS'S CIGARETTES.
DANTE ALIGHIERI.

WILLS'S CIGARETTES.
LORD NELSON.

WILLS'S CIGARETTES.
INVINCIBLE.

WILLS'S CIGARETTES.
JEAN BART.

WILLS'S CIGARETTES.
SATSUMA.

WILLS'S CIGARETTES.

WILLS'S CIGARETTES.
WESTFALEN.

WILLS'S CIGARETTES.
NEPTUNE.

WILLS'S CIGARETTES.

WILLS'S CIGARETTES.
IBUKI.

Männer und Schiffe
Die Revolution in der Seekriegstechnik war schon so sehr ins Bewußtsein gedrungen, daß Zigarettenfabriken „Die Schlachtschiffe der Welt" als Werbemittel einsetzen konnten (linke Seite).
Die meisten der jungen Blaujacken konnten sich an die Viktorianische Zeit, als England uneingeschränkt die Meere beherrschte, nicht mehr erinnern. Als sich der Krieg schon abzeichnete, begannen viele die langen, freudlosen Jahre und die Trennung von ihren Familien vorauszuahnen. Unten: Sentimentale Postkarten („Vergiß mich nicht!") drückten solche Gefühle recht deutlich aus.

ziere immer nur aus der privilegierten oberen Mittelschicht kamen, obwohl dafür Männer aus den intelligentesten Schichten des Volkes gebraucht wurden. 1905 gab es nur 300.000 Briten mit einem Jahreseinkommen von 700 Pfund, die ihre Söhne als Kadetten in die Navy schicken konnten. Einen heißblütigen Reformator wie Fisher, der fest an das Leistungsprinzip glaubte, mußte eine solche Einstellung zutiefst abstoßen.

Diese deprimierende Klassifizierung des Individuums nach Herkunft und Vermögen dämpfte natürlich auch den Ehrgeiz der vielen fähigen, langgedienten Maate und Mannschaften, für die nie eine Aussicht bestand, jemals in den Offiziersrang aufzusteigen.

Sowohl Fisher als auch später Churchill versuchten diese festgefahrenen Gepflogenheiten zumindest teilweise zu ändern. Unter Churchill wurde 1912 die Möglichkeit für Deckoffiziere und Maate geschaffen, Offizier zu werden. Aber noch bei Kriegsausbruch bestand tiefe Unzufriedenheit dieser verdienten Leute über ihre Beförderungschancen, besonders weil den sich freiwillig meldenden Reserveoffizieren und anderen „Außenseitern" der Vorzug gegenüber den altgedienten Deckoffizieren gegeben würde, wenn die Kommandantenposten auf neuen Torpedobooten und anderen kleineren Schiffen besetzt wurden. Fisher bekämpfte die Vorurteile gegen den Offizier aus dem Mannschaftsstand. „Wenn sie einen Mannschaftsdienstgrad zum Leutnant machen, dann verstecken sie ihn auf irgendeinem kleinen Schiff, damit er nicht mit den Blaublütlern konkurriert. König Edward hat mich einen Sozialisten genannt. Nun, dann bin ich eben einer!"

Trotz Fishers ruhelosen Reformbestrebungen hielten die älteren Offiziere noch an den Traditionen der Segelschiffszeit fest. Doch die jungen Offiziere und Fähnriche entstammten bereits einem weit liberaleren Auswahlsystem als es die Deutschen hatten und kamen aus einem viel weiteren sozialen Bereich. Auch bot das System des demokratischen Parlamentarismus, von Marinefachleuten wie Admiral Mahan als wirkungslos eingestuft, viel mehr Sicherheitsventile gegen die ärgsten Übergriffe.

Am Vorabend des Krieges, als die letzten Hoffnungen auf eine Einigung mit Deutschland zerronnen waren, befanden sich beide großen Flotten im Zustand bester Kriegsbereitschaft.

Es bedurfte nur mehr des Funkens, um das Pulverfaß zur Explosion zu bringen. Die britische Flotte war bereit, nach ihren fernen, unwirtlichen Stützpunkten auszulaufen, von wo aus sie sofort die Blockadestrategie anwenden konnte. Diese zu Kriegsbeginn noch nicht einmal voll entwickelte Strategie sollte sich verhängnisvoll für den Tirpitz-Plan auswirken, die britischen Kräfte sich zunächst so abnützen zu lassen, daß die Entscheidung schließlich zwischen gleichstarken Kräften herbeigeführt werden konnte. Als es jedoch zum entscheidenden Treffen kam, sollte daraus die größte klassische Artillerieseeschlacht alten Stils werden, in welcher Männer und Material bis an die Grenzen ihrer Leistungsfähigkeit beansprucht wurden.

Mobilisierung
Am 18. Juli 1914 versammelte sich die britische Flotte mit dem Flaggschiff HMS *Iron Duke* an der Spitze vor Spithead. Nach Churchill „die größte Konzentration von Seemacht, die die Welt je gesehen hatte"; sie sollte während der Krise im Sommer 1914 daran erinnern, daß es Großbritanniens erklärtes Ziel war, seine Seeüberlegenheit aufrechtzuerhalten.

ten sich Parteien – Liberale und Sozialdemokraten –, deren Opposition gegen die säbelrasselnde Aufrüstungspolitik des Kaisers Unterstützung bei der katholischen Zentrumspartei fand, die – freilich mehr aus Gründen des gegen sie geführten Kulturkampfes – sich in diese Front einfügte. Der Reichstag konnte daher der kaiserlichen Regierung Schwierigkeiten bei der Bewilligung von Geldern für militärische Projekte machen. Er konnte aber auf die Dauer die deutsche Aufrüstung nur verlangsamen. Zu stark war der Widerhall der nationalen Schlagworte in der Bevölkerung.

Kaiser Wilhelm, „der oberste Kriegsherr“, mußte das deutsche Reichsheer bis zu einem gewissen Grad noch mit anderen deutschen Fürsten teilen, wenn es auch keine Zweifel an seiner Überlegenheit gab. Die kaiserliche Marine dagegen unterstand schon seit ihrer Gründung ausschließlich dem Kaiser und war sozusagen sein „Lieblingsriesenspielzeug“. Kein Zweifel, daß ihn das Vorbild der britischen Großmama Königin Victoria und seiner britischen Onkel und Vettern auf die Flotte hingewiesen hatte und eifersüchtig werden ließ. Kein Zweifel auch, daß hinter dem Gedanken, Seemacht bedeute Weltmacht, schon ein Gutteil Überlegung einer modernen Industriegesellschaft stand, die sich Exportmärkte und vielleicht mehr noch Rohstoffbasen in Übersee erobern wollte und mußte. Deutschland war erst sehr spät Kolonialmacht geworden. Zu einer Zeit, als Engländer, Franzosen, aber auch Holländer und Belgier die Welt untereinander schon aufgeteilt hatten, versuchten nun auch die Deutschen, noch einen „Platz an der Sonne“ zu erhaschen.

So gelang es ihnen, in Afrika eine ganze Reihe von Kolonien zu erwerben – Togo, Kamerun, Deutsch-Westafrika, Deutsch-Ostafrika –, aber es gelang nicht, ein zusammenhängendes Gebiet daraus zu formen. Sie hatten zwar etwa 3 Millionen Quadratkilometer „Schutzgebiete“ in Übersee mit fast 13 Millionen Einwohnern, aber das war natürlich sehr wenig im Vergleich zu den Weltreichen Großbritanniens und Frankreichs. So wie die deutschen Kolonisatoren sehr bald an von alten Kolonialmächten errichtete Grenzen stießen, so bemerkte auch die Reichsregierung in den Jahrzehnten vor dem Ersten Weltkrieg, daß ihre betont militaristische und expansive Politik zu einem

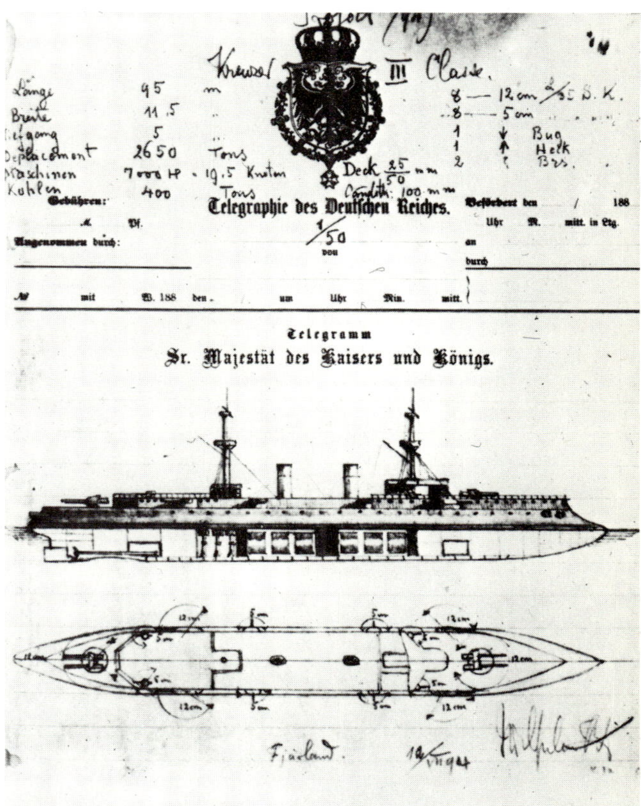

Bündnis Englands, Frankreichs und Rußlands geführt hatte. Immer stärker machte sich bei den Deutschen die Vorstellung bemerkbar, daß sie „eingekreist“ würden, und je mehr dieses Gefühl wuchs, um so intensiver wurden die Bemühungen, alles für einen Ausbruch aus dieser Einkreisung Notwendige vorzubereiten. Die Wortführer dieser Bestrebungen waren nationalistische Bewegungen wie der Alldeutsche Verband, die Deutsche Kolonialgesellschaft und der Deutsche Flottenverein. Dennoch gab es Hindernisse auf dem Weg zum Aufbau einer Großmachtflotte. Im Reichstag kam es sogar zu einem Bündnis konservativer Kreise mit Liberalen gegen den sehr teuren Flottenausbau.

So ging der Aufbau der großen deutschen Flotte nur langsam vor sich, bis schließlich kurz vor der Jahrhundertwende ein Ereignis ausgerechnet im Süden Afrikas eine Wende herbeiführte. Südafrika war seit dem

Das deutsche Streben nach Seemacht
Der deutsche Kaiser, Kaiserin Auguste Viktoria und der Hof beim Stapellauf eines Kriegsschiffes. Am ersten Tag des zwanzigsten Jahrhunderts gab Wilhelm II. das folgende feierliche Versprechen ab: „So wie mein Großvater die Armee reorganisiert hat, will ich in ähnlicher Weise und unbeirrbar die Neuformierung meiner Flotte fortsetzen, damit sie meinen Landstreitkräften ebenbürtig werde und das Deutsche Kaiserreich instand gesetzt werde, unter den Völkern der Erde den ihm gebührenden Platz einzunehmen."

17. Jahrhundert von Holländern, den Buren, besiedelt worden. Sie hatten zum Teil heftig mit den von Norden her vorstoßenden Zulus gekämpft und sich ein Land geschaffen, das sie republikanisch verwalteten und das in der Praxis ein gewaltiges Bauernland war mit großen Farmen, auf denen Vieh gezüchtet wurde. 1806 war die „Kapkolonie" britisch geworden. Die Buren wollten sich aber den Engländern nicht unterwerfen und zogen im „großen Treck", in einer gewaltigen Wanderbewegung, nach Norden und Osten. Sie gründeten eine Reihe von Republiken: Natal, das sich die Engländer schon 1844 einverleibten, sowie den Oranje-Freistaat und Transvaal. Aus beiden Freistaaten wurde dann die Südafrikanische Republik. Kriege mit den Engländern in den siebziger Jahren brachten den Buren eine Anerkennung ihrer Souveränität.

Das große Interesse der Engländer rührte aber daher, daß auf dem Boden der Burenrepubliken Gold und Diamanten in gewaltigem Ausmaß gefunden wurden. Die ausgesprochen industriefeindliche Regierung

„Scharfer Schuß"

Salutschüsse zeigten das Einlaufen eines Schlachtschiffgeschwaders der Royal Navy in der Kieler Bucht am 23. Juni 1914 an. Deutsche Marineoffiziere betrachteten diesen Freundschaftsbesuch mit größtem Mißtrauen: „England ist bereit zum Losschlagen, wir stehen unmittelbar vorm Kriege, und der Zweck dieses Flottenbesuches ist nur Spioniererei."

Mit der Ankunft des deutschen Kaisers erreichte das offizielle Schauspiel seinen Höhepunkt. Auf einer Plattform hoch über der Brücke der Kaiserjacht glänzte er in seiner neuen Uniform als „Admiral des Atlantik". Als der Bug der *Hohenzollern* die Seidenbänder vor den neuen Holtenauer Schleusenanlagen zerriß, erhob sich vielstimmiger Jubel. Durch den nunmehr ausgebauten Kaiser-Wilhelm-Kanal konnten jetzt auch die größten Einheiten der deutschen Kriegsmarine den kurzen Weg zur Nordsee nehmen.

Zwei Tage später, am 28. Juni, wurden die Segelregatten und Festlichkeiten unterbrochen. Alle Schiffe erhielten telegrafisch die Nachricht, daß der österreichische Thronfolger, Erzherzog Franz Ferdinand, in Sarajevo ermordet worden war. Ein Depeschenboot eilte hinaus in die Förde, wo der Kaiser zu einem Tagesausflug mit seiner Rennjacht *Meteor* unterwegs war. Als er schwermütig schweigend zurückkehrte, war sein Befehl bereits von allen Schiffen ausgeführt worden: „Flagge halbstocks, Toppflaggen halbstocks, österreichische Flagge im Großmast, anläßlich der Ermordung des österreichischen Thronfolgers."

In den folgenden Tagen wurden die Feierlichkeiten in Kiel beschleunigt zu Ende geführt. Während der Kaiser zu Krisensitzungen nach Berlin eilte, lichtete das britische Geschwader die Anker zur Heimreise. Die Spannung stieg spürbar. Zeppeline kreisten über

„In ganz Europa erlöschen die Lichter“
In den letzten Friedenswochen waren die Beziehungen zwischen der britischen und der deutschen Flotte äußerlich herzlich. Als das britische 2. Schlachtgeschwader anläßlich der Kieler Woche Deutschland besuchte, wurde diese Souvenirpostkarte (linke Seite) aufgelegt: Das gütige Antlitz des deutschen Kaisers, umgeben von den Bildern der englischen Schiffe und der Kaiserjacht *Hohenzollern* und einem Panorama des Kieler Hafens.
Unten: Am Vorabend des Krieges unterhielt die Flotte das englische Volk mit überwältigenden Feuerwerken und Scheinwerferspielen.

den Briten, und von allen Kanalbrücken aus wurden detaillierte Fotos der britischen Schiffe gemacht, als sie den Kanal durchliefen.

Drei Wochen später – die europäische Krise war in vollem Schwang – versammelte sich die gesamte Royal Navy in endlosen grauen Kolonnen zur Parade vor König Georg V. Zum letzten Mal in Friedenszeiten fand in den historischen Gewässern von Spithead „die unvergleichlich größte Konzentration von Seemacht, die die Welt je gesehen hatte“ statt, wie der Erste Seelord Winston Churchill meinte. Während der zweitägigen Ankerliegezeit waren die vereinigte 1., 2. und 3. Flotte Schauplatz unzähliger Parties, Unterhaltungen und Feuerwerke. Am 19. Juli setzte sich der König an Bord seiner Jacht *Victoria und Albert* an die Spitze seiner Geschwader, um zu Manövern in den Ärmelkanal auszulaufen. 53 Schlachtschiffe bildeten die Vorhut der Kolonne von über 400 Schiffen. Alle Großkampfschiffe, mit Ausnahme der drei im Mittelmeer stationierten Schlachtkreuzer und der im Südpazifik kreuzenden *Australia,* waren hier zusammengezogen, unter ihnen 20 neue Schlachtschiffe und 9 neue Schlachtkreuzer. Diese Konzentration von Seestreitkräften in den nördlichen Gewässern war eine Geste der Stärke, die Deutschland und seine Alliierten warnen sollte. Kaum waren die Schiffe am 23. Juli wieder in Portsmouth eingelaufen, als die österreichische Regierung das Ultimatum an Serbien stellte. In Eile schrieb Churchill an seine Frau: „Europa zittert an der Schwelle eines Krieges; das österreichische Ultimatum an Serbien ist das anmaßendste Dokument dieser Art, das je formuliert wurde.“

Prinz Louis von Battenberg, der Erste Seelord, erfuhr am Sonntagmorgen, daß Österreich-Ungarn die

Immer einen Schritt voran bleiben
Zu Beginn des Krieges zwischen Deutschland und England versuchten Winston Churchill und der Erste Seelord, Prinz Louis von Battenberg (links), dem deutschen Schlachtkreuzer *Goeben* und dem Kleinen Kreuzer *Breslau* (rechte Seite) eine Falle zu stellen, bevor diese die alliierten Truppentransporte im Mittelmeer angreifen konnten. Infolge einer „unglücklichen Verkettung von Irrtümern" konnten die Engländer den Feind nicht stellen. Die deutsche Mittelmeerdivision erreichte Konstantinopel, ein Umstand, der das Umschwenken der Türkei zu den Mittelmächten beeinflußte.

einlenkende Antwort Belgrads auf das Ultimatum zurückgewiesen hatte. Im Bewußtsein, daß diese Haltung den Ausbruch des Krieges näherbrachte, traf er eine Entscheidung von größter Bedeutung, nämlich die unmittelbar bevorstehende Auflösung der mobilisierten Flotte aufzuhalten. Die Reservisten, die sich schon darauf vorbereiteten, abzurüsten, erhielten Befehl, unter Waffen zu bleiben.

Am 28. Juli erklärte Österreich-Ungarn Serbien den Krieg. Rußland mobilisierte zur Unterstützung des serbischen Verbündeten; Churchill erhielt Asquiths Genehmigung, die Flotte in die Nordsee zu verlegen: In der Nacht durchfuhr die 35 Kilometer lange Kolonne der britischen Großkampfschiffe den Ärmelkanal, um Mitternacht wurde Dover passiert, die Besatzungen waren auf Gefechtsstation und die Geschütze feuerbereit.

Das britische Kabinett erwartete die Reaktion Deutschlands. Sollte die Strategie der „Risikoflotte" in die Tat umgesetzt werden?

In Berlin versuchte Tirpitz den Reichskanzler Bethmann-Hollweg davon zu überzeugen, daß die Flotte sofort in den Nordseehäfen gefechtsbereit zusammengezogen werden müsse. Der Krieg sollte mit der Landung eines Marinekorps an der englischen Ostküste eröffnet werden. Dies fand aber bei der in kontinentalen Dimensionen denkenden deutschen Generalität keinen Beifall. Ihre Strategie verlangte einen Angriff auf Rußland und die Durchführung des Schlieffen-Planes, also den Angriff auf Frankreich durch Belgien hindurch.

Auch der deutsche Reichskanzler hoffte, einen Waffengang mit England vermeiden zu können. Er betrachtete Großbritannien als „Bulldogge, die man nicht reizen soll".

Am 1. August, zu Kriegsbeginn, zauderten die europäischen Staaten noch. Die deutsche Hochseeflotte ankerte kriegsbereit auf Schillig-Reede vor Wilhelmshaven. Die britische Grand Fleet stand alarmbereit in den Nordseestützpunkten. Nur 800 Kilometer trennten diese stärksten Flotten, die es jemals gab: 34 Dreadnoughts, 10 Schlachtkreuzer, 28 ältere Schlachtschiffe, mehr als 30 Kreuzer, 50 U-Boote und fast 150 Zerstörer. Die Bühne für den Seekrieg war bereit. In dieser Nacht erreichte die diplomatische Krise in Europa ihren Höhepunkt.

Am 3. August fiel Deutschland in Luxemburg ein, die Invasion Belgiens stand kurz bevor. Die britische Regierung erkannte nun, daß sie aufgrund ihres Bündnisses mit Belgien in den Krieg hineingezogen werden würde.

Die Admiralität war zum schnellen Handeln gezwungen, wenn britische und französische Seestreitkräfte gegen den deutschen Schlachtkreuzer *Goeben* eingesetzt werden sollten, der im Mittelmeer operierte. Churchill telegrafierte Admiral Sir John Jellicoe, der zwei Tage zuvor nach Scapa Flow gereist war, daß er das Oberkommando über die Flotte übernehmen solle.

Am 3. August, einem Montagmorgen, sandten die Deutschen ihr Ultimatum an Belgien und bereiteten ihre Truppen auf den Einmarsch vor. Großbritannien forderte Deutschland auf, diese Operation innerhalb von 24 Stunden einzustellen. Der höchstdekorierte britische Soldat, Feldmarschall Lord Kitchener, wurde aus Dover, wo er sich gerade nach Ägypten einschiffen wollte, zurückberufen und zum Kriegsminister ernannt.

Im Mittelmeer stand das erste Seegefecht des Krieges bevor. Der deutsche Schlachtkreuzer *Goeben* und des Burenpräsidenten Krüger schien eine Schlechterstellung der Engländer zu bedeuten. Vor allem aber wurden die Interessen der British South Africa Company beeinträchtigt, einer von Cecil Rhodes, dem Premier der Kapkolonie und führenden Kolonialisten, gegründeten Gesellschaft zur Ausbeutung der Bodenschätze in Südafrika. Am 31. Dezember 1895 drangen 800 britische Söldner unter der Führung des Arztes Dr. Jameson in Transvaal ein. Zwar wurden die Buren mit den Eindringlingen rasch fertig, aber aus diesem Zwischenfall entwickelte sich der Burenkrieg, der von 1899 bis 1902 dauerte und mit großer Erbitterung geführt wurde. Präsident Krüger wandte sich damals an das Deutsche Reich um Hilfe. Die Sympathien der Deutschen, angeheizt durch Brandreden Kaiser Wilhelms, waren auf der Seite der Buren, die antibritischen Gefühle wurden immer stärker.

Natürlich wußte der Kaiser, daß Deutschland angesichts der britischen Seeherrschaft nur wenig tun konnte, um den deutschfreundlichen Buren Hilfe

Deutschlands Drang nach Weltmacht drückte der Nationalökonom Gustav Schmoller so aus: „Wenn wir nicht am Kampf der Großmächte um die Welt teilnehmen, haben wir keine Zukunft.“ Diese Theorie wurde 1898 in die Praxis umgesetzt, als der Große Kreuzer *Deutschland* mit einem starken Geschwader im mandschurischen Hafen Port Arthur ankerte, um Deutschlands Präsenz beim Kampf der Großmächte um China anzuzeigen.

zukommen zu lassen, aber er versicherte Präsident Krüger in einem Telegramm – das veröffentlicht wurde – seiner moralischen Unterstützung. Nun drängte er darauf, daß der Reichstag unverzüglich den Bau einer großen Flotte genehmigen solle, damit Deutschland seine Interessen auch in Übersee wahrnehmen könne. Die Warnung des Reichskanzlers, „daß in Deutschland keine Spur von Begeisterung für eine große Flotte vorhanden sei“, beantwortete er mit der Forderung, die Deutschen seien eben mehr in der Erkenntnis dieser Interessen zu schulen. Reichskanzler Prinz Hohenlohe behielt recht, denn der gegenüber den Forderungen des Kaisers nach einer starken Flotte zutiefst mißtrauische Reichstag strich die Voranschläge radikal zusammen. Admiral Hollmann, Staatssekretär im Reichsmarineamt, wurde in den Ruhestand geschickt, und der Kaiser wandte sich einem neuen Mann zu, der seine Ideen verwirklichen sollte: Alfred von Tirpitz.

Tirpitz war bis 1897 Chef des Ostasiengeschwaders in Tsingtau, nun schuf er als neuer Staatssekretär und Leiter des Reichsmarineamtes nicht nur die deutsche Marine, sondern hatte auch erheblichen Einfluß auf das Denken des Kaisers und seine Außenpolitik. Es war Tirpitz' Flottenbauprogramm von 1897 bis 1914, das in Großbritannien tiefes Mißtrauen gegen Deutschland entfachte. In letzter Konsequenz dieser Haltung verbündete sich Großbritannien schließlich mit Frankreich und Rußland, an deren Seite es in den Ersten Weltkrieg eintrat. Tirpitz‘ Politik zielte auf eine Entscheidungsschlacht zwischen der deutschen und der britischen Flotte. Ihm schwebte ein „Nordsee-Trafalgar“ vor – wie 1805, als Admiral Nelson die französische Flotte bei Trafalgar vernichtete –, nur freilich mit umgekehrten Vorzeichen. Die Skagerrak-Schlacht war somit die Erfüllung dieses jahrelangen Strebens.

Tirpitz tadelte „Englands egoistische Wirtschafts- und Kolonialpolitik, die Deutschland von den Reichtümern der Welt fernhielt“, und folgerte: „Unsere gefährliche Position der kontinentalen Eingeschlossenheit bestärkte mich in der Überzeugung, daß mit dem Aufbau unserer Seemacht keine Zeit verloren werden durfte.“

Der Bau einer starken Flotte wurde von Tirpitz auch als Teil eines machtpolitisch-strategischen Konzepts gesehen; er glaubte, daß andere Nationen zu Bündnissen mit Deutschland zu bewegen wären, wenn eine starke deutsche Flotte eine ernstzunehmende Bedrohung der britischen darstellte. Denn Großbritannien konnte nicht gleichzeitig mehrere andere Seemächte in Schach halten. Alternativ konnte es allenfalls eine Einigung mit Deutschland zum Nutzen der beiderseitigen Interessen auf der ganzen Welt anstreben.

Auf die Frage besorgter Stabsoffiziere, was denn Großbritannien tun werde, während diese große und bedrohliche Flotte auf der anderen Seite der Nordsee – nur 300 Seemeilen von London entfernt – aufgebaut werde, antwortete Tirpitz ruhig, es gäbe eben eine politische Gefahrenzone, welche Deutschland durchmessen müsse, bis seine Flotte stark genug sei, um einen Präventivangriff verhindern zu können.

Tirpitz wußte sehr genau, daß eine Herausforderung Großbritanniens zur See durch Deutschland in einen industriellen Wettbewerb münden werde, denn um die „Zwei-für-eins-Doktrin“ aufrechtzuerhalten, mußte Großbritannien als Antwort auf jedes deutsche Kriegsschiff deren zwei bauen. Es war fraglich, wie lange die britischen Wähler und Steuerzahler solche schweren Belastungen ertragen würden, wenn England zu einem so riesigen Flottenbauprogramm gezwungen würde.

Ein streng geheimes Memorandum vom Juni 1897 faßt Deutschlands Herausforderung an England zusammen. Darin unterbreitet Tirpitz dem Kaiser seinen detaillierten Plan zur Schaffung der neuen deutschen Kriegsmarine. Tirpitz war sich der strategischen Erfordernisse genau bewußt:

„England ist zur Zeit der gefährlichste Gegner für Deutschland zur See. Es ist auch der Gegner, gegen den wir am dringendsten ein gewisses Maß an Flottenmacht als politischen Machtfaktor haben müssen.

Ein Kreuzerkrieg und transozeanischer Krieg gegen England ist wegen Mangels an Stützpunkten unsererseits und des Überflusses Englands an solchen so aussichtslos, daß von dieser Kriegsart gegen England bei Feststellung unserer Flottenart abgesehen werden muß.

Unsere Flotte muß demnach so eingerichtet werden, daß sie ihre höchste Kriegsleistung zwischen Helgoland und der Themse entfalten kann.“

Das Hauptgewicht hatte auf Schlachtschiffen zu

liegen, „die für den Kampf in der Linie geeignet sein mußten; dazu gehören vor allem große Drehfähigkeit, Wendigkeit, schwere Artillerie und ein starker Panzer, daß das Durchsieben verhindert wird". Doch trotz des schnellen Aufbaus der deutschen Industrie kam er zu dem Schluß: „Wir können bis auf weiteres, d. h. bis etwa 1905, nicht mehr wie zwei volle Geschwader von acht Linienschiffen in Dienst stellen."

In einem dem Reichstag vorgelegten Gesetzentwurf nannte Tirpitz die Schiffszahlen, die bis 1905 gebaut werden müßten, um Großbritannien ins Herz zu treffen: 19 Schlachtschiffe (2 in Reserve), 8 Küstenpanzerschiffe, 12 Große Kreuzer (3 in Reserve in Übersee), 12 Torpedoboots-Divisionen. In Übersee sollten stationiert werden: 3 Große Kreuzer, 9 Kleine Kreuzer und 4 Kanonenboote, unterstützt durch eine Reserve von 3 Großen und 3 Kleinen Kreuzern. Der Kaiser begrüßte diesen Plan begeistert, der nun vom Reichstag beschlossen werden mußte. Es bestand aber begründeter Zweifel an der Haltung des Reichskanzlers und der politischen Parteien, die tiefes Mißtrauen gegenüber den hochfliegenden Flottenplänen des Kaisers hegten.

Außerhalb des Reichstags und des kaiserlichen Hofes erwies sich Tirpitz als Meister der politischen Situation. Er erkannte, daß die Marine zu einem nationalen Anliegen Deutschlands werden konnte, ein Brennpunkt für den Stolz und Ehrgeiz der jungen Nation. Um dies zu erreichen, setzte er sein Ministerium zu der ersten Propaganda-Kampagne der Neuzeit ein. Ihr Erfolg begründete die Rolle der Marine in der deutschen Gesellschaft.

Tirpitz richtete innerhalb des Reichsmarineamtes eine eigene „Nachrichtenabteilung" ein, unter Leitung des von ihm persönlich ausgesuchten, schneidigen jungen Kapitäns August von Heeringen. Das Büro hatte die Aufgabe, „Presse und öffentliche Meinung entscheidend zugunsten der kaiserlichen Flottenpläne zu beeinflussen". Dadurch würde der Reichstag vollständig ausflankiert und ein starker Anreiz für den deutschen Nationalismus sowie die Reichseinheit gegeben sein. Intellektuelle und Akademiker sprachen auf Versammlungen in ganz Deutschland, um eine große Flotte zu verlangen. Auch die Industriellen und Geschäftsleute waren wichtig. In den Handelskammern und Industriellenklubs wurden Versammlungen und Festessen veranstaltet, wobei besondere Aktivitäten in den alten Hansestädten wie Hamburg und

Der Baumeister der Risikoflotte
Links: Vizeadmiral Alfred von Tirpitz war der fanatischste Vorkämpfer deutscher Seegeltung. Er meinte, daß ein Staat, der überseeische Interessen, also Weltinteressen habe, imstande sein müsse, sie zu verteidigen und seine Macht spürbar zu machen, auch außerhalb seiner Hoheitsgewässer. Nationaler Welthandel, Weltindustrie und bis zu einem gewissen Grad auch die Hochseefischerei, Weltverkehr und Kolonien seien unmöglich ohne eine Flotte, die auch zur Offensive übergehen könne.
Unten: Zum Zeitpunkt des Stapellaufs des Linienschiffes *Wittelsbach* (1890) war die deutsche Herausforderung an die britische Seeherrschaft schon Wirklichkeit geworden.

Bremen sowie in den aufstrebenden Industriestädten des Ruhrgebiets gesetzt wurden.

Die Flottenbewegung erhielt sehr schnell die Unterstützung der einflußreichen Alldeutschen Bewegung. Ebenso unterstützte die Deutsche Kolonialgesellschaft die Kampagne, indem ihre Mitglieder im Jahre 1897 173 Vorträge hielten und 140.000 Propagandaschriften verteilten. Alle Flottenbegeisterung wurde schließlich im „Flottenverein“ zusammengefaßt, der einen ungeheuren Mitgliederzulauf hatte und eine eigene Zeitschrift „Die Flotte“ sowie das Jahrbuch „Nauticus“ herausbrachte. Unter dem Eindruck dieser geschickten Kampagne sah sich das deutsche Volk schon als Seemacht. Das erste Flottengesetz wurde vom deutschen Reichstag am 10. April 1898 angenommen. Das Wettrüsten zur See hatte begonnen.

„Reinschiff" auf der Back des Schlachtschiffs HMS *King Edward VII.*, 1903 von Stapel gelaufen, sollte zwar die Leistungsfähigkeit der damaligen Royal Navy versinnbildlichen. Es war aber oft mehr Schein als Sein. Trotz ihrer drückenden Überlegenheit gab es Kritik an der Kampffähigkeit der Flotte: „Es muß einmal gesagt werden, daß wir nie gut schießen und nie gute Geschützbedienungen zur Verteidigung unseres Landes haben werden, solange wir uns nicht der unzeitgemäßen Offiziere und ihrer unzeitgemäßen Ideen entledigen." (Britischer Marineoffizier, 1904)

des Kaisers. Tirpitz war sein „Berater", doch die Gesamtstrategie der Flotte wurde von den Ansichten des allmächtigen deutschen Armeegeneralstabes dominiert. Englands „Fernblockade" hatte die Pläne der Kriegsmarine über den Haufen geworfen, denn Tirpitz' Voraussagen und die Einsatzbefehle waren von der Annahme einer „Nahblockade" der deutschen Küste ausgegangen.

Für die Deutschen bedeutete ein offensives Vorgehen ein Riskieren der Flotte, und sowohl der Kaiser als auch der Reichskanzler glaubten an einen baldigen Fall von Paris. Eine unversehrte Flotte wäre dann ein starkes politisches Faustpfand bei Friedensverhandlungen gewesen.

Das unmittelbare Ergebnis dieser schwächlichen Strategie war, daß die kaiserliche Marine keinerlei Versuche unternahm, das Übersetzen des britischen Expeditionsheeres auf den Kontinent zu unterbinden. Die Generäle meinten, daß es nicht notwendig sei, Schlachtschiffe zu riskieren, denn „die (gelandeten Engländer) arretieren wir".

In seinen „Erinnerungen" schrieb Tirpitz wütend:

„Es war nach meiner Auffassung der helle Widersinn, die Flotte in Watte zu verpacken. Die *fleet in being* hatte Sinn für England, weil dessen Flotte dadurch ihren Zweck, die Meere zu beherrschen, erfüllte. Für Deutschland aber, dessen Ziel es sein mußte, das Meer sich frei zu halten, war der Grundsatz unsinnig. Ferner durften wir den Krieg nicht zum Erschöpfungskrieg ausarten lassen und mußten versuchen, die Sache kurz zu machen."

Ähnlich enttäuscht war das britische Volk, denn es erwartete von seiner Flotte Aktionen. Churchill unterbreitete eine Vielzahl von Vorschlägen für offensive Operationen, vom Angriff auf Helgoland über eine Landung an der Ostseeküste bis zum Vorstoß in die Elbmündung. Alles mit dem Ziel, die deutsche Hochseeflotte aufzuscheuchen und zum Kampf zu stellen. Erfahrene Marinefachleute wiesen auf die Risiken solcher kühnen Vorstöße hin und verglichen sie mit der erfolgreichen Strategie der „Fernblockade", die ohne ernsthafte Gefährdung der Schiffe durchgeführt werden konnte. Doch England erwartete und wünschte die große Seeschlacht.

„Den Kaiser am Schnurrbart ziehen“
Großbritannien ergriff im August die Initiative, als die Leichten Kreuzer und Zerstörer der Harwich-Streitkräfte unter dem Kommando von Commodore Tyrwhitt (links) in die Deutsche Bucht vorstießen.
Rechte Seite: Vizeadmiral Beattys Schlachtkreuzer (im Bild: HMS *Invincible*) unterstützten den Vorstoß. Die Deutschen verloren bei den Gefechten drei Kleine Kreuzer und ein Torpedoboot, bei den Engländern wurde nur ein Leichter Kreuzer beschädigt.

Der Führer der U-Bootsflottillen in Harwich, der aggressive Commodore Keyes, ergriff schließlich die Initiative. Er schlug vor, die feindlichen Vorposten in der Deutschen Bucht am Abend des 28. August mit seinen U-Booten zu ködern und dann von Tyrwhitts Kreuzern angreifen zu lassen.

Die Durchführung der Operation zeigte derartige Schwächen in Koordination und Befehlsübermittlung, daß das Unternehmen leicht hätte fatal ausgehen können. Nachdem man Tyrwhitt zuerst keine schweren Schiffe zur Unterstützung geben wollte, beschloß die Admiralität, zwei Schlachtkreuzer aus der Humbermündung beizustellen. In letzter Minute wurde der Plan nochmals umgeworfen, und Beattys vier Schlachtkreuzer und das 1. Leichte Kreuzergeschwader unter Commodore Goodenough wurden den bereits in See stehenden Einheiten Tyrwhitts nachgeschickt, ohne sie davon zu verständigen.

Der Vorstoß begann vollkommen unkoordiniert, denn nun operierten drei britische Geschwader unabhängig voneinander in gefährlichen, vom Feind beherrschten Gewässern. Die Funksprüche der vor Helgoland angegriffenen deutschen Torpedoboote alarmierten die gesamte Vorpostenlinie, und drei deutsche Kleine Kreuzer liefen zur Verstärkung herbei. Tyrwhitts Flaggschiff, der Leichte Kreuzer *Arethusa,* hatte in ein Wespennest gestochen, erhielt Treffer und geriet in Brand. Beatty, der 25 Seemeilen vor Helgoland stand, hatte eine schwierige Entscheidung zu fällen. Auf der einen Seite schien es, als seien Goodenoughs Kreuzer nicht stark genug, um Tyrwhitts Gruppe vor den deutschen Verstärkungen retten zu können. Andererseits befand er sich in vermintem Feindgewässer und befürchtete torpediert zu werden. Seine Sorge war: „England verzeiht es mir nie, wenn ich eines dieser wertvollen Schiffe verliere.“ Trotzdem eilte er Tyrwhitt zu Hilfe.

Beattys Rechnung ging auf, denn der britische Fehlschlag wandte sich zum Sieg, als die schweren Geschütze seiner Schlachtkreuzer die deutschen Kleinen Kreuzer *Mainz* und *Cöln* versenkten, die übrigen Schiffe in die Flucht schlugen. Sie ließen den deutschen Kleinen Kreuzer *Ariadne* sinkend zurück. Beatty wandte sich zur Heimfahrt, wobei er die schwerbeschädigte *Arethusa* ins Geleit nahm. Das Auslaufen der deutschen Schlachtkreuzer wurde wegen des Niedrigwassers über der Barre der Außenjade um über eine Stunde verzögert. Als sie am Kampfplatz eintrafen, fanden sie nur mehr das treibende Wrack der *Ariadne* und wenige Überlebende. Die Hochseeflotte hatte ein Torpedoboot und drei Kleine Kreuzer verloren und über eintausend Gefallene, Verwundete und Gefangene zu beklagen, einer davon war Tirpitz' Sohn.

Der britische Angriff zeigte den vorsichtigeren deutschen Admiralen und auch dem Kaiser das Risiko jeder Flottenaktion deutlich auf. Daraufhin erhielt der Oberbefehlshaber der Hochseeflotte, Admiral von Ingenohl, den Befehl zur Zurückhaltung.

Angesichts des deutschen Zauderns, die Flotte in die Schlacht zu schicken, zeigte Churchill bei einer von 15.000 Menschen besuchten Rekrutierungsveranstaltung am 21. September deutlich seine Gefühle:

„Zwar hoffen wir, daß die Navy die Angelegenheit

mit der deutschen Hochseeflotte bereinigt, wenn sie aber in diesem Krieg nicht herauskommen und kämpfen, werden wir sie wie die Ratten aus ihren Löchern ausgraben.“ Solche Redensarten begeisterten die Bevölkerung, entsetzten aber die gemäßigten Kreise der Admiralität und den König, der Churchill schriftlich seine Mißbilligung ausdrückte.

Unglücklicherweise stellten sich Churchills Prophezeiungen schon am nächsten Tag als hohle Phrasen heraus, als ein einziges U-Boot nacheinander die drei britischen Panzerkreuzer *Aboukir, Hogue* und *Cressy* versenkte, wobei 1.459 Offiziere und Mannschaften umkamen.

Die Admiralität versuchte, den Verlust der drei alten Schiffe in stoischer Haltung hinzunehmen. Sie hätten nicht so unvorsichtig patrouillieren müssen, daß sie zu einem Angriff förmlich einluden. In Berlin befand sich der Kaiser im „siebenten Himmel“, und Kapitänleutnant Weddigen und seine Besatzung von *U 9* wurden als Nationalhelden gefeiert.

Diese Demonstration der wachsenden Gefahr durch deutsche U-Boote wurde von Jellicoe sehr ernst genommen. Entgegen allen Vermutungen waren U-Boote sogar bis in den Norden nach Scapa Flow vorgedrungen und zwangen den Flottenchef zu einer Serie von panikartigen Rückzügen in die sicheren Gewässer von Loch Ewe an der schottischen Westküste, später nach Lough Swilly an der irischen Nordküste. Das bedeutete natürlich einen bedeutend längeren Anmarschweg der Flotte in die Nordsee. Wirkungsvolle U-Boot-Abwehrmaßnahmen spielten sich in den Flottenankerplätzen nur sehr langsam ein. Beispielsweise standen in den ersten sechs Kriegsmonaten nur ganze sechs Minensucher zur Verfügung. Es kam aber noch ärger, denn der eigenwillige persönliche Stil, in dem Churchill den Seekrieg führte, gepaart mit dem

Die erste Niederlage seit Trafalgar
Admiral Fisher (links), der im Oktober 1914 Prinz Louis von Battenberg als Erster Seelord ablöste, mußte sich sofort mit der kläglichen Niederlage von Sir Christopher Cradocks (rechts) schwachem Südamerikageschwader beschäftigen, das durch von Spees Kreuzer vernichtet worden war. Cradocks Flaggschiff *Good Hope* (unten) und der zweite Panzerkreuzer *Monmouth* gingen mit der gesamten Besatzung unter.

Ausbleiben der großen Seeschlacht, brachten ihn ins Kreuzfeuer der Kritik. In der letzten Oktoberwoche spitzten sich die Dinge zu, denn Antwerpen war gefallen. Das Abenteuer, die Stadt bloß mit einer Marinebrigade verteidigen zu wollen, ließ das Volk aufschreien: „Churchill muß gehen." Eine unfaire Pressekampagne nahm sich die deutschen Vorfahren des Ersten Seelords, Prinz Battenberg, aufs Korn. Trotz der Loyalität seiner Kollegen verfolgten ihn bestimmte Zeitungen und anonyme Briefschreiber erbarmungslos. Angesichts der wachsenden Unruhe ging das Kabinett den einfacheren Weg und verlangte Battenbergs Rücktritt. Einige hätten es nur zu gerne gesehen, daß auch der Erste Lord der Admiralität zurücktrat, doch Churchill meisterte diese Gefahr, und es gelang ihm ein politischer Geniestreich: Er holte den erprobten Veteranen „Jackie" Fisher als Nachfol-

ger Battenbergs in die Admiralität. Der vitale Vierundsiebziger war seit Kriegsbeginn auf ein unbedeutendes Nebengleis abgeschoben worden, wartete aber voll Begierde auf seinen nächsten Auftritt.

Doch während der neue Erste Seelord die Organisation aufrüttelte und der Werftindustrie ein riesiges Programm von 600 Neubauten aufzwang, versenkten die Deutschen ein Schlachtschiff und zwei Panzerkreuzer in ihrer bis dahin erfolgreichsten Kriegswoche.

Am 27. Oktober sank einer der kampfstärksten britischen Dreadnoughts, *Audacious*, nachdem er vor Irland auf eine Mine gelaufen war. Da er in Sichtweite des US-Passagierschiffes *Olympic* unterging, erschienen zwei Wochen später Fotos im „Philadelphia Public Ledger“, weswegen Churchill diesen Schiffsverlust nicht länger verheimlichen konnte. Aber damit nicht

Fishers Rache
Um das Prestige der Royal Navy wiederherzustellen, handelte Admiral Fisher energisch. Die Schlachtkreuzer *Invincible* (rechts, bei der Rettung der wenigen Überlebenden der *Gneisenau*) und *Inflexible* wurden in den Südatlantik geschickt und stellten Spees Geschwader vor den Falklandinseln. Von den Schiffen des deutschen Ostasiengeschwaders (Souvenirpostkarte, unten) entkam in der entscheidenden Schlacht vom 8. Dezember 1914 nur der Kleine Kreuzer *Dresden*. Fisher jubilierte: „Es war nicht Sieg, sondern Vernichtung."

genug: In der folgenden Woche erzielten die Deutschen ihren einzigen Seesieg des Krieges im Seegefecht vor Coronel. Das deutsche Ostasien-Geschwader unter Admiral Spee führte Handelskrieg und wurde von den Briten quer durch den Pazifik verfolgt. Seine kampfstarken Panzerkreuzer *Scharnhorst* und *Gneisenau* und die Kleinen Kreuzer *Nürnberg, Leipzig* und *Dresden* waren allen Anstrengungen der Navy, sie zum Kampf zu stellen, entkommen. Am Nachmittag des 1. November sichtete Admiral Sir Christopher Cradock schließlich vor der südchilenischen Arauco-Bucht das Geschwader Spees. Obwohl unterlegen, ging er mit seinen Schiffen, den Panzerkreuzern *Good Hope* und *Monmouth,* dem Leichten Kreuzer *Glasgow* sowie dem bewaffneten Handelsschiff (Hilfskreuzer) *Otranto* zum Angriff über. Es war eine kühne, aber folgenschwere Entscheidung, denn Cradocks Schiffe standen deutlich sichtbar gegen den hellen Abendhorizont. *Good Hope* und *Monmouth* wurden von den Deutschen ausmanövriert und niedergekämpft, 1.500 britische Seeleute fanden den Tod. *Glasgow* und *Otranto* konnten in der einbrechenden Nacht entkommen. Als die Nachricht von der Niederlage bei Coronel am 4. Oktober in England bekannt wurde, war die Wirkung niederschmetternd. Seit Trafalgar war dies die erste britische Niederlage auf See.

In der deutschen Hochseeflotte herrschte Jubel. Admiral Scheer schrieb: „Diese Nachricht stellte Stolz und Vertrauen in die Flotte wieder her." Die Chiledeutschen von Valparaiso empfingen den strahlenden Sieger Spee mit Blumen. Schmerzvoll wurde Fisher und Churchill bewußt, wie sehr Großbritanniens Prestige gesunken war; bereits eine Stunde nach Empfang der Meldung begannen sie Spees Vernichtung zu planen. Jetzt war der Moment gekommen, in dem sich Fishers brillante Schöpfung von 1906, der Typ des Schlachtkreuzers, bewähren konnte. Eine britische Kampfgruppe, bestehend aus den beiden Schlachtkreuzern *Invincible* und *Inflexible,* wurde, ungeachtet der dadurch eintretenden Schwächung der Nordseekräfte, binnen sechs Stunden nach Plymouth geschickt, um für die lange Reise in den Südatlantik ausgerüstet zu werden. Ihr Kommandeur war Admiral Sturdee.

Einen Monat später waren die beiden Schlachtkreuzer soeben in die innere Bucht zwischen Port Stanley und Port Williams eingelaufen, um Kohlen zu über-

nehmen, als zwei unbekannte Kriegsschiffe südlich der Falklandinseln gemeldet wurden. Es waren *Gneisenau* und *Nürnberg,* die aufklären sollten. Als die Ausguckposten die schweren Dreibeinmasten der britischen Schlachtkreuzer erkannten, kehrten die deutschen Schiffe mit Höchstfahrt zum Geschwader zurück. Admiral Sturdee nahm mit seinen zwei Schlachtkreuzern, vier Panzerkreuzern, zwei Leichten Kreuzern und einem Hilfskreuzer die Verfolgung auf. Ein Entkommen war für die Deutschen von vornherein unmöglich; mit ihrer überlegenen Geschwindigkeit überholten die britischen Schiffe Graf Spees Geschwader.

Sturdee befahl das Ausschwärmen der Leichten Kreuzer und nahm das Gefecht mit den beiden deutschen Panzerkreuzern auf. Das Ergebnis stand außer Zweifel. Die starrköpfigen Deutschen wurden zusammengeschossen, nachdem sie es abgelehnt hatten, sich zu ergeben. Währenddessen kämpften die Leichten Kreuzer den Rest des Geschwaders und seine Kohlenschiffe nieder. Nur die *Dresden* entkam, sie wurde erst im März in der Cumberland-Bucht der chilenischen Insel Mas-a-Tierra, also in chilenischen Gewässern, von dem Leichten Kreuzer *Glasgow* versenkt.

Der Sieg bei den Falklandinseln rächte die Niederlage bei Coronel und hob die Stimmung in England. Oder wie Beatty es ausdrückte: „Es hat uns allen unendlich wohlgetan, diese Neuigkeit zu erfahren, und ich hoffe, sie setzt den zahlreichen unangenehmen Meldungen in gewissen Teilen der englischen Presse ein Ende, daß die britische Marine ein teurer Luxus sei, der seinen Zweck nicht erfüllt."

Gefahr unter Wasser
Die britische Strategie wurde 1914 nachhaltig von den Möglichkeiten des Minen- und U-Bootkrieges beeinflußt. Der Untergang des neuen Dreadnoughts *Audacious* nach einem Minentreffer vor der Küste Nordirlands war ein schwerer Schlag. Danach drängte Jellicoe darauf, auch in der Royal Navy diese Waffen zu entwickeln und zu verwenden.

Versäumte Gelegenheiten

Die drei Wochen zwischen dem Sieg Spees bei Coronel und seiner Vernichtung bei den Falklandinseln waren für die britische Kriegsmarine der sorgenvollste Zeitabschnitt während des ganzen Krieges. Ein Zusammenspiel mehrerer Faktoren hatte die Kampfstärke der Grand Fleet fast auf diejenige der deutschen Hochseeflotte herabgesetzt. Wenn das deutsche Oberkommando das erkannt und seinem Flottenchef, Admiral von Ingenohl, die von ihm gewünschte freie Hand gegeben hätte, so hätte der Krieg und mit ihm der Lauf der Geschichte vielleicht eine andere Wendung genommen.

Ingenohl wußte, daß der Gegner geschwächt war: die *Audacious* war gesunken, *Inflexible* und *Invincible* waren weit entfernt im Südatlantik. Doch weder er noch seine zögernden Vorgesetzten erkannten das wahre Ausmaß der Schwächung des Gegners durch die erfolgreiche Minen- und U-Boot-Offensive. Vielleicht ließen sie sich auch durch eine Kriegslist Jellicoes täuschen: Er ließ einige große Handelsschiffe mit Attrappen von Geschütztürmen und Aufbauten so herrichten, daß sie genau englischen Großkampfschiffen glichen.

Durch die dauernden Vorpostenfahrten (in den ersten vier Kriegsmonaten fast 18.000 Seemeilen, das sind 35.000 Kilometer) waren auf den britischen Schiffen zahlreiche Reparaturen notwendig geworden. Jellicoe war wegen der sinkenden Einsatzbereitschaft seiner Dreadnoughts und ihrer Bedrohung durch deutsche Minen und U-Boote schwer beunruhigt. Mehr als jeden anderen quälten den britischen Flottenchef diese unsichtbaren Unterwassergegner. Am 30. Oktober, drei Tage nach dem Verlust der *Audacious*, schrieb er einen Brief an Fisher, in dem er seine neuen taktischen Überlegungen auseinandersetzte. Jellicoe glaubte, daß eine zum Gefecht gezwungene deutsche Flotte ihre zahlenmäßige Unterlegenheit durch den offensiven Einsatz von U-Booten und Minen als Teil der Gesamttaktik wettmachen würde. Sich in die Lage des Gegners versetzend, sah er zwei mögliche Wege einer in die Schlachtflottentaktik integrierten Unterwasserkriegführung: Die U-Boote konnten, geführt von Kreuzern und Zerstörern, die Grand Fleet während des Aufmarsches angreifen. Dem konnte man begegnen, indem eigene Kreuzer und Zerstörer diesen Angriff weit vor den eigenen Linien abfingen. Zum zweiten konnten U-Boote an den Flügeln oder hinter dem deutschen Gros operieren, um die Grand Fleet auf die deutsche Schlachtflotte zu ziehen. Um diese gefährliche Situation zu vermeiden, meinte Jellicoe, „müßte man die feindliche Taktik dadurch vereiteln, daß man nicht in die vom Feind provozierte Richtung lief“.

Während sich Jellicoe für ein vorsichtigeres Vorgehen bei zukünftigen Operationen einsetzte, versuchte von Ingenohl mit Tirpitz' Unterstützung, das deutsche Oberkommando davon zu überzeugen, daß nun gegen die geschwächte britische Flotte aggressiver vorgegangen werden müßte.

Der einsame Mann von Scapa Flow
Schwer lastete die Verantwortung auf den Schultern von Admiral Sir John Jellicoe (links). Sein präzises und analytisches Denken nahm ihm die schwungvolle Durchschlagskraft, wie etwa Nelson sie besaß, doch sein menschliches Verständnis und sein „Blick für das Wesentliche“ verschafften ihm die Anerkennung der Flotte.
Unten: Als die Schlachtschiffe, wie zum Beispiel HMS *Marlborough*, durch die dauernden Vorpostenfahrten immer mehr unter technischen Schäden zu leiden begannen, war Ende 1914 die Grand Fleet fast nur mehr gleich stark mit der deutschen Hochseeflotte.

Die Flotte riskieren . . .
Im Dezember 1914 stimmte der deutsche Kaiser widerstrebend Tirpitz' Argument zu, „daß es heller Wahnsinn sei, die Flotte in Watte zu verpacken". Der Oberbefehlshaber Admiral von Ingenohl (unten) erhielt die Erlaubnis zu einer Reihe von Vorstößen an die englische Küste. Ängstlich eine Konfrontation mit der Grand Fleet vermeidend, wurden Schlachtkreuzer wie *Von der Tann* und *Derfflinger* (unten, in Scapa Flow) ausgeschickt, die schwach verteidigten Häfen an der englischen Küste zu beschießen.

Nachdem sich Tirpitz mit der ganzen Macht seiner Person dafür eingesetzt hatte, erhielt er schließlich die Erlaubnis zu einer begrenzten Anzahl von Schlachtkreuzervorstößen an die britische Küste.

Die ersten Opfer dieser neuen deutschen Flottentaktik waren die Einwohner der Küstenstadt Yarmouth. Am 3. November, knapp vor Sonnenaufgang, erwachten sie durch Geschützdonner. Die Salven von vier deutschen Schlachtkreuzern detonierten in den Straßen. Die Admiralität erhielt eine Flut dringender Telefonanrufe, die Grand Fleet wurde in Alarmbereitschaft versetzt, um eine vermeintliche große Flottenoperation oder gar eine Invasion abzuwehren, denn die Beschießung konnte ein Ablenkmanöver sein. Tatsächlich aber deckte das deutsche Geschwader eine Minenlegeaktion, und bevor die Navy irgend etwas unternehmen konnte, verschwanden Schlachtkreuzer und Minenleger wieder im Morgendunst. Die Reaktion der Öffentlichkeit war prompt, die Marine, die Admiralität und insbesondere Churchill waren in Mißkredit geraten. Es war der Navy nicht gelungen, die Deutschen zur Schlacht auf offener See zu zwingen, und nun konnten sich die Briten nicht einmal mehr darauf verlassen, daß ihre Städte verteidigt würden.

Fisher war überzeugt, daß dieser „frechen Beschießung" eine weit größere Flottenoperation folgen und der Vorstoß auf Yarmouth vom nächsten derartigen Unternehmen weit übertroffen werden würde. Tatsächlich war die nächste Aktion bereits für den 15. Dezember geplant. Entgegen seinen Befehlen entschied der zuversichtliche von Ingenohl, daß diesmal das Gros der Schlachtflotte zur Ferndeckung mit auslaufen sollte. Er hoffte, daß ein Teil der Grand Fleet beim Anmarsch in ein neu gelegtes Minenfeld laufen würde. Ziele waren diesmal die Hafenstädte Scarborough und Whitby.

Zum Unglück für von Ingenohl hatten die Briten inzwischen die deutschen Codebücher erhalten. Die Russen hatten sie von dem im finnischen Meerbusen im Nebel gestrandeten Kleinen Kreuzer *Magdeburg* erbeutet und den Engländern übergeben.

Mit Hilfe des deutschen Funkschlüssels entzifferte der englische Funküberwachungsdienst am Abend des 14. Dezember Ingenohls Befehle. Jellicoe wurde sofort hiervon unterrichtet.

Am 15. Dezember um 3 Uhr verließ die 1. Aufklärungsgruppe, bestehend aus 5 Schlachtkreuzern unter Admiral Hipper, die Jademündung. Aus dem schotti-

schen Stützpunkt Cromarty waren Beattys 4 Schlachtkreuzer ausgelaufen, zu ihnen stießen das 2. Schlachtgeschwader mit 6 Schlachtschiffen und das 1. Leichte Kreuzergeschwader. Den Geleitschutz stellten die Boote der 4. Zerstörerflottille. Geführt wurde der Verband von Vizeadmiral Warrender, obwohl dieser wegen seiner Schwerhörigkeit und seiner langsamen taktischen Auffassungsgabe kein idealer Führer eines solchen Unternehmens war.

Die Briten planten, die deutschen Schlachtkreuzer von ihren Häfen abzuschneiden, indem sie starke Seestreitkräfte in der mittleren Nordsee zusammenzogen. Keyes U-Boote fuhren Vorpostenstreifen nördlich der Insel Terschelling, und Tyrwhitts Kreuzer sollten vor Yarmouth bereitstehen. Zu Beginn des Unternehmens waren beide Seiten davon überzeugt, dem Gegner eine Falle gestellt zu haben. Die britische Admiralität hatte aber noch nicht entdeckt, daß die gesamte Hochseeflotte zur Unterstützung Hippers ausgelaufen war.

Am 16. Dezember um 5.15 Uhr trafen in tiefer Finsternis durch Zufall ein britischer und ein deutscher Vorhutzerstörer aufeinander. Auf dem Flottenflaggschiff *Friedrich der Große* hatte von Ingenohl nun die Chance, als Deutschlands Nelson unsterblich zu werden. Die Meldungen seiner Kreuzer bewiesen, daß die Hochseeflotte knapp 10 Seemeilen vor schweren britischen Einheiten stand. Zwei Stunden lang knallten die Zerstörer in der Dunkelheit herum, und die Engländer hatten noch immer nicht erkannt, daß sie auf die 14 Schlachtschiffe, 8 Linienschiffe, 2 Panzerkreuzer und 54 Torpedoboote der deutschen Hochseeflotte gestoßen waren.

Genau diese Gefechtslage hatten die deutschen Strategen seit Beginn des Krieges herbeigesehnt: einen erheblichen, aber unterlegenen Teil der Grand Fleet in die Falle zu locken. Warrender und Beatty schienen ein leichtes Opfer der Deutschen zu werden, und mit einem Schlag wären die Engländer nur mehr gleich stark gewesen.

In der Finsternis vor Tagesanbruch hatte von Ingenohl auf seiner Kommandobrücke die Entscheidung über den Fortgang des Seekrieges in seinen Händen. Aber im Bewußtsein des kaiserlichen Wunsches, kein Risiko einzugehen, entschloß er sich zur Vorsicht. Es gab für ihn keine Möglichkeit herauszufinden, ob er nicht gegen die ganze Grand Fleet stand. So befahl er den Abbruch des Gefechtes, die Hochseeflotte kehrte um und ließ den 100 Seemeilen nordwestlich stehenden Hipper allein weiter gegen Scarborough fahren.

Warrender und Beatty hielten weiter auf ihren Treffpunkt zu und hatten keine Ahnung davon, daß sie vierzig Minuten lang dem deutschen Gros gefährlich nahe waren.

Auf Grund einer Sichtmeldung um 9.05 Uhr („Feindliche Kreuzer im Osten“) machte sich Beatty mit Volldampf an die Verfolgung der Deutschen, ohne zu ahnen, daß er versuchte, der ganzen deutschen Hochseeflotte den Rückzug abzuschneiden! Eine Meldung um 9.54 Uhr, wonach feindliche schwere Streitkräfte Scarborough beschossen, bewahrte ihn vor der Vernichtung. Beatty und Warrender wendeten nach Norden, um Hipper abzufangen. Die deutschen Schlachtkreuzer hatten sich inzwischen getrennt: Im Norden griffen *Moltke* und *Seydlitz* Hartlepool an, im Süden beschossen *Von der Tann* und *Derfflinger* die schutzlosen Städte Whitby und Scarborough. Um 9.30 Uhr vereinigten sie sich wieder und traten durch die Sperrlücke den Rückmarsch an. Warrender und Beatty rasten auf Funkbefehl Jellicoes nach Norden, um die Deutschen beim Verlassen der Sperrlücke zu stellen.

Beide Verbände fuhren direkt aufeinander zu und waren bereits weniger als 100 Seemeilen voneinander entfernt, als das launenhafte Nordseewetter plötzlich umschlug. Regenschauer und Sturmböen machten der ruhigen See ein Ende. Die Sichtverhältnisse wechselten sprunghaft, manchmal betrug die Sichtweite kaum eine Seemeile. Im kritischen Moment verlor Beatty die Schlachtschiffe Warrenders aus den Augen, als er wegen der Wracks und Untiefen der Doggerbank verschiedene Kurswechsel durchführen mußte. Die Engländer waren vom Pech verfolgt, ein Wirrwarr einander widersprechender Befehle und die schlechte Sicht taten das übrige. Um 11.25 Uhr sichtete der Leichte Kreuzer *Southampton* die deutschen Schlachtkreuzer und eröffnete das Feuer, bis ein falsch verstandenes Signal von Beatty zum Abbruch des Gefechtes führte. Hipper wußte nun, daß er verfolgt wurde, schlug einen weiten Bogen nach Norden und entkam erfolgreich zur Jade. „So endete dieses herzzerrei-

Wo bleibt die Navy?
Am 15. Dezember liefen die deutschen Schlachtkreuzer aus, um Hartlepool, Whitby und Scarborough zu beschießen (unten), während Admiral von Ingenohl mit dem Gros folgte. Da er ein Gefecht vermied, versäumte er die Gelegenheit, Beattys Schiffe niederzukämpfen. Schlechtwetter verhinderte das Eingreifen des englischen Gros.
Links: Zerstörungen im Grand Hotel von Scarborough. Angesichts solcher Bilder kochte die englische Volksseele über und verlangte zu wissen: „Wo bleibt die Navy?“

ßende Blindekuh-Spiel", schrieb der bitter enttäuschte Churchill.

In England stieg der Volkszorn gegen die Marine ins Unermeßliche. „Wo war die Navy?" fragte der Leichenbeschauer angesichts der 122 Opfer in Scarborough. Seit zweihundert Jahren waren keine Briten mehr auf ihrem Heimatboden von fremden Geschützen getötet worden. Um das Vertrauen der Öffentlichkeit wiederzugewinnen, gestattete die Admiralität Beatty die Verlegung seiner Schiffe von Cromarty in das südlichere Rosyth am Firth of Forth. Die Deutschen beschlossen, den Druck aufrechtzuerhalten und mit weiteren Küstenbeschießungen Anfang 1915 die Engländer zu unüberlegten Vergeltungsmaßnahmen herauszufordern. Die Probleme der Engländer wurden aber angesichts der Befürchtungen Jellicoes über die Einsatzbereitschaft seiner Schiffe und die schwindende Stärke der Grand Fleet nicht geringer. Obwohl weitere neue Schlachtschiffe in Dienst gestellt wurden, brauchte es viele Wochen, bis ein großes Kriegsschiff zu einem wirkungsvollen Kampfinstrument eingefahren war. Auch die Rekrutierung der Mannschaften für die neuen Schlachtschiffe wurde immer schwieriger. Die technischen Gebrechen nahmen zu, und kleinere Reparaturen wurden bereits routinemäßig mit Bordmitteln behoben. Kleinere Wassereinbrüche in Decks und Kasematten konnten von den Bordingenieuren behoben werden, aber Turbinen-, Kondensator- oder gar Kesselschäden erforderten Werftliegezeiten von mehreren Monaten.

Die deutschen Schiffe hatten ähnliche Probleme. Am 22. Januar notierte von Ingenohl: „Allgemein gesprochen, müßte erlaubt werden, daß von jedem Geschwader ein Schlachtschiff, ein Schlachtkreuzer, Panzerkreuzer oder Kleiner Kreuzer turnusmäßig in die Werft geht."

Doch sobald Wetterbesserung eintrat, wollte er mit seinen Streitkräften wieder in See stechen. Seine Vorstellungen beschränkten sich auf einen Schlachtkreuzer- und Torpedobootvorstoß zur Doggerbank, um die Vorposten- und Fischkutter zu vernichten und zu vertreiben. Man nahm an, daß die englischen Schlachtkreuzer zum Bunkern im Hafen lägen, und glaubte auf die Unterstützung durch das Gros verzichten zu können, als man den 24. Januar als Operationsbeginn festlegte.

Wieder entschlüsselte die Funkaufklärung der britischen Admiralität die deutschen Einsatzbefehle und

Schlacht im Morgengrauen
Am 24. Januar 1915 sandte der deutsche Flottenchef Hippers Schlachtkreuzer aus, um die englischen Vorposten zu überraschen. Doch die von der Funkaufklärung gewarnten Schlachtkreuzer Beattys (links) waren bereits in See. Hippers Schlachtkreuzer *Seydlitz, Moltke* und *Derfflinger* erhielten schwere Treffer (rechts), konnten aber Beattys Flaggschiff außer Gefecht setzen. Beattys Stellvertreter brach die Verfolgung ab und versenkte die schwer beschädigte *Blücher* (unten).

gab die Warnung aus, daß Hippers Schiffe vor Morgengrauen des 24. Januar nördlich der Doggerbank stehen würden.

Hippers Verband bestand diesmal nur aus den Schlachtkreuzern *Seydlitz, Moltke* und *Derfflinger,* dem langsameren Panzerkreuzer *Blücher,* unterstützt von 4 Kleinen Kreuzern und 18 Torpedobooten. Daher entschied die Admiralität, 5 Schlachtkreuzer unter Beatty, 3 Leichte Kreuzer unter Tyrwhitt sowie 35 Zerstörer gegen die Deutschen aufzubieten. Als zusätzliche Sicherheitsmaßnahme verfügte man noch, daß Jellicoe Dampf aufmachen und Beatty zu Hilfe kommen sollte.

Es war noch dunkel, als Beattys Schlachtkreuzer um 7 Uhr bei der Doggerbank eintrafen. Zwanzig Minuten später war Hipper vollkommen überrascht, als Tyrwhitts Kreuzer das Feuer auf ihn eröffneten. In Ungewißheit über die wahre Stärke des Feindes ließ er seine Schiffe auf Gegenkurs wenden. Um 7.19 Uhr meldete die nunmehr als letztes Schiff fahrende *Blücher:* „Achteraus in Sicht sieben feindliche Kleine Kreuzer und bis jetzt 26 Zerstörer. Weitere Rauchwolken dahinter. Beabsichtige Verfolger nicht vor Erreichen der inneren Deutschen Bucht abzuschütteln." Hippers Entscheidung, die Geschwindigkeit nicht zu erhöhen, bis eine genaue Identifikation der Schiffe nach Tagesanbruch möglich war, sollte sich als schwerer taktischer Fehler erweisen. Nur zu bald stellte sich heraus, daß die Rauchwolken von den fünf Schlachtkreuzern *Lion, Tiger, Princess Royal, Indomitable* und *New Zealand* stammten, die zusehends aufschlossen. Hipper wußte, daß es kein Entkommen gab, denn sein langsamstes Schiff, die *Blücher,* lief nur 23 Knoten.

Als die Entfernung zwischen den beiden Verbänden immer mehr schrumpfte, gab Beatty den Befehl zum Parallelgefecht. Kurz nach 9 Uhr befanden sich fast alle Schiffe in schwerem Feuer. Um 9.08 Uhr wurde dem Flottenchef von Ingenohl Hippers Notlage durch den Funkspruch klar: „In Westnordwest feindliches Schlachtkreuzergeschwader in Sicht, *Seydlitz* im Gefecht mit dem 1. Schlachtkreuzergeschwader . . ." Von Ingenohl befahl nun das sofortige Auslaufen der Schlachtflotte, doch da dies einige Stunden in Anspruch nahm, konnte der Flottenchef die immer

dringender werdenden Funksprüche Hippers nur mit „Das Gros und die Flottillen laufen aus" beantworten, dies gleich im Klartext, um die Engländer abzuschrekken. Verschlüsselt fügte er aber noch die Einschränkung hinzu: „Sobald als möglich."

Seine Zigarre rauchend, fluchte Vizeadmiral Hipper zünftig auf bayrisch, als seine Schiffe von den Wassersäulen der englischen Einschläge eingeschlossen wurden. Sein Flaggschiff, die *Seydlitz*, wurde von der *Lion* beschossen. Ein Treffer durchschlug den achtersten Turm und entzündete die dort bereitliegenden Kartuschen. Die Stichflamme schlug nach unten in die Umladekammern durch und von dort in die Umladekammern des Nachbarturmes, wodurch auch dieser in einem Flammeninferno ausbrannte. Der tapfere Obermaschinistenmaat Wilhelm Heidkamp flutete in letzter Sekunde unter Einsatz seines Lebens die Magazine und rettete so das Schiff vor der sicheren Zerstörung.

Beatty lief mit seinem Verband derart schnell, daß die beiden langsameren Schiffe *Indomitable* und *New Zealand* immer weiter zurückfielen und sich das deutsche Feuer mehr und mehr auf sein Flaggschiff *Lion* konzentrierte. Kurz nach 10 Uhr erhielt er drei 30,5-cm-Treffer, einer davon durchschlug den Gürtelpanzer und beschädigte den Backbord-Speisewassertank. Eine halbe Stunde später mußten die Backbordkessel stillgelegt werden, das Schiff schleppte sich nur mehr mühsam vorwärts. Um 10.50 Uhr schließlich zerstörte ein weiterer Treffer den letzten Dynamo, so daß im ganzen Schiff der Strom ausfiel und Befehle nur mehr mit Signalflaggen weitergegeben werden konnten.

Als steuerbord voraus ein U-Boot gemeldet wurde, befahl er seinem Geschwader die Wendung mit Flaggensignal „Kurs NO". Dann gab er den Befehl: „Gegnerische Schlußschiffe angreifen." Unglücklicherweise heißte der Flaggoffizier dieses Signal vor, während noch das alte Signal vorgeheißt war. Beattys Schiffe entzifferten beide zusammen als: „Im NO stehende gegnerische Schlußschiffe angreifen." Durch einen unglücklichen Zufall lag nun gerade dort, im Nordosten, die lahmgeschossene *Blücher*. Sie war weit hinter den deutschen Verband gesackt, weil Hipper beschlossen hatte, mit der für sein beschädigtes Flaggschiff größtmöglichen Geschwindigkeit in die Jademündung zurückzulaufen. So rasten vier britische Schlachtkreuzer auf ein weidwundes Schiff zu, während Hippers Verband hinter dem Horizont verschwand.

Beatty war bestürzt, als er das erkannte. Er befahl seinem Flaggleutnant, Nelsons berühmtes Signal „Den Feind aus der Nähe angreifen" zu setzen, mußte aber erfahren, daß dieses Signal zum letzten Mal 1805 bei Trafalgar verwendet worden war und im Signalhandbuch nicht mehr aufschien! Das Ersatzsignal „Näher an den Feind heran" wurde geheißt, doch es war zu spät. *Lion* lag nun achteraus und konnte wegen des Schornstein- und Geschützqualms nichts mehr beobachten. Beatty versuchte hektisch, die Situation doch noch in den Griff zu bekommen, und ließ sich von einem Zerstörer zur *Princess Royal* bringen. Gerade als er dort an Bord stieg, kenterte die zerschossene *Blücher*, die zerfetzten Aufbauten gelbgrün vom Explosionsschmauch der britischen Lyddit-Granaten,

Der Pyrrhussieg
Während die Schlacht an der Doggerbank von der britischen Öffentlichkeit als Sieg gefeiert wurde, forderten Jellicoe und Beatty eine Untersuchung der Vorfälle. Die Panzerung der Schiffe, ihre artilleristischen Leistungen, das Signalwesen, aber auch einzelne Offiziere ließen viel zu wünschen übrig. HMS *Tiger* (links) schoß „entsetzlich schlecht", und HMS *Lion* wurde so schwer beschädigt, daß sie von HMS *Indomitable* eingeschleppt werden mußte (unten). Eine gründliche Untersuchung wurde abgelehnt, weil Churchill einen „makellosen" Seesieg wünschte.

während das letzte intakte Geschütz noch immer trotzig weiterfeuerte. Er ordnete sofort die Kehrtwendung der Schlachtkreuzer zur Verfolgung des nun gänzlich verschwundenen deutschen Schlachtkreuzerverbandes an. Doch, wie es sein Flaggleutnant, der teilweise für dieses Fiasko mitverantwortlich war, ausdrückte, „es war, als versuchte man das Derby nach einem bösen Sturz am Tottenham Corner doch noch zu gewinnen".

Das deutsche Oberkommando sah in dem Gefecht eine ernste Niederlage, die eine bedeutende Schwächung der Hochseeflotte bewirkt hatte. Da von Ingenohl seine Befehle, keine Schiffe zu riskieren, klar übertreten hatte, wurde er zur Rechenschaft gezogen und verabschiedet. Neuer Flottenchef wurde Admiral von Pohl, der bisherige Chef des Admiralstabes, der sich als gehorsamer Untergebener erwiesen hatte. Der Kaiser und sein Stab glaubten, daß man seiner Vorsicht vertrauen könne. Sie sollten recht behalten. Unter der Leitung von Pohls verließ die Hochseeflotte die sicheren Gewässer der Deutschen Bucht nicht. Doch die deutsche Marine vergeudete dieses Jahr der Untätigkeit nicht völlig. Eine genaue Untersuchung der Beschädigungen der *Seydlitz* zeigte die Notwendigkeit verstärkten Schutzes gegen Stichflammen innerhalb der Türme und Barbetten auf. Durch sofortige Umbauten wurde die Feuersicherung der Magazine verbessert. Die Engländer hingegen unterließen eine genaue Analyse und verschlossen ihre Augen gegenüber der Verletzbarkeit des dünnen Deckpanzers und der Geschütztürme ihrer Schlachtkreuzer.

Eingeweihte Kreise der Royal Navy waren über diesen Sieg durchaus nicht glücklich. Beatty wußte genau, daß er zu mehr fähig gewesen wäre. Die schlechten Schießleistungen der *Tiger* beunruhigten die Flotte, denn als neuester Schlachtkreuzer war dieses Schiff als einziges mit den neuesten Feuerleitgeräten ausgerüstet. Die schwachen Leistungen waren auf die Unterbesetzung und die schlechte Ausbildung der Mannschaften zurückzuführen, die zum ersten Mal mit ihren Geschützen auf bewegte Ziele geschossen hatten. Außerdem hatte ihre Besatzung eine ungewöhnlich hohe Zahl von Deserteuren zu verzeichnen, die die Kampfkraft schwächten. Fisher wünschte eine tiefschürfende Untersuchung der „entsetzlich schlechten" Schießleistungen, die offensichtlich von denen der deutschen Schlachtkreuzer weit übertroffen worden waren.

Diese von Fisher geforderte eingehende Untersuchung des Gefechtes an der Doggerbank hätte entscheidende Mängel zutage gefördert. Vermutlich wären die untauglichen Geschwaderführer und Schiffskommandanten vor der Skagerrak-Schlacht entfernt worden. Außerdem hätte sich die Unhaltbarkeit der Jellicoeschen Annahme, daß die Deutschen die Unterwasserkriegsführung in die Schlachtflottentaktik integriert hatten, herausgestellt. Eine echte Analyse der Schäden auf *Tiger* und *Lion* hätte die Schwächen des Panzerschutzes zeitgerecht aufgezeigt und später bei der Skagerrak-Schlacht wertvolle Schiffe und Tausende Leben gerettet.

Eine Untersuchung fand aber nie statt. Churchill beharrte darauf, daß das der Öffentlichkeit präsentierte Bild des Sieges nicht gestört werden sollte.

Rückkehr von einem ergebnislosen Vorstoß Anfang 1915
An der Spitze des heimkehrenden Schlachtgeschwaders HMS *Agincourt,* jenes Schlachtschiff, das für die Türkei im Bau war und von England beschlagnahmt wurde; das Schiff war eines der schwerstbestückten der englischen Flotte: 14 × 30,5-cm-Geschütze in Zwillingstürmen und eine Mittelartillerie von 20 × 15,2-cm-Geschützen.

„Die Flotte schläft im Hafen"

Am 15. Februar 1915 versicherte Churchill dem Unterhaus: „Die britische Marine und die von ihr ausgeübte Seemacht wird die allgemeine Lage mehr und mehr beherrschen."

Nach dem Gefecht an der Doggerbank zeigten sich die britischen Zeitungen überzeugt, daß die Marine die kriegsentscheidende Waffe sei, denn sie habe „die zweitstärkste Marine der Welt hinter die Sandbänke der Elbmündung zurückgetrieben". In Scapa Flow wartete Jellicoe voller Zuversicht auf den Tag, da die Deutschen ihre Zurückhaltung aufgeben und sich zum Kampf stellen würden.

Doch Churchill hegte bereits andere Pläne. Die Marine sollte einen derart brillanten Offensivschlag vornehmen, daß dessen Ergebnisse den Weltkrieg beendeten, bevor es überhaupt zu einem „Nordsee-Trafalgar" kam. Der Erste Lord unterstützte einen täuschend einfachen Plan. Die Marine sollte mit einem Geschwader von „Vor-Dreadnoughts" die Durchfahrt durch die Dardanellenengen erkämpfen. Nach Churchills Meinung würde dadurch das Ottomanische Reich mittendurchgeschnitten, seine Hauptstadt lahmgelegt und die Balkanstaaten gegen Englands Feinde geeint, Serbien könnte gerettet und die an der Kaukasusfront schwer angeschlagenen russischen Truppen entlastet und dadurch die russischen Operationen auf dem Hauptkriegsschauplatz, der Ostfront, entscheidend unterstützt werden. Eine als Folge eintretende Verkürzung des Krieges würde unzählige Leben retten.

Am 19. Februar wurde mit der Beschießung der Außenforts der Dardanellen begonnen. Doch die brillante Strategie schlug bald fehl, weil sich die Schlachtschiffe wegen der Minen und Küstenbatterien ihren Weg in die Meerenge nicht erkämpfen konnten.

Fisher hatte deutlich davor gewarnt, Jellicoes Überlegenheit über die deutsche Hochseeflotte in Frage zu stellen. „Verschwindet die britische Flotte aus der Nordsee, dann schwindet auch das britische Weltreich dahin. Es darf kein Risiko eingegangen werden." Im März und April 1915 sah er seine ärgsten Befürchtungen bestätigt. Churchill versuchte immer mehr Schiffe aus den Nordseeverbänden abzuziehen, um die nun notwendig gewordene Landung von Truppen bei Gallipoli zu decken. An der Spitze der britischen Marine standen sich somit zwei große Männer mit zunehmend voneinander abweichenden Ansichten gegenüber.

Doch auch am gegenüberliegenden Ufer der Nord-

Das Abenteuer an den Dardanellen
Als Ausweg aus der militärischen Sackgasse schlug Churchill vor, mit Schlachtschiffen den Durchgang durch die Dardanellen zu erkämpfen. Das Unternehmen begann am 19. Februar 1915 mit der Beschießung der türkischen Außenforts. Doch die sechzehn alliierten Schlachtschiffe (unten die *Albion* bei der Beschießung von Gaba Tepe) erzielten wenige Fortschritte. Die Entscheidung fiel am 18. März, als drei alliierte Schlachtschiffe versenkt wurden. Das Unvermögen der Flotte, die Meerengen zu erobern, führte zur Landung alliierter Truppen auf Gallipoli Anfang April.

see wurde im deutschen Oberkommando eine ebenso verbissene Debatte geführt. Eine Gruppe hoher Marineoffiziere erkannte, daß der Kaiser und der Reichskanzler trotz der englischen Blockade die deutsche Hochseeflotte absichtlich zurückhielten. Daher drängten sie auf die Eröffnung des Handelskrieges mit U-Booten.

Aber der Reichskanzler befürchtete starke Reaktionen der Neutralen, insbesondere der USA, auf einen uneingeschränkten U-Bootkrieg. Admiral von Pohl wandte ein, daß ja auch die Neutralen durch die totale Blockade der Briten betroffen wären und damit ein Präzedenzfall für eine „Unterwasser"-Blockade Englands durch die Deutschen gegeben sei. Im U-Bootkrieg sah der Admiralstabschef eine Möglichkeit, die britische Blockade zu brechen, ohne dabei die gehüteten Schiffe der Hochseeflotte aufs Spiel zu setzen.

Während des Besuches von Kaiser Wilhelm in Wilhelmshaven am 4. Februar 1915 überzeugte der nunmehrige Flottenchef seinen Kaiser im Handumdrehen und erhielt allerhöchste Zustimmung zur Festlegung einer „Kriegsgebietszone", über die eine Erklärung noch am gleichen Tag veröffentlicht wurde. Die Gewässer rings um Großbritannien und Irland einschließlich des Kanals wurden durch sie zum Sperrgebiet erklärt.

Tirpitz war wütend über von Pohls „Trompetengeschmetter", denn sofort setzte eine Flut amerikanischer diplomatischer Protestnoten ein. Der deutsche Außenminister v. Jagow und der Reichskanzler versuchten den Kaiser umzustimmen und stritten ab, von Pohls Vorschläge je unterstützt zu haben. Tirpitz berichtet:

„Noch ehe also der am 4. Februar geborene U-Bootkrieg den ersten Atemzug getan hatte, eilten seine eigenen Väter erschreckt, ihn zu ersticken."

Am Abend des 15. Februar erhielt der Chef des Admiralstabes unvermutet vom Kaiser den Befehl, den uneingeschränkten U-Bootkrieg nicht wie angekündigt am 18. Februar, sondern erst auf besonderen

Die Unterseebootblockade
Der deutsche Admiralstabschef, Admiral Hugo von Pohl (links), eröffnete mit 22 U-Booten Anfang 1915 die erste U-Boot-Offensive gegen die alliierte Handelsschiffahrt. Am 4. Februar wurde die deutsche Kriegsgebietserklärung veröffentlicht. Nach den ersten Versenkungen milderte der deutsche Kaiser unter amerikanischem Druck den U-Bootkrieg.

Ausführungsbefehl zu beginnen. Zugleich wurden am 15. Februar die U-Bootkommandanten angewiesen, neutrale Schiffe im Sperrgebiet zu schonen.

So wurde also die erste Phase des U-Bootkrieges vierundzwanzig Stunden vor dem britischen Angriff auf die Dardanellen eröffnet. Nur 22 Boote waren einsatzbereit (Tirpitz hielt 200 für notwendig), die in den ersten drei Monaten nur 105.000 BRT Handelsschiffraum versenkten. Daraufhin versicherte Churchill zuversichtlich: „Die ganze Welt sieht das Fehlschlagen des deutschen U-Bootkrieges."

In der britischen Marine hingegen war man sich durchaus nicht sicher, wie man die U-Boote bekämpfen sollte. Verschiedene skurrile Ideen wurden vorgeschlagen und getestet: Abgerichtete Seemöwen sollten sich auf die Periskope setzen, um sie erkennbar zu machen, die Besatzungen kleiner Boote sollten Säcke über die Periskope stülpen und mit Spitzhacken Löcher in die U-Boot-Rümpfe schlagen. Schließlich aber setzte sich die Wasserbombe durch. Die wirkungsvollste U-Boot-Abwehrwaffe brachten aber nicht die Militärs zum Einsatz, sondern die Diplomaten.

Die internationalen politischen Auswirkungen des U-Bootkrieges, insbesondere der drohende Kriegseintritt der USA, alarmierten das deutsche Außenministerium und den Reichskanzler. Ihre ärgsten Befürchtungen wurden wahr, als am 7. Mai 1915 Kapitänleutnant Schwieger von *U 20* vor der Irischen Küste dem Cunard-Liner *Lusitania* einen Torpedo in den Rumpf jagte. Die politischen Folgen dieses Torpedoschusses waren ungeheuer. Die „Verletzung der Menschenrechte" wurde verschärft durch das Ausmaß der Tragödie. Die britische Regierung und die Presse schlachteten das deutsche Unternehmen, dem 1.198 Zivilisten, darunter 128 US-Amerikaner, zum Opfer gefallen waren, propagandistisch bis zur Neige aus. Die USA verlangten, daß Deutschland die Versenkung mißbilligen und einen entsprechenden Schadenersatz leisten sollte. Die Frage des uneingeschränkten U-Bootkrieges erreichte ihren Höhepunkt, als am 19. August *U 24* vor Irland den englischen Passagierdampfer *Arabic* versenkte. Vierzig Passagiere, unter ihnen drei Amerikaner, kamen dabei um. Weitere Proteste der USA überschwemmten das deutsche Außenministerium. Der Reichskanzler bestürmte den Kaiser, versöhnliche Schritte zu unternehmen, weil er befürchtete, daß das Zusammentreffen der Versenkung der *Lusitania* und der *Arabic* den Kriegseintritt der USA bewirken könnte.

Aber der Kaiser unternahm einen Versuch, durch-

NOTICE!

TRAVELLERS intending to embark on the Atlantic voyage are reminded that a state of war exists between Germany and her allies and Great Britain and her allies; that the zone of war includes the waters adjacent to the British Isles; that, in accordance with formal notice given by the Imperial German Government, vessels flying the flag of Great Britain, or of any of her allies, are liable to destruction in those waters and that travellers sailing in the war zone on ships of Great Britain or her allies do so at their own risk.

IMPERIAL GERMAN EMBASSY
WASHINGTON, D. C., APRIL 22, 1915.

Der Untergang der Lusitania
Der 32.000-BRT-Cunard-Liner *Lusitania* (unten) wurde das spektakulärste Opfer des deutschen U-Bootkrieges. Sie wurde am 7. Mai 1915 von *U 20* vor Kinsale Head an der irischen Küste torpediert, zahlreiche Reisende kamen dabei um (rechts). Obwohl die Deutschen in den US-Zeitungen Warnungen veröffentlichten und sich später darauf beriefen, daß das Schiff Kriegsmaterial transportiert habe, brachte der Tod von 128 Amerikanern die US-Öffentlichkeit auf. Washington verlangte eine Entschädigung und die Einstellung von U-Boot-Angriffen auf Passagierschiffe.

„Treffer Steuerbord Hinterkante Brücke.
Ungewöhnlich starke Detonation,
gefolgt von ungeheurer Rauchwolke . . .
Die Brücke und die Stelle der Bordwand,
wo der Torpedo traf, waren weit
aufgerissen. Es brannte.
. . . Auf den Decks herrschte
größte Panik. Überfüllte Rettungsboote
flogen kopfüber ins Wasser und zerschellten
zwischen ertrinkenden Menschen.
Bericht von
Kapitänleutnant Walther Schwieger, U 20

LUSITANIA
LIVERPOOL

zwei Befehle vom 1. und vom 6. Juni 1915 die U-Boot-Kommandanten zur Zurückhaltung zu veranlassen:

„Seine Majestät der Kaiser lassen erneut eindringlich auf die Notwendigkeit hinweisen, bis auf weiteres neutrale Schiffe bei der Führung des U-Bootkrieges zu schonen.“ – „Seine Majestät der Kaiser haben befohlen, in Ergänzung des Befehls vom 1. Juni, daß bis auf weiteres keine großen Passagierdampfer, auch nicht feindliche, versenkt werden dürfen.“

In Großbritannien erreichten der bittere Streit über die Art der Seekriegsführung und das Ringen zwischen Fisher und Churchill Anfang Mai den Höhepunkt, als sich die australisch-neuseeländische Offensive auf der Halbinsel Gallipoli festlief.

In der Sitzung des Kriegsrates am 14. Mai bezeichnete Fisher das dauernde Fordern nach Abstellung seiner Schiffe als „zunehmende Vereitelung meines Hauptplanes und meiner Taktik“ und trat am nächsten Tag aus Protest zurück.

Arthur Balfour, ehemaliger konservativer Premierminister und nunmehriger Oppositionsführer, stellte aus Anlaß des Fehlschlages bei den Dardanellen und der skandalösen Munitionsknappheit an der Westfront einen Mißtrauensantrag gegen die Regierung. Asquith erkannte, daß er sich mit ihm einigen mußte. Er stimmte einem Koalitionskabinett zu, in dem Balfour den Posten Churchills als Erster Lord der Admiralität einnehmen sollte.

In der Marine war man über Churchills Abgang erleichtert, denn die Berufsoffiziere waren der Ansicht, daß er sich zu sehr in alles eingemischt hatte. Über Fishers Rücktritt hingegen waren sie alarmiert, denn in der Admiralität kam nun die „zweite Garnitur“ ans Ruder. Balfour und der neue Erste Seelord Admiral Jackson entwickelten bei weitem nicht den Elan und die Dynamik des Duos Fisher-Churchill, das die Navy durch die ersten, kritischen Kriegsmonate geführt hatte.

Jellicoe litt unter der langsamen Gangart der neuen Führung ebenso wie unter der Knappheit an Zerstörern für die Schlachtgeschwader. Er sah voraus, daß seine Streitkräfte immer mehr zum Geleitschutz und zur U-Bootjagd herangezogen werden würden. Zu jener Zeit glaubte man, daß die „offensive U-Bootjagd“ die beste Methode sei, um mit dem Unterwassergegner fertig zu werden. Die Taktiken waren natürlich entsetzlich primitiv, so als wollte man einen Goldfisch aus einem großen Teich herausfischen. Im Vergleich zu den enormen Anstrengungen, den langen, ergebnislosen Suchfahrten in der Nordsee und auf den westlich gelegenen Zufahrtsrouten wurden wenig Erfolge gegen die deutschen U-Boote erzielt. Während des ganzen Jahres wurden nur 19 U-Boote versenkt.

Die U-Boote waren nur eines von Jellicoes Problemen. Die Grand Fleet wartete auf ihren Einsatz. Ein nicht zu unterschätzender Feind war die Langeweile. An die 60.000 Offiziere und Mannschaften auf über einhundert Kriegsschiffen mußten einsatzbereit und psychologisch auf die Schlacht vorbereitet bleiben.

Dem schneidigen Sportsmann Jellicoe lag viel am Wohlergehen seiner Besatzungen, und er sah darauf, daß mit Begeisterung Sportwettbewerbe und Unterhaltungsabende veranstaltet wurden. Auf Flotta, der einzigen halbwegs ebenen Insel von Scapa Flow, wurden Fußballplätze und ein primitiver Golfplatz angelegt, wo Offiziere und Mannschaften Wettkämpfe zwischen den Schiffen veranstalteten.

Das beliebteste Schiff der Grand Fleet war der ehemalige Versorger *Gourko*, der zum schwimmenden Unterhaltungszentrum umgebaut wurde. Auf der improvisierten Bühne fanden sowohl musikalische Darbietungen als auch die sehr beliebten Flotten-Boxmeisterschaften statt. Doch am meisten gefielen die Theaterabende. Auf jedem Schlachtschiff war man glücklich, wenn die heißersehnte *Gourko* endlich längsseits festmachte und die Amateurschauspieler unter den Seeleuten ihre Kunst zum besten gaben. Manchmal wurden verschwenderisch ausgestattete Stücke aufgeführt, ganze West-End-Shows einschließlich der obligaten Girltruppe, gestellt von Besatzungsmitgliedern in Frauenkleidern. Hier konnten sich die Leute abreagieren. Kabarettstücke, die den Krieg, die Admiralität und die Deutschen aufs Korn nahmen, erhielten den größten Beifall. Im Sommer wurden Maskenbälle und Tanzveranstaltungen unter Mitwirkung der Schiffskapellen angesetzt.

Vorpostenfahrten und Kohlebunkern bestimmten den Lebensrhythmus in Scapa Flow. Der Gedanke an

HMS *Centurion* übernimmt Kohlen aus einem längsseits liegenden Dampfer.

das anschließende Kohleübernehmen machte die ergebnislosen Patrouillen noch unangenehmer. Nach einer längeren Fahrt in der Nordsee mußte ein Schlachtschiff an die tausend Tonnen Kohle nachbunkern, und das bedeutete viele Stunden Schmutzarbeit für Offiziere und Mannschaften. Oft wurde das Kohlen von einem zu dieser Zeremonie erschienenen Admiral in makellos weißem Overall „eröffnet", der mit einer blitzsauber geschrubbten Schubkarre die erste Ladung in die Bunker schüttete. Dauerndes Kohlen war ein Teil der Routine, um die Flotte stets einsatzbereit zu halten, ein anderer Teil waren die von Jellicoe eingeführten Manöver und das Übungsschießen. Natürlich waren Salven auf Felsen oder eine Schleppscheibe kein Ersatz für das Schießen auf einen zurückfeuernden Feind. Am Ende dieses Jahres sehnte sich jedermann nach einem bißchen „echten" Einsatz.

Die britischen Admiräle wären beruhigter gewesen, hätten sie geahnt, daß auch die Deutschen unter der Untätigkeit litten. Von Pohls Kommandanten umgingen den Dienstweg und schrieben direkt an den Admiralstabschef. Sie verlangten offensive Vorstöße angesichts der Schwächung der britischen Flotte durch die Landung bei den Dardanellen. Doch alles, was sie unternehmen durften, war eine Reihe zaghafter Vorstöße in die Deutsche Bucht.

Bei der deutschen Hochseeflotte herrschte nicht jener Kameradschaftsgeist zwischen Mannschaft und Dienstgraden, den die britischen Offiziere mit Sport- und Unterhaltungsveranstaltungen herbeiführten. „Tiefe Enttäuschung, gemischt mit Überdrüssigkeit, griff zusehends um sich."

Die Kürzung der Lebensmittelrationen während des Sommers schürte die Unzufriedenheit und verärgerte die Männer. Die Lebensmittelknappheit erinnerte sie bitter an die Allmacht der britischen Flotte, die sie nicht angreifen durften. Einige der ranghöheren Offiziere verlangten gemeinsam vom Oberkommando den Angriff, als sie erkannten, daß die Lage zunehmend ernster wurde. Doch von Pohls Haltung war eindeutig. Er wußte, daß der Kaiser die Flotte schonen wollte, und so unterblieb jede größere Aktion.

Nur Unternehmungen wie jene des Hilfskreuzers *Möwe*, der die britische Blockade durchbrochen hatte und in den Weiten des Meeres Handelskrieg führte, brachten der deutschen Kriegsmarine am Ende des Kriegsjahres 1915 noch einigen Ruhm ein. Die Begeisterung der Deutschen war fast vollständig erloschen. „Vor einem Jahr noch waren wir (nach England) hinübergefahren, und unsere Schlachtkreuzer hatten drei Küstenstädte einer schweren Beschießung unterzogen. Doch damals war alles anders, denn wir waren voll Idealismus." So schrieb Richard Stumpf an Bord des Schlachtschiffes *Helgoland*. „Unser Enthusiasmus war so groß, daß jeder von uns bereit war, sein Leben in der Schlacht zu opfern. Doch nun ängstigt uns bereits der Gedanke an eine Schlacht."

Dampf ablassen
Für beide Flotten war die Monotonie des Alltags der größte Feind. Als Beispiel ein Auszug aus dem Kriegstagebuch von HMS *Centurion* (April 1915):
Sa. 17. – Proviantübernahme vor dem Frühstück, dann Schiff streichen. 10.40 Uhr Torpedonetze ausgebracht, 17.00 Uhr Torpedonetze eingebracht. Seeklarmachen, 21.15 Uhr ausgelaufen.
So. 18. – Von 08.00 Uhr bis 17.30 Uhr alles auf Gefechtsstation.
Mo. 19. – Statt Frühstück, Mittagessen, Jause und Abendbrot nur Geschützexerzieren.
Di. 20. – Zurück nach Dixie, 23.45 Uhr eingetroffen.
Mi. 21. – Ab 12.00 Uhr Kohlenübernahme, 22.30 ausgelaufen.
Links oben: Die Engländer legten großen Wert auf die körperliche Ertüchtigung der in engen Unterkünften zusammengepferchten Mannschaften. (Mitte: Auch der Schiffspfarrer turnte!) Zur Truppenbetreuung wurden Veranstaltungen abgehalten, die „Chormädchen" wurden von den Besatzungen gestellt (links unten).
Die Deutschen in der nüchternen Marinestadt Wilhelmshaven waren weniger gut dran, die Truppenbetreuung war mäßig. Daher mußten sie für sich selbst sorgen (rechts Mitte und unten).

Totaler Krieg
Nach zwei Kriegsjahren wurde die ganze Industriekapazität der beiden Länder in den Dienst des Kampfes gestellt, Frauen mußten in die Munitionsfabriken. Die englischen Werften arbeiteten Tag und Nacht, um insbesondere die so dringend zur U-Boot-Bekämpfung und zum Schutz der Schlachtflotte benötigten Zerstörer zu bauen.

Der Köder wird ausgelegt

Am 30. Dezember 1915 hielt der Oberkommandierende des deutschen Heeres, von Falkenhayn, im Kriegsministerium in Berlin eine Reihe dringender Besprechungen mit dem Admiralstab ab. Da sich die Fronten in Europa festgelaufen hatten, hoffte die Generalität, mit Hilfe der Kriegsmarine aus der strategischen Sackgasse entkommen zu können. Von Falkenhayn schlug vor, die Kriegsmarine solle die englische Blockade brechen, denn diese begann bereits die deutsche Militär- und Wirtschaftsmaschinerie zu lähmen. Da Bulgarien nun an der Seite der Achsenmächte in den Krieg eingetreten war, glaubte sich die Oberste Heeresleitung stark genug, ihre Bedenken gegen den U-Bootkrieg fallenlassen zu können. Wirtschaftsfachleute hatten überzeugend dargelegt, daß England mit einer U-Bootoffensive wie 1915 bereits in den ersten sechs Monaten des Jahres 1916 wirtschaftlich niedergerungen werden konnte, bevor die noch unvorbereiteten USA in den Krieg eintreten würden. Tirpitz befürwortete das „vollständige Embargo aller von und nach England gehenden Handelsschiffe".

Er sah im uneingeschränkten U-Bootkrieg „die letzte und einzige Chance für Deutschland". Die Militärs beschlossen, diesen Plan dem Kaiser vorzutragen und gemeinsam gegen die Politiker aufzutreten. Der Beginn des uneingeschränkten U-Bootkriegs wurde mit 1. März vorgeschlagen. Zur gleichen Zeit sollte die Frühjahrsoffensive gegen Verdun beginnen.

Admiral von Holtzendorff, der neue Admiralstabschef, forderte den uneingeschränkten U-Bootkrieg, „um die Kriegsmarine zu retten". Der U-Bootkrieg würde die sinkende Moral der Hochseeflotte wieder heben, die ohnehin ihren Tiefpunkt erreicht habe. Eine Gruppe hoher Offiziere hatte in einer Denkschrift bereits ihr fehlendes Vertrauen zu den Führungsqualitäten von Pohls bekundet. Doch diese Bedenken erledigten sich sozusagen von selbst: Von Pohl starb an einem Gehirntumor.

Der Kommandant des 2. Schlachtgeschwaders der Hochseeflotte, Admiral Reinhard Scheer, trat am 24. Jänner sein Amt als neuer Chef der deutschen Hochseestreitkräfte an. Scheer war eine ausgeprägte

Neue Besen kehren gut . . .
Nach dem Tod von Pohls wurde Admiral Reinhard Scheer neuer Flottenchef (unten, Nr. 4). Als angesehener Taktiker war er für einen offensiveren Einsatz der Marine eingetreten. Manche waren überrascht, daß man Scheer gegenüber dem kampferfahrenen Hipper (unten, Nr. 2) den Vorzug gegeben hatte. Scheer setzte seine Pläne sofort in die Tat um: U-Boote und Marineluftschiffe sollten die Engländer zu unüberlegten Handlungen hinreißen.

Persönlichkeit, doch fehlte es ihm an Humor und Fantasie. Unter den Befürwortern einer offensiveren Flottenstrategie hatte er eine führende Rolle gespielt. Seine Ernennung wurde von den Offizieren und Mannschaften der Flotte enthusiastisch begrüßt. Sie glaubten, daß die lange Zeit des Nichtstuns nun vorüber sei. Der neue Flottenchef machte sofort deutlich, daß er für energische Aktionen eintreten werde.

Gemeinsam mit den Geschwaderkommandeuren wurde die neue Strategie ausgearbeitet. Aber wie seine Vorgänger hatte er nicht die Absicht, sich kopfüber in eine Konfrontation mit der überlegenen britischen Flotte zu stürzen. Das tatsächliche Ziel war, Jellicoe durch „systematischen und konstanten Druck“ dazu zu zwingen, seine Hinhaltetaktik aufzugeben. Das sollte durch das Zusammenwirken verschiedener Komponenten erreicht werden: verstärkter U-Bootkrieg, Minenoffensive, Angriffe durch Marineluftschiffe und Flottenvorstöße. Scheer glaubte, daß solche Angriffe Jellicoe dazu zwingen würden, die Grand Fleet aufzuteilen, denn als zusammengefaßter Kampfverband

Angriff von der See
Die schnellen Schlachtkreuzer von Hippers Aufklärungsgruppe (rechts: *Seydlitz* und *Derfflinger*) waren die Angriffsspitze, die einen Teil der britischen Flotte in die Falle locken sollte. Eine rasch zustoßende „Florett-Taktik" sollte die öffentliche Meinung in England aufreizen und die Royal Navy zu riskanten Gegenmaßnahmen verlocken.

konnte sie nicht die ganze Nordsee bewachen. In der Hoffnung, britische Streitkräfte in die Nähe der deutschen Küste locken zu können, wurden die Minenfelder und die Torpedobootpatrouillen verstärkt. Zusätzlich sollten U-Boote Suchstreifen für die Flotte fahren und dabei noch Handelskrieg führen.

Für den 23. Februar, zwei Tage nach Beginn der Offensive vor Verdun, hatte der Kaiser seinen Besuch bei der Flotte in Wilhelmshaven angesetzt. Scheer ergriff die Gelegenheit, einen längeren Vortrag über die Kriegslage in der Nordsee und seine Absichten über die Kriegführung zu halten, als deren Grundlage er die gleichzeitige Führung des uneingeschränkten U-Bootkrieges bezeichnete. Der Kaiser stimmte seinen Ausführungen zu.

Nun glaubte der Chef der deutschen Hochseestreitkräfte, freie Hand bei seinen Operationsplänen zu haben.

Doch der Kaiser hatte sich die Sache mit dem U-Bootkrieg noch einmal überlegt. Bei der entscheidenden Sitzung am 6. März beugte er sich den Argumenten des Reichskanzlers und des Außenministeriums. Zum Schrecken der Generalität und der Admiralität wurde der uneingeschränkte U-Bootkrieg „auf unbestimmte Zeit zurückgestellt". Tirpitz hatte nun genug und reichte seinen Rücktritt ein, der angenommen wurde. So verschwand jener Mann von der politischen Bühne, der die deutsche „Risikoflotte" geschaffen hatte, nur um jetzt erleben zu müssen, daß der Kaiser ihren Einsatz verbot. Tirpitz' Abgang war für viele, so auch für den Kronprinzen, „eine nationale Katastrophe".

Obwohl „ernste Befürchtungen" laut wurden, daß des Kaisers Entscheidung über den Aufschub des uneingeschränkten U-Bootkrieges eine der wichtigsten Komponenten seiner neuen Strategie lahmgelegt hatte, war Scheer der Ansicht, die Flotte müsse sich nun um so mehr bemühen, eine wirksame Tätigkeit gegen den Feind vorzutragen. Da die U-Boote nicht mehr dazu verwendet werden durften, die Briten zum Kampf zu provozieren, sollten Marineluftschiffe diese Aufgabe übernehmen. In der Nacht des 31. Januar begann der erste einer langen Reihe von Luftangriffen. Neun Zeppeline bombardierten Liverpool und die Midlands. Am 1. Februar wurde London angegriffen. Zwar waren die Beschädigungen gering, doch die deutsche Marineleitung registrierte mit Befriedigung den Sturm in der britischen Presse. Die Strategie der kleinen Nadelstiche trug bereits ihre Früchte.

Die britische Regierung mußte etwas gegen die Zeppelinangriffe unternehmen, um die öffentliche Meinung wieder zu beruhigen. Doch hatte die mit der Luftverteidigung der Heimat betraute Admiralität kaum Vorkehrungen getroffen. So wurde nun die Aufgabe der Armee übertragen. Die Admiralität beschloß aber, um ihr Gesicht zu wahren, die Luftschiffhäfen an der deutschen Küste anzugreifen und damit genau das zu tun, was sich Scheer erhofft hatte.

Anfang 1916 begann Scheers Seeoffensive Gestalt anzunehmen, als deutsche Seestreitkräfte immer weiter in die Nordsee vorstießen. Am 10. Februar stieß eine Torpedobootflottille bis östlich der Doggerbank vor und versenkte einen britischen Minenräumer. Die Deutschen konnten entkommen, bevor die Grand Fleet oder die Harwich-Kreuzer den Kampfplatz erreichten. Am 5. und 6. März unternahm das deutsche Gros einen Vorstoß in die Hoofden und versenkte zwei Fischkutter. Wieder einmal lief die Grand Fleet aus, konnte aber nicht mehr eingreifen. Bei diesem Vorstoß hatte Scheer seine neue Taktik präsentiert: Zeppeline waren vorausgesandt worden und hatten die Häfen an der Humbermündung bombardiert.

Die Regierung mußte nun entschlossen gegen die

Zeppeline vorgehen. Der Befehlshaber der Seestreitkräfte in Harwich, Commodore Tyrwhitt, schlug folgendes Unternehmen vor: das Seeflugzeug-Mutterschiff *Vindex* sollte von seinen Einheiten vor Horns Riff geleitet werden. Von diesem Startpunkt aus konnten die fünf Flugzeuge die Luftschiffhallen von Höjer in Schleswig erreichen und bombardieren.

Das Unternehmen wurde für die Nacht vom 25. auf den 26. März geplant. Beattys Schlachtkreuzer sollten zur Nahunterstützung in die deutschen Gewässer vorstoßen und sich, falls sie angegriffen würden, auf die Grand Fleet zurückziehen. Das war genau die Art von englischer Gegenmaßnahme, die Scheer herbeiführen wollte, doch hatte er so bald einen solchen Angriff nicht erwartet. Am Tag des englischen Vorstoßes übernahm die deutsche Hochseeflotte gerade Kohlen für einen eigenen Vorstoß nach Norden. Der Angriff am Morgen des 25. März erwies sich als vollkommener Fehlschlag – die Hallen waren leer, drei englische Flugzeuge gingen verloren, und Tyrwhitts Schiffe gerieten beim Ablaufen von den gefährlichen deutschen Küstengewässern in einen Schneesturm, wobei zwei Zerstörer zusammenstießen. Die deutschen und britischen Schlachtkreuzer wurden in Marsch gesetzt, die Grand Fleet stand kurz vor dem Auslaufen, doch Sturm und schwere See verhinderten ein Treffen.

Jellicoe erkannte, daß solche Vorstöße bedeuteten, daß die Grand Fleet mehrere Tage nahe der stark verteidigten und verminten deutschen Küste operieren mußte. Die deutsche Hochseeflotte erhielt dadurch Gelegenheit, im günstigsten Moment auszulaufen und zuzuschlagen. Beatty unterstützte diese Ansicht:

„Wir können nicht zwei oder drei Tage in der Nordsee herumgondeln und danach noch in einem Zustand sein, alle unsere Kräfte für das Durchfechten der entscheidendsten Schlacht des Krieges aufbieten zu können: An solch eine Möglichkeit zu glauben ist ganz einfach dumm, man riskiert die Schlacht zu verlieren, bevor sie überhaupt begonnen hat . . . Ich bin überzeugt, daß der große Tag erst dann kommen wird, wenn der Gegner die Initiative ergreift."

Diese Ablehnung der „Taktik der schnellen Vorstöße" verstärkte die Spannung zwischen dem Befehlshaber der Grand Fleet und der Admiralität. Auch aus anderen Gründen war diese Beziehung Anfang 1916 schwer belastet. Eine der Hauptursachen war die wachsende Kritik der Presse an der Untätigkeit der Navy.

„Gebt der unvergleichlichen, seebeherrschenden Navy den Auslaufbefehl, damit sie ihren um Deutschland gelegten Würgegriff verstärken und unsere heimtückischen Feinde zerschmettern kann", schrieb der „Globe".

Am 24. April unternahm Scheer einen neuen Vorstoß in die Nordsee. Die Hochseeflotte war aus der Jademündung ausgelaufen, um Lowestoft und Yarmouth zu beschießen. Einen Tag später brach in Dublin der Osteraufstand gegen die Engländer los. Nach Zusage deutscher Unterstützung kam es unter der Führung von Sir Roger Casement zu schweren Kämpfen. In dieser für die Briten gefährlichen Lage eines Zweifrontenkrieges unterrichtete Scheer den Kaiser, daß es seine Absicht sei, „den Feind zu veranlassen, aus den Häfen herauszukommen". Er sah dazu zwei Möglichkeiten: „Ich glaubte dies dadurch zu erreichen, daß Küstenplätze beschossen wurden und gleichzeitig auch Luftschiffangriffe auf England in der Nacht des Vormarsches erfolgten. Von beiden Handlungen ließ sich erhoffen, daß der Feind Gegenmaßnahmen ergreifen würde, die unseren Streitkräften Gelegenheit zum Angriff geben konnten." Die britische Funkaufklärung hatte vor einem kurz bevorstehenden deutschen Vorstoß gewarnt, man erkannte aber erst am Abend des 24. April, daß Yarmouth das Ziel war. Die deutsche Hochseeflotte lief zu Mittag aus, und am späten Nachmittag erhielt auch die Grand Fleet den Befehl zum Seeklarmachen. Kurz nach 19.00 Uhr waren das Gros und Beattys Schlachtkreuzer aus Scapa Flow und Rosyth ausgelaufen. Tyrwhitts Harwich-Streitkräfte verließen die Häfen Norfolks. Sie waren allerdings auf drei Leichte Kreuzer und 18 Zerstörer zusammengeschmolzen, da die anderen Einheiten zur Beschießung der flandrischen Küste abgestellt waren.

Unter dem Kommando des Befehlshabers der Aufklärungsstreitkräfte, Konteradmiral Boedicker, trennten sich um 1.30 Uhr vier deutsche Schlachtkreuzer von dem zurückbleibenden Gros unter Hipper (*Seydlitz* hatte beim Anmarsch einen Minentreffer erhalten und war umgekehrt). Tyrwhitt sichtete die Deutschen

THE SOLILOQUY.

There is still much doubt about the German naval intentions; but to save the dynasty some development seems probable.—Daily paper.

Scene: Beside the Kiel Canal. A tumult in the distance.

Hamlet:

To sea or not to sea. That is the question.
Whether 'tis nobler in the ditch to suffer,
Or to take arms across a sea of trouble
And end things on the bottom. Spare me days!
It's suicide to send them out to fight,
But if they stay it looks like bloody murder.
There's the respect that makes calamity
Of that damned shambles—Verdun!

Die Flotte wird riskiert
Wegen des internationalen Echos stellte der Kaiser den Handelskrieg mit U-Booten ein und erlaubte Unternehmungen der Hochseeflotte.
Unten: Deutsche Kriegsschiffe übernehmen Munition für einen Vorstoß in die Nordsee.
Links: Karikaturisten auf alliierter Seite stellten so das Dilemma des Kaisers dar, ob er die Flotte „riskieren“ solle oder nicht.

um 3.50 Uhr und meldete es sofort an Beatty und Jellicoe, aber es gelang ihm nicht, den Gegner auf sich zu ziehen, so daß dieser mit der Beschießung von Lowestoft begann. Durch das schwere Feuer wurden die Hafenbatterien und 200 Häuser zerstört. Um 4.20 Uhr schwenkten die Schlachtkreuzer nach Nordwesten, um Great Yarmouth anzugreifen. Zwanzig Minuten später eröffneten sie das Feuer, wobei sie die Nelsonsäule als Haltepunkt für ihre E-Meßgeräte benutzten. Die Beschießung der Stadt dauerte aber nur wenige Minuten, weil ein kühner Angriff durch Tyrwhitts Schiffe Boedicker zum Abbruch der Unternehmung veranlaßte. Die beiden deutschen Gruppen hätten Tyrwhitts offensichtlich schwächere Gruppe leicht angreifen und vernichten können. Doch sie gingen kein Risiko mehr ein. Zufrieden mit dem Ergebnis machten sie sich auf den Rückweg. Die langen Kolonnen der Großkampfschiffe Beattys und Jellicoes durchpflügten noch Hunderte Seemeilen entfernt die rauhe Nordsee.

Das Unternehmen war für keine der beiden Seiten ein brillanter Erfolg, doch der Kaiser war „tief befriedigt“ und beglückwünschte Scheer schriftlich. Der deutsche Admiral sah das als weitere Bekräftigung seiner neuen Taktik, nur schwanden alle seine Hoffnungen auf eine U-Boot-Offensive, als der Kaiser befahl, den Handelskrieg „strikt nach Prisenordnung“ durchzuführen. Dieser Entschluß war nach einem US-Ultimatum vom 20. April gefallen, das nach der Versenkung des unbewaffneten französischen Frachters *Sussex,* wobei auch einige Amerikaner ums Leben kamen, gestellt wurde. Washington hatte Berlin gedroht, die diplomatischen Beziehungen mit der deutschen Regierung ganz zu lösen, wenn die deutsche Regierung jetzt nicht unverzüglich ein Aufgeben ihrer gegenwärtigen Methoden des Unterseebootkrieges gegen Passagier- und Frachtschiffe erklären und bewirken würde.

Nun war es wieder an den Briten, anzugreifen. Jellicoe hatte dem Druck der Admiralität nach einem

Die Grand Fleet geteilt
Unter dem Druck der Öffentlichkeit drängte die Admiralität Jellicoe, die Grand Fleet zu teilen. Das berühmte 5. Schlachtgeschwader (rechts: *Valiant, Malaya* und *Barham*) wurde zu Beatty nach Rosyth verlegt. Scheers Plan begann Früchte zu tragen. Sein nächster Schritt war die Beschießung von Sunderland durch Hipper, womit Beattys Streitkräfte geködert werden sollten.

weiteren Angriff auf die Luftschiffhäfen nachgegeben. So standen im ersten Morgenlicht des 4. Mai die Flugzeugmutterschiffe *Vindex* und *Engadine* vor der Insel Sylt, gedeckt vom 1. Leichten Kreuzergeschwader und 16 Zerstörern. Die Flugzeuge starteten gegen die Küste, um die Luftschiffhallen in Tondern anzugreifen, doch das Hauptziel war das Herauslocken der Hochseeflotte, während die Grand Fleet bereitstand, um Scheer den Rückweg in die Jademündung abzuschneiden. Sechs Stunden lang dampfte Jellicoe vorsichtig auf und ab und wartete auf Scheer, um die Falle zu schließen. Als die Deutschen keinerlei Anzeichen einer Vergeltung zeigten, kehrten die Briten, die sich in kein Nachtgefecht einlassen wollten, zurück. Die Admiralität war aber nicht bereit, endlos zuzuwarten. Sie plante die Verlegung einiger schwerer Einheiten in südlichere Stützpunkte. Der Angriff auf Lowestoft hatte gezeigt, daß die Grand Fleet von Scapa aus nicht rechtzeitig eintreffen konnte, um den Feind zu stellen, bevor dieser wieder seine Heimathäfen erreichte.

Die Admiralität plante, Beattys Streitkräfte durch das 5. Schlachtgeschwader, bestehend aus den sechs neuen Schlachtschiffen der Queen-Elizabeth-Klasse, die mit 38,1-cm-Geschützen bestückt waren, zu verstärken. Jellicoe legte dem Ersten Seelord seine ernsten Bedenken dar: „Je stärker ich Beatty mache, desto stärker ist die Versuchung für ihn, unabhängig zu operieren." Bereits ein Jahr vorher, als die Schlachtkreuzer nach dem Gefecht an der Doggerbank nach Süden, nach Rosyth, verlegt worden waren, hatte Jellicoe seinen Schlachtkreuzerführer davor gewarnt, unüberlegt ins Gefecht zu gehen: „Früher oder später werden die Deutschen versuchen, Sie in die Falle zu locken . . . Die Deutschen haben sich bestimmt ein zutreffendes Bild über Ihre Mentalität gemacht und werden versuchen, Ihre Eigenschaft, sich in den Gegner zu verbeißen, zu ihrem Vorteil auszunützen."

Nach dem deutschen Vorstoß vom 24. April wurden Jellicoe die Zügel aus der Hand genommen. Balfour, der Erste Lord der Admiralität, versprach in einem Brief an die Bürgermeister von Lowestoft und Yarmouth eine andere Gruppierung der britischen Flotte, damit solche Vorkommnisse in Zukunft verhindert werden konnten. Daher forderte die Admiralität Jellicoe auf, die gesamte Grand Fleet nach Rosyth zu verlegen. Doch solange die U-Boot-Abwehr am Firth of Forth so unzulänglich war, weigerte er sich, dieser Aufforderung nachzukommen. Als Kompromiß gestattete er die Verlegung des 3. Schlachtgeschwaders („Vor-Dreadnoughts" der King-Edward-VII.-Klasse) nach Sheerness in der Themsemündung. Schließlich willigte er noch ein, daß das 5. Schlachtgeschwader zu Beatty nach Rosyth verlegte, während die Schlachtkreuzergeschwader abwechselnd zum Gefechtsschießen nach Scapa gehen sollten. Die Deutschen waren natürlich erfreut, als sie erkannten, daß die Grand Fleet zersplittert wurde, und sie nahmen Balfours Drohung überhaupt nicht ernst: „Ein neuerlicher Vorstoß an die Küste von Norfolk wird ab nun für den Angreifer noch viel gefährlicher werden." Doch solche Drohungen konnten auch ins Auge gehen, und der „Globe" schrieb: „Eine vorsichtige Katze leistet sich kein Warngebrüll, wenn sie vor dem Rattenloch auf der Lauer liegt. Sie hält sich zurück, bis sie die Beute in den Klauen hat."

Unverzüglich machte sich Scheer daran, „die Katze" zu locken. Eine Woche nach Balfours Ankündigung gab der Chef der deutschen Hochseeflotte den Befehl zur nächsten Operation, von der er annahm, „daß sie sicherlich jenen Aufmarsch englischer Seestreitkräfte bewirken würde, den Mr. Balfour versprochen hat". Geplant war ein Vorstoß gegen Sunderland an der englischen Ostküste, das den britischen Flottenstützpunkten noch näher lag als die vorherigen Ziele. Studiert man die Details dieses Planes, erkennt man, daß Scheer die größte je von der deutschen Flotte durchgeführte Operation plante.

Alle Einheiten der Hochseeflotte sollten gemeinsam mit allen verfügbaren U-Booten, die ja jetzt keinen Handelskrieg mehr führten, und allen Marineluftschiffen operieren. Scheer hatte für die Grand Fleet unter Wasser, auf dem Wasser und in der Luft eine riesige Falle vorbereitet. Die Zähne dieser Falle waren die U-Boote, die wie hungrige Haifische vor den britischen Stützpunkten lauerten, um die auslaufenden Schiffe mit ihren Torpedos anzugreifen. Außerdem sollten sie ihre Sichtungen an die Flotte weitermelden. Der Köder dieser Falle sollte der Angriff von Hippers Schlachtkreuzern auf die Hafenstadt Sunderland sein. Das war nahe genug, um Beatty zum Auslaufen aus

Rosyth zu veranlassen, ohne auf die Ankunft des Gros aus Scapa Flow zu warten. Und Scheer mit dem deutschen Gros wollte Beattys Schlachtkreuzern vor Flamborough Head den Garaus machen.

Ausschlaggebend für das Gelingen des Planes war die Luftaufklärung während der ganzen Unternehmung durch Zeppeline, um sicherzugehen, daß die Deutschen nicht schon vom Gegner erwartet würden.

Der deutsche Admiral ahnte nicht, daß zur selben Zeit Jellicoe seinem eigenen Plan, die Deutschen zu stellen, den letzten Schliff gab. In ihren Grundzügen waren sich die beiden Pläne bemerkenswert ähnlich. In der britischen Falle waren zwei in das Kattegatt eindringende Leichte Kreuzer-Geschwader der Köder. Ein vor dem Skagerrak patrouillierendes Schlachtgeschwader war die Klaue der Falle. Die Schlachtkreuzer sollten mit dem Gros bereitstehen, den deutschen Rückzug nach Süden abzuschneiden. Der Grundgedanke war, Scheer so weit nach Norden zu locken, daß die gesamte britische Flotte in seinen Rücken kommen konnte. Vor Horns Riff sollten neu gelegte Minenfelder und lauernde U-Boote den Hinterhalt vervollständigen.

Jellicoe sah den 2. Juni als Operationsbeginn vor, Scheer wollte ursprünglich am 17. Mai losschlagen, doch gab es verschiedene Verzögerungen. Die U-Boote hatten ihre Positionen am 17. Mai bereits eingenommen, doch Scheer mußte die Aktion verschieben, weil sieben Schiffe des 3. Geschwaders unter Kondensatorschäden litten und sich die Reparatur des Minentreffers auf der *Seydlitz* verzögerte. Man legte als neues Datum den 23. Mai fest, dann schließlich den 29. Mai. Knapp vor dem Auslaufen schlug das Wetter um, östliche und nördliche Winde fesselten die Luftschiffe an ihre Hallen. Scheer beschloß, bei seinem ersten Vorstoß kein Risiko wegen fehlender Luftaufklärung einzugehen, außerdem konnten die U-Boote ihre Wartepositionen nur bis zum 30. einnehmen. Die Beschießung von Sunderland wurde daher zugunsten eines Alternativplanes aufgegeben. Der Alternativplan hatte die gleichen Grundzüge: Die britische Flotte sollte in eine U-Boot-Falle gelockt werden. Der Köder war nun ein Vorstoß der deutschen Schlachtkreuzer in den Skagerrak, um die Handelsschiffahrt zu stören. Das deutsche Gros sollte, flankiert von Kreuzergeschwadern, vor der dänischen Küste kreuzen, um Beattys herbeieilende Schlachtkreuzer anzugreifen. Sollte das englische Gros auf der Szene erscheinen, konnte sich Scheer rechtzeitig hinter die Minengürtel der inneren Deutschen Bucht zurückziehen.

Die britische Funkaufklärung wußte am 17. Mai und den folgenden Tagen, daß auf der anderen Seite der Nordsee eine großangelegte Flottenoperation bevorstand. Das Abklingen der U-Boot-Angriffe und das Wissen, daß 9 Boote in See standen, ließ die Admiralität über die nächsten deutschen Schritte rätseln. Vorsorglich wurden Jellicoe und Beatty alarmiert, daß eine große feindliche Operation unmittelbar bevorstehe. Die Offiziere und Mannschaften beider Flotten erwarteten jeden Augenblick das Signal, welches eine Kette von Handlungen auslösen konnte, die dem militärischen Stillstand ein Ende setzen würden.

Die Grand Fleet erhält den Befehl zum Seeklarmachen. Die Befehlsübermittlung der Schlachtflotte stützte sich hauptsächlich auf Signalflaggen und -scheinwerfer. Jellicoe hielt die neu entwickelte Funkentelegrafie für unzuverlässig. Die primitiven Geräte waren störanfällig und konnten in kritischen Momenten Verwirrung stiften.

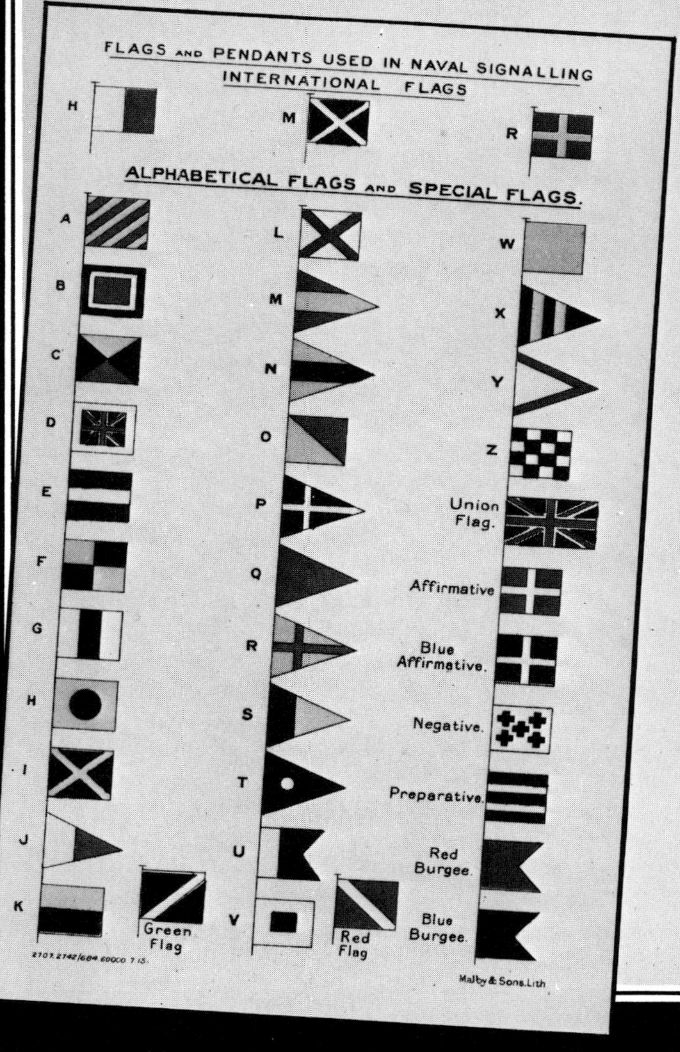

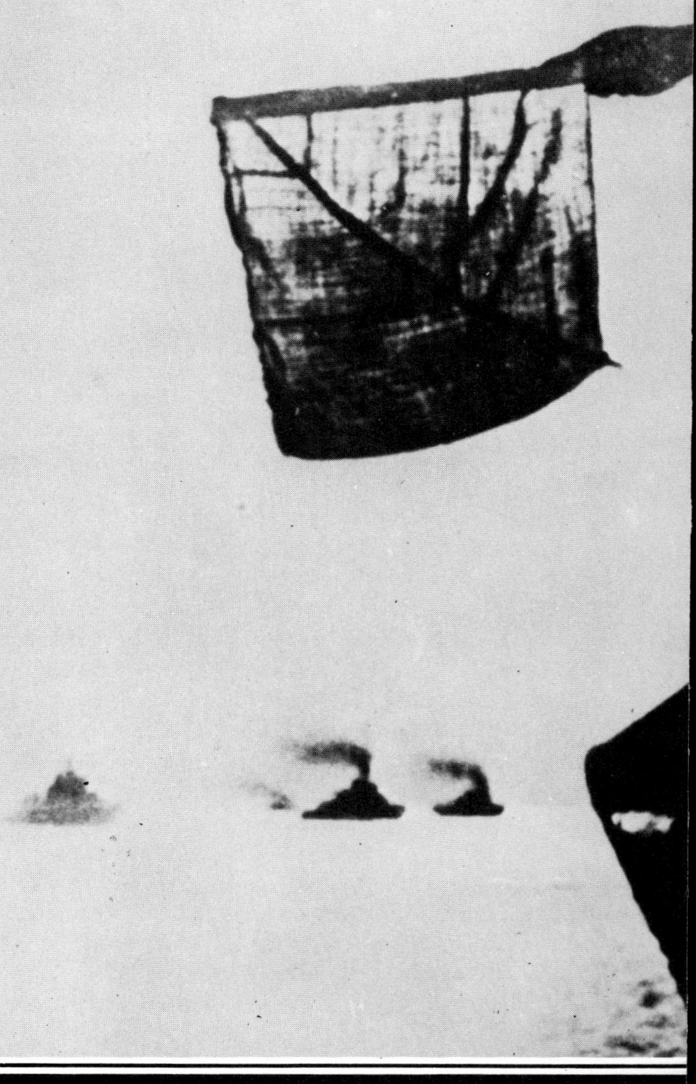

FLAGS AND PENDANTS USED IN NAVAL SIGNALLING

INTERNATIONAL FLAGS

H M R

ALPHABETICAL FLAGS AND SPECIAL FLAGS.

A B C D E F G H I J K

Green Flag

L M N O P Q R S T U V

Red Flag

W X Y Z Union Flag. Affirmative Blue Affirmative. Negative. Preparative. Red Burgee. Blue Burgee.

2707.2742/684.60000 7.15.

Malby & Sons.Lith

Mit dem Auslaufen der Feindflotte ist zu rechnen

Am Dienstag, dem 30. Mai, herrschte ungewöhnliche Aufregung auf der Reede von Scapa Flow, denn für diesen Tag waren die Boxmeisterschaften der Grand Fleet angesetzt. Eilig brachten Verkehrsboote und Pinassen die Zuschauer über das Wasser des Sunds auf den Flottentender *Borodino*. Dort war auf dem Hauptdeck ein Boxring aufgebaut worden.

Bei Verdun, 1300 Kilometer weit entfernt, dauerte ein viel tödlicheres Treffen nun schon zermürbende 16 Wochen. General Falkenhayns Anstrengungen, die französische Armee weißbluten zu lassen, verwandelte die Schlachtfelder um Verdun in einen gigantischen „Fleischwolf", der nahezu eine Dreiviertelmillion deutscher und französischer Opfer fraß.

In dem stillen schottischen Städtchen Dunfermline schien der Krieg weit entfernt zu sein. Die Offiziere des 1. und 2. Leichten Kreuzergeschwaders tranken im Park ihren Tee, während eine Musikkapelle aufspielte. Friedlich lagen ihre Schiffe auf dem nahen River Forth flußaufwärts der Schlachtkreuzerreede vor Anker.

Aber im großen Marinestützpunkt Wilhelmshaven sah es ganz anders aus, denn die deutsche Hochseeflotte bereitete sich zum Auslaufen vor. Nach der letzten Kohlenübernahme machte man Reinschiff, entfernte alles Überflüssige und Brennbare von den Oberdecks und gab Schwimmwesten aus. Als Erkennungszeichen wurden auf allen deutschen Schiffen die hinteren Schornsteine rot angestrichen. Den meisten Besatzungen schien das zuviel Aufhebens für „nur einen weiteren Vorstoß".

Im Nervenzentrum der britischen Admiralität, in Whitehall, waren die Codeknacker im streng geheimen „Room 40" dabei, den steten Strom deutscher Funkbotschaften zu sichten. Room 40 mußte mit Hochdruck arbeiten, denn irgend etwas Bedeutungsvolles schien jenseits der Nordsee vorzugehen. Der britische Dechiffrierdienst stand unter der Leitung von Captain Hull, von seinen ergebenen Leuten nur „der Blinzler" genannt; daß es diese Dienststelle gab, war nur einem kleinen Kreis eingeweihter hoher Offiziere bekannt.

Die an der englischen Ostküste errichteten Peilstationen zeichneten alle Feindfunksprüche für Room 40 auf. Obwohl die Deutschen ab Mai 1916 erkannt hatten, daß ihr Code nicht ganz dicht war, hatten sie doch keine Ahnung davon, wie umfassend Room 40 den deutschen Code entschlüsselt hatte. Die Admiralität bewachte ihre „Geheimwaffe" eifersüchtig, und nur wenige durften Room 40 betreten. Die dechiffrierten Meldungen wurden als „japanische Telegramme" bezeichnet. Eine Serie solcher „japanischer Telegramme" alarmierte nun die Grand Fleet. Das erste wurde der Operationsabteilung der britischen Admiralität am frühen Nachmittag des 30. Mai übermittelt und lautete in der fälschlichen – aber höchst alarmierenden – Entschlüsselung: „Deutsche Streitkräfte könnten auslaufen"; tatsächlich war es aber eine Warnung Scheers und lautete im deutschen Klartext: „Mit dem Auslaufen der Feindflotte ist zu rechnen." Der nächste Funkspruch befahl das Sammeln der Hochseeflotte auf der Außenjade für 19 Uhr dessel-

ben Tages. Bereits zu Mittag entschloß sich die Admiralität, Voralarm für Jellicoe zu geben. Tyrwhitts Harwich-Geschwader wurden währenddessen in den Hafen zurückbeordert, um die Entwicklung der Lage abzuwarten. Um 15.40 Uhr wurde Scheers verschlüsseltes Signal „31 Gg 2490“ aufgefangen. Die Entschlüsselung gelang überhaupt nicht, es schien aber klar, daß mit „31“ nur der nächste Tag gemeint sein konnte. Room 40 nahm daher an, daß dies der Startbefehl für den Beginn des vermuteten Vorstoßes sein mußte. Die Vermutung war falsch, der daraus gezogene Schluß trotzdem richtig, denn der Klartext lautete „Geheimplan 2490 ausführen“ – das war Scheers Alternativplan statt der Beschießung von Sunderland. Nach Eintreffen dieser Meldung telegrafierte die Operationsabteilung an Jellicoe: „Die Deutschen beabsichtigen morgen den Beginn eines Vorstoßes.“ Er erhielt den Auslaufbefehl: „Halten Sie sich östlich von Aberdeen zum Eingreifen bereit.“ In Scapa Flow und in den schottischen Stützpunkten am Firth of Forth und in Cromarty machten die Geschwader der Grand Fleet seeklar. Jellicoes Flaggschiff *Iron Duke* verwandelte sich bereits nach den ersten Meldungen am frühen Nachmittag in einen hektischen Ameisenhaufen. Die Flotten-Boxmeisterschaften wurden abgebrochen, und das Publikum an Bord der *Borodino* wußte, daß etwas im Schwange war, als der Flottentender Dampf aufmachte und die Seeleute eiligst auf ihre Schlachtschiffe zurückbrachte. Das Gerücht: „Endlich ist die deutsche Flotte ausgelaufen“, machte die

Der Auslaufbefehl
Jellicoes Flaggschiff *Iron Duke* (unten mit dem 2. Schlachtgeschwader) konnte innerhalb von vier Stunden Dampf aufmachen und an der Spitze der Grand Fleet in See gehen. Als die Admiralität das Auslaufen für 30. Mai, 17 Uhr, anordnete, vergnügten sich die Besatzungen gerade bei den Flotten-Boxmeisterschaften und Kabarettvorstellungen. An Bord von HMS *Centurion* wurde eine Theatervorstellung abrupt unterbrochen, als gemeldet wurde, daß die Flotte kurz vor dem Auslaufen stehe.

Runde, wurde aber von den Altgedienten nicht geglaubt. Für sie war auch das wieder nur ein falscher Alarm.

Um 19.05 Uhr ging auf *Iron Duke* das Signal „Dampf aufmachen für 19 Knoten“ hoch, und binnen weniger Minuten begannen die Schornsteine aller Großkampfschiffe schwarz zu qualmen, als die Trimmer tief unten in den Schiffsrümpfen Tonnen von Kohle in die Feuerluken zu schaufeln begannen. Mit Ausnahme der wenigen Ölbrenner war die Grand Fleet vollkommen abhängig von der Muskelkraft Tausender Kohlentrimmer, die ihre schweißtreibende Arbeit in der Hitze und im Ruß der Kesselräume verrichteten. Bei Temperaturen von manchmal über 40° C schufteten sie unermüdlich, schaufelten Kohle und brachen die Schlacke von den Feuerungsrosten.

In Cromarty, an der Südwestküste der britischen Insel, machten die acht Schlachtschiffe von Vizeadmiral Sir Martin Jerrams 2. Schlachtgeschwader seeklar, um zum Treffpunkt mit dem Gros aufzubrechen.

In Rosyth lagen die Einheiten von Beattys Schlachtkreuzergeschwader in Sichtweite der berühmten Brücke über den Forth. Nach einem dienstfreien Nachmittag an Land wurden die Besatzungen an Bord zurückbeordert. Leutnant Bickmore war bei seiner Mutter und seiner Schwester gewesen, hatte Tennis gespielt und den Nachmittagstee eingenommen. Nun standen sie an der Pier und warteten auf das Boot, das ihn zur *Warspite* zurückbringen sollte. Da sahen sie auf dem Flaggschiff die Signalflaggen hochgehen: „Dampf aufmachen für volle Kraft. Klarmachen zum Auslaufen.“ Bickmores Herz begann aufgeregt zu schlagen, doch später erinnerte er sich: „Ich durfte meiner Mutter und meiner Schwester nicht erzählen, was los war. Um 10 Uhr nachts liefen wir dann aus.“

Seekadett E. L. Edds hatte seine Gefechtsstation auf der Brücke des Leichten Kreuzers *Inconstant*. Er erinnert sich: „Zu diesem Zeitpunkt hatte ich überhaupt keine Ahnung, was auf uns zukam, aber es war wundervoll für mich, diese große gepanzerte Macht in langer Kolonne unter der Brücke, die den Forth überspannt, durchlaufen zu sehen.“

Um 21.30 Uhr wendete das erste Schiff einer langen Kolonne in Scapa seinen Bug seewärts, direkt in den majestätischen Sonnenuntergang des Nordens. Innerhalb von 90 Minuten verließen 148 britische Kriegsschiffe den Schutz der schottischen Ankerplätze und fuhren hinaus in die Finsternis der Nordsee.

Blick in die Eingeweide
Unermüdliche Kohlentrimmer halten die Feuer der Schlachtschiffe in Gang (links). Manche Schiffe hatten bis zu vierzig Kessel, der Kohlenverbrauch war ein alles beherrschender Faktor in Jellicoes Plan, der deutschen Hochseeflotte eine Falle zu stellen. Länger als fünf Tage konnte die Flotte nicht auf See bleiben. Auf der Brücke des Schlachtschiffes *Royal Oak* stehen die Ausguckposten und der Wachoffizier am Peilkompaß (unten).

Scheers U-Boot-Vorpostenlinie kam nicht zum Zug. Ungesehen fuhren die langen Kolonnen der britischen Grand Fleet durch die Dunkelheit. Nur *U 32* sichtete im Morgengrauen die Schiffe und griff mit zwei Torpedos vergeblich den Leichten Kreuzer *Galatea* an. Die U-Boot-Falle, auf die Scheer so viele Hoffnungen gesetzt hatte, versagte.

In drei Kolonnen erreichten die Einheiten des britischen Gros die offene See. Die Schiffe fuhren in Nachtmarschformation, geschützt von den Kreuzern und Zerstörerflottillen. Das 2. Schlachtgeschwader sollte am folgenden Mittag etwa 200 Seemeilen westlich der Südspitze Norwegens zum Gros stoßen. Beattys Schlachtkreuzer und das 5. Schlachtgeschwader hatten den Auftrag, um 14 Uhr des nächsten Tages 100 Seemeilen nördlich des Horns Riff-Feuerschiffes zu stehen, zu diesem Zeitpunkt sollte sich das Gros etwa 65 Seemeilen nördlicher befinden. Hierauf konnte die Vereinigung der beiden Teile der Grand Fleet stattfinden. Die Admiralität hatte beschlossen, daß Tyrwhitts Schiffe in Harwich alarmbereit unter Dampf liegen sollten. Entsprechend Jellicoes ursprünglichem Plan hatten drei U-Boote Vorpostenstreife beim Vyl-Feuerschiff zu fahren.

Die Männer von Room 40 hatten es möglich gemacht, daß alle britischen Streitkräfte unterwegs zu den zugeteilten Wartepunkten vor dem Skagerrak waren, bevor Scheer überhaupt noch den Auslaufbefehl gegeben hatte. Am 31. Mai um 1 Uhr früh lichteten Scheers Aufklärungsstreitkräfte die Anker auf Schillig-Reede. Sie sollten am gleichen Nachmittag vor dem Skagerrak sein. In den folgenden Nachtstunden bis zur Morgendämmerung liefen 101 verdunkelte deutsche Kriegsschiffe durch einen neu geräumten Kanal in der Amrun-Bank-Minensperre. Im ersten Licht waren somit beide Flotten auf See und marschierten, ohne daß einer vom anderen wußte, auf dasselbe kleine Seegebiet vor dem Skagerrak zu.

Jellicoes Schlachtflotte, bestehend aus 24 Dreadnoughts, lief mit etwa 18 Knoten durch die Nordsee. Die sechs Divisionen, jede aus vier Schiffen bestehend, liefen in Dwarslinie nebeneinander her, vor ihnen die drei Schlachtkreuzer des 3. Geschwaders, an den Flanken die 13 Einheiten der drei Kreuzergeschwader. Die ganze Streitmacht wurde von 51 Zerstörern, die in drei Flottillen gegliedert waren, abgeschirmt. Dieser riesige Verband erstreckte sich über viele Quadratkilometer, und es erforderte hervorragende seemännische Fähigkeiten, die Schiffe geschlossen manövrieren zu lassen.

Zahlenmäßig war die britische Flotte drückend überlegen. Das Verhältnis zwischen britischen und deutschen Schlachtschiffen betrug 37:27, zog man die älteren deutschen „Vor-Dreadnoughts" ab, so war das Verhältnis bei den modernen Großkampfschiffen gar nur 37:21. Bei den Zerstörern und leichten Kreuzern lag die massive Überlegenheit bei 113:72. Die modernen Einheiten beider Seiten hatten etwa die gleiche Geschwindigkeit, aber die deutsche Hochseeflotte war durch das 2. Schlachtgeschwader (Linienschiffe der Deutschland-Klasse, die nur 18 Knoten liefen) stark gehandikapt. Die entscheidende Übermacht hatte Jellicoe aber bei der schweren Artillerie: 272 britische gegen 200 deutsche Rohre, wobei die Engländer über die größeren Kaliber verfügten. Die Royal Navy wußte, daß die Schlacht nur durch die schwere Artillerie entschieden werden würde.

Als es zur entscheidenden Begegnung kam, wußten beide Befehlshaber, daß viel davon abhängen würde, wie viele Treffer die Schiffe auszuhalten vermochten. Die deutsche Flotte war nach Tirpitz' Leitsatz gebaut: „Daß ein Schiff überhaupt schwimmt und durch

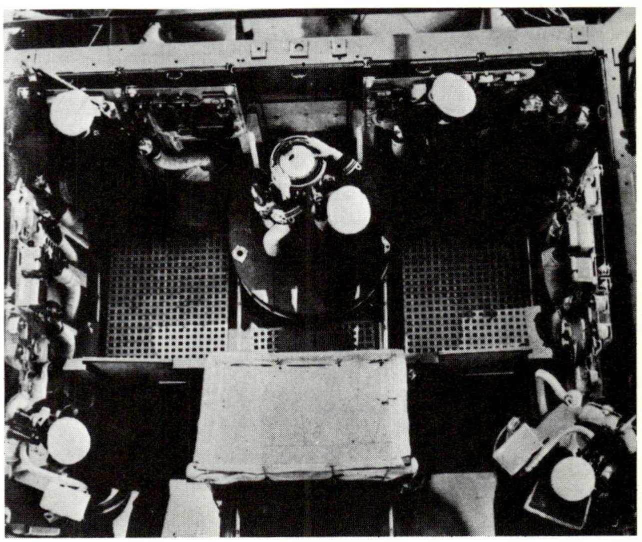

Bewahrung waagrechter Lage noch einen Gefechtsstand abgibt, ist seine vornehmste Eigenschaft." Panzerstärke und artilleristische Leistung konnte man leicht abschätzen, doch ausschlaggebend waren Ausbildung und Kampfmoral der Besatzungen, und gerade auf diesem Gebiet hatten die Engländer einen besonderen Vorteil. Denn nichts konnte das Vertrauen aufwiegen, das aus einer jahrhundertelangen Tradition der Unbesiegbarkeit auf See erwächst. Beide Befehlshaber sahen die Daseinsberechtigung ihrer langen Schlachtschiffkolonnen in deren Kraft, den Gegner zu vernichten. Doch das Herbeiführen der dazu notwendigen taktischen Situation stellte sich als sehr schwierig heraus. Zu Nelsons Zeiten betrugen die Schußweiten bloß einige hundert Meter. Waren die Flotten einmal aneinandergeraten, so war bei diesen Entfernungen im direkten Schuß ein Nichttreffen geradezu unmöglich. Doch mit der Einführung des gezogenen Laufes, des Explosivgeschosses, der Panzerplatten und der Dampfturbine hatte sich alles geändert. Nun wurden Gefechte auf Entfernungen von 15 Kilometern und mehr bei 20 Knoten Fahrt geführt. Ein Marineoffizier erklärte das so: „Das Schießen mit einem Schiffsgeschütz ist mit einer Hasenjagd vergleichbar, wobei der Hase natürlich läuft, aber der Jäger von einem mit 60 Stundenkilometer Geschwindigkeit fahrenden Auto aus schießen muß. Es war ein Wunder, daß wir überhaupt jemals trafen – aber wir trafen!"

Beide Flotten hatten ausgeklügelte Feuerleitsysteme entwickelt. An einer möglichst hochgelegenen Position der Schiffsaufbauten waren optische Geräte angebracht, weit entfernt von Gischt und Schornsteinqualm. Mit Hilfe dieser Geräte wurden nun Entfernung, Fahrtrichtung und Geschwindigkeit des Gegners ermittelt. Diese Werte wurden mechanischen Rechenmaschinen eingegeben, die die relative Bewegung der beiden Schiffe – während das Geschoß sich im Flug auf sein Ziel befand – errechneten und damit den Vorhaltewinkel und alle anderen notwendigen Angaben für die Schiffsartillerie, wie Seiten- und Höhenrichtwerte. Diese Daten wurden an die Geschütztürme weitergeleitet, deren Besatzungen die Türme entsprechend schwenkten und die Rohrerhöhung einstellten. Dieser ganze Vorgang wurde vom I. Artillerieoffizier geleitet. Er saß hoch droben im Vormars in einem gepanzerten Beobachtungsstand und beobachtete die Einschläge der Schüsse. Das Ergebnis dieser komplizierten Wechselbeziehung von menschlichen und mechanischen Komponenten hing ganz von den Fähigkeiten und der Ausbildung ab.

Beim Vergleich der artilleristischen Leistungen der beiden Flotten wußte Jellicoe, daß die Deutschen auf manchen Gebieten besser waren und so die britische Überlegenheit teilweise wettmachten. Die Kurzsichtigkeit der Admiralität hatte dazu geführt, daß die Bedeutung von Feuerleitgeräten für die Artillerie der Dreadnoughts übersehen wurde und erst in den letzten Jahren vor Kriegsausbruch etwas in dieser Richtung geschah.

Zwar hatte der führende Artilleriefachmann der Navy, Admiral Sir Percy Scott, eine hochmoderne Zentralfeueranlage entwickelt, aber erst als Churchill

Aufbruch bei Nacht
Kurz nach Mitternacht des 30. Mai setzten die Navigationsoffiziere auf den Schiffen der deutschen Hochseeflotte Kurs auf die Nordsee (unten). Das englische 2. Schlachtgeschwader (ganz unten, mit *Agincourt* an der Spitze) war bei Tagesanbruch bereits auf halbem Weg zum Mittagstreff mit dem Gros. Beide Seiten bereiteten sich darauf vor, den Gegner in die Falle zu locken.

an die Spitze der Admiralität trat, wurde sie auf den Schlachtschiffen eingeführt. Zur Zeit der Skagerrak-Schlacht waren die beiden Schlachtschiffe *Erin* und *Agincourt* noch immer nicht damit ausgerüstet. Zu Feuerleitanlagen für die Mittelartillerie entschloß man sich überhaupt erst während des Krieges, doch aus dem Rüstungsprogramm konnten für sie nur wenige derartige Anlagen abgezweigt werden. Die britischen Kreuzer und Zerstörer hatten überhaupt keine Feuerleitanlagen, hier wurden die Werte von den einzelnen Geschützführern ermittelt.

Die deutsche Flotte war umfassender mit Feuerleitanlagen ausgerüstet, die aber technisch nicht so hochentwickelt waren wie die britischen. Jedoch waren die deutschen Entfernungsmesser den Geräten der Engländer um Klassen überlegen. Die Deutschen legten großes Gewicht auf rasches und genaues Einschießen, das heißt, auf das Finden der richtigen Entfernung. Ihr „Gabel“-System bewirkte, daß schon am Anfang des Feuergefechts ihre Salven rasch im Ziel lagen. Bei der „Gabeltechnik“ wurde die Entfernung zum Ziel gemessen und dann eine Dreiersalve – d. h. aus drei Geschütztürmen – mit verschiedener Rohrerhöhung geschossen. Die nächste Dreiersalve wurde dann nach den beobachteten Aufschlägen korrigiert. Das geschah so lange, bis die Aufschläge vor und hinter dem Ziel lagen, dann brauchte man nur mehr die Geschützeinstellung auf einen Wert, der zwischen dem des Nah- und dem des Weitschusses lag, zu korrigieren und konnte schon zum Wirkungsschießen übergehen. Da für dieses aufwendige Eingabeln mit

„Alle Strategie und Taktik sind umsonst, wenn wir nichts treffen; der einzige Zweck eines Kriegsschiffes ist es, Treffer zu erzielen . . . Wir richten das Geschütz auf einen gewissen Punkt; dieser Punkt ist aber nicht jener Punkt, den wir treffen wollen. Die Rohrerhöhung, der Verschleiß des Rohres, die Lufttemperatur, Windrichtung und -geschwindigkeit, alles muß in Betracht gezogen werden . . . Wenn man auf eine Entfernung von fünf Seemeilen schießt . . . braucht das Geschoß 12 Sekunden bis zum Ziel. Wenn nun zum Beispiel während dieser Zeit das Schiff, auf welches geschossen wird, mit einer Geschwindigkeit von 20 Knoten weiterfährt, ist es bereits mehr als 100 m von der Position entfernt, in der es sich zum Zeitpunkt des Abschusses befand.“ *Admiral Sir Percy Scott*

Vollsalven sehr gute Entfernungsmesser notwendig waren, hatten die Deutschen optische Geräte entwikkelt, die den britischen weit überlegen waren. Das britische Verfahren war weniger aufwendig, doch dafür langsamer. Mit Einzelschüssen wurden an Hand der Einschläge die Richtwerte so lange korrigiert, bis man sich schließlich auch eingabelte und die Entfernung zwischen dem Nah- und dem Weitschuß halbieren konnte. Dann ging man zum Salvenschießen über.

Die Deutschen hatten guten Grund, über die zahlenmäßige Überlegenheit der britischen Artillerie nicht allzu besorgt zu sein. Zwar hatten ihre Geschütze das kleinere Kaliber, doch wurde dies durch die bessere Konstruktion wieder wettgemacht. Außerdem neigten die englischen Geschütze dazu, sich bald auszuleiern und ungenau zu schießen, sobald sie heißgeschossen waren.

Noch zwei weitere Faktoren sollten die Schlacht beeinflussen, und von beiden hatte Jellicoe keine Ahnung.

Es sollte sich herausstellen, daß die englischen Panzersprenggranaten mit Lydditfüllung den deutschen Granaten, die mit Trotyl gefüllt waren, in der

Zielen und Treffen

In den schweren Geschützen steckte die Schlagkraft der Flotten. Eine zeitgenössische Zeichnung zeigt den komplizierten Querschnitt eines Geschützturmes. Auf HMS *Canada* (unten) sind alle diese Einrichtungen deutlich zu erkennen. Jedes Geschütz konnte aber auch einzeln abgefeuert werden. In der Panzerhaube an der Achterkante der Turmdecke sieht man die individuelle E-Meß-Optik des Turmes.

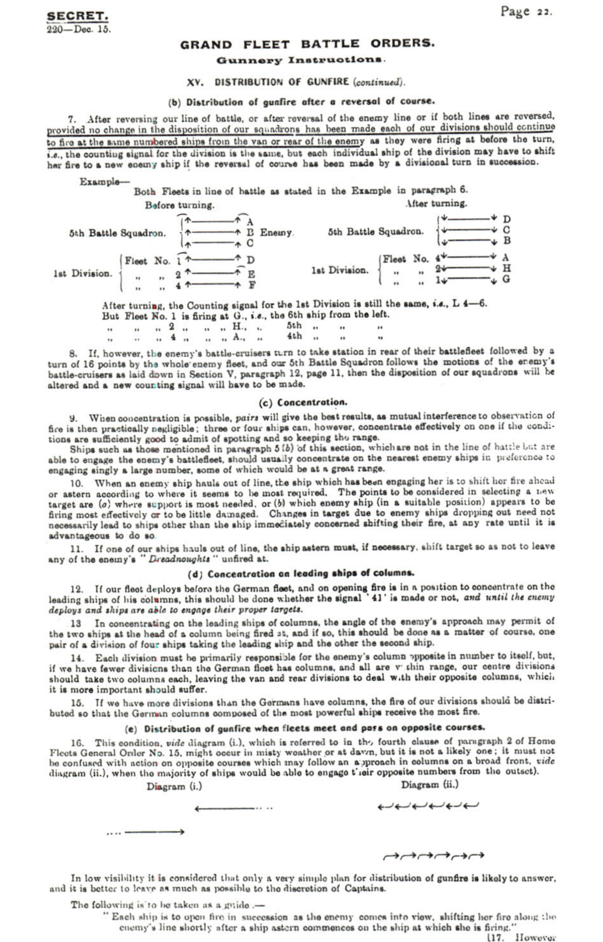

SECRET.
220—Dec. 15.

Page 22.

GRAND FLEET BATTLE ORDERS.

Gunnery Instructions.

XV. DISTRIBUTION OF GUNFIRE (*continued*).

(b) Distribution of gunfire after a reversal of course.

7. After reversing our line of battle, or after reversal of the enemy line or if both lines are reversed, provided no change in the disposition of our squadrons has been made each of our divisions should continue to fire at the same numbered ships from the van or rear of the enemy as they were firing at before the turn, *i.e.*, the counting signal for the division is the same, but each individual ship of the division may have to shift her fire to a new enemy ship if the reversal of course has been made by a divisional turn in succession.

Example—
Both Fleets in line of battle as stated in the Example in paragraph 6.

Before turning.			After turning.		
5th Battle Squadron.	↑———↑	A	5th Battle Squadron.	↓———↓	D
	↑———↑	B Enemy.		↓———↓	C
	↑———↑	C		↓———↓	B
1st Division. Fleet No. 1	↑———↑	D	1st Division. Fleet No. 4	↓———↓	A
„ „ 2	↑———↑	E	„ „ 2	↓———↓	H
„ „ 4	↑———↑	F	„ „ 1	↓———↓	G

After turning, the Counting signal for the 1st Division is still the same, *i.e.*, L 4—6.
But Fleet No. 1 is firing at G., *i.e.*, the 6th ship from the left.
„ „ „ 2 „ „ „ H., „ 5th „ „ „
„ „ „ 4 „ „ „ A., „ 4th „ „ „

8. If, however, the enemy's battle-cruisers turn to take station in rear of their battlefleet followed by a turn of 16 points by the whole enemy fleet, and our 5th Battle Squadron follows the motions of the enemy's battle-cruisers as laid down in Section V, paragraph 12, page 11, then the disposition of our squadrons will be altered and a new counting signal will have to be made.

(c) Concentration.

9. When concentration is possible, *pairs* will give the best results, as mutual interference to observation of fire is then practically negligible; three or four ships can, however, concentrate effectively on one if the conditions are sufficiently good to admit of spotting and so keeping the range.

Ships such as those mentioned in paragraph 5 (*b*) of this section, which are not in the line of battle but are able to engage the enemy's battlefleet, should usually concentrate on the nearest enemy ships in preference to engaging singly a large number, some of which would be at a great range.

10. When an enemy ship hauls out of line, the ship which has been engaging her is to shift her fire ahead or astern according to where it seems to be most required. The points to be considered in selecting a new target are (*a*) where support is most needed, or (*b*) which enemy ship (in a suitable position) appears to be firing most effectively or to be little damaged. Changes in target due to enemy ships dropping out need not necessarily lead to ships other than the ship immediately concerned shifting their fire, at any rate until it is advantageous to do so.

11. If one of our ships hauls out of line, the ship astern must, if necessary, shift target so as not to leave any of the enemy's "*Dreadnoughts*" unfired at.

(d) Concentration on leading ships of columns.

12. If our fleet deploys before the German fleet, and on opening fire is in a position to concentrate on the leading ships of his columns, this should be done whether the signal '41' is made or not, *and until the enemy deploys and ships are able to engage their proper targets.*

13 In concentrating on the leading ships of columns, the angle of the enemy's approach may permit of the two ships at the head of a column being fired at, and if so, this should be done as a matter of course, one pair of a division of four ships taking the leading ship and the other the second ship.

14. Each division must be primarily responsible for the enemy's column opposite in number to itself, but, if we have fewer divisions than the German fleet has columns, and all are within range, our centre divisions should take two columns each, leaving the van and rear divisions to deal with their opposite columns, which it is more important should suffer.

15. If we have more divisions than the Germans have columns, the fire of our divisions should be distributed so that the German columns composed of the most powerful ships receive the most fire.

(e) Distribution of gunfire when fleets meet and pass on opposite courses.

16. This condition, *vide* diagram (i.), which is referred to in the fourth clause of paragraph 2 of Home Fleets General Order No. 15, might occur in misty weather or at dawn, but it is not a likely one; it must not be confused with action on opposite courses which may follow an approach in columns on a broad front, *vide* diagram (ii.), when the majority of ships would be able to engage their opposite numbers from the outset).

Diagram (i.) Diagram (ii.)

In low visibility it is considered that only a very simple plan for distribution of gunfire is likely to answer, and it is better to leave as much as possible to the discretion of Captains.

The following is to be taken as a guide.—

"Each ship is to open fire in succession as the enemy comes into view, shifting her fire along the enemy's line shortly after a ship astern commences on the ship at which she is firing."

[17. However

Regieanweisung für eine Seeschlacht
Admiral Sir John Jellicoe hatte die siebzig Seiten starken *Grand Fleet Battle Orders* ausgearbeitet. Nach seiner Meinung würde jedes Treffen von Flotten allein durch die konzentrierte Feuerkraft entschieden werden. „In jedem Fall muß der oberste Grundsatz beherzigt bleiben, daß die Dreadnought-Flotte als Ganzes operiert, Angriffsversuchen von Teilen, Geschwadern oder Divisionen der gegnerischen Linie ist auszuweichen . . . Solange die beiden Flotten sich bei ungefähr gleichen Kursen gegenüberstehen, müssen alle Geschwader eine einzige Schlachtlinie bilden."

Wirkung nachstanden. Die englischen Granaten explodierten oft vorzeitig schon beim Aufschlag, die deutschen Panzersprenggranaten hingegen durchschlugen die Panzerplatten und explodierten erst dahinter. Noch viel gefährlicher war aber die Anfälligkeit der Munitionsmagazine der Geschütztürme der britischen Schiffe gegen Kartuschbrände bei Treffern. Zum Glück für die Royal Navy wußten die Deutschen das nicht. Nach der Beinahe-Katastrophe auf der *Seydlitz* vor der Doggerbank hatten sie, wie berichtet, große Anstrengungen unternommen, ihre Munitionsräume entsprechend abzusichern.

Bei der Festlegung der britischen Schlachttaktik hatte sich Jellicoe von zwei grundsätzlichen Gesichtspunkten leiten lassen. Der erste war die strategische Bedeutung der Grand Fleet, die sein ganzes Denken dominierte. Zum zweiten war er als Artillerieoffizier davon überzeugt, daß jede Schlacht zwischen Dreadnoughts nur durch überlegene Feuerkraft entschieden werde.

Während der endlosen Liegezeit in Scapa Flow saß Jellicoe an Bord seines Flaggschiffes stundenlang grübelnd vor dem riesigen Kartentisch, auf dem alle deutschen und englichen Schiffe durch Kleinstmodelle dargestellt waren. Als Ergebnis seiner Denkarbeit verfaßte er eine ausführliche taktische „Bibel“ für die Grand Fleet, eine „Regieanweisung“, die Antwort auf alle möglichen Gefechtssituationen gab. Die „Grand Fleet Battle Orders“ (Gefechtsanweisungen für die Grand Fleet) umfaßten 70 engbedruckte Seiten und waren das Ergebnis von Jellicoes praktischen Erfahrungen und Hunderter Stunden am Planspieltisch.

Eine Hauptschwäche der „Battle Orders“ lag darin, daß sie völlig auf den sorgfältigen Analysen Jellicoes der von ihm angenommenen Kampftaktik des Gegners beruhten. Es war dies nun das andere Extrem gegenüber der Situation, die existierte, bevor Jellicoe 1914 den Oberbefehl übernommen hatte, als es überhaupt keine Planung gab, mit Ausnahme von ein paar Seiten mit Notizen. Unglaublicherweise hatte die Admiralität zwar eine gewaltige Waffe geschaffen, aber nur wenig überlegt, wie sie im Kampf eingesetzt werden sollte. Die bloße Existenz der Flotte schien zu genügen. Für den Rest sollte die „Nelson-Begabung“ ausreichen. Taktische Entscheidungen blieben den Admiralen überlassen, auf Grund allgemeiner strategischer und taktischer Richtlinien, die in den „Regular Fighting Instructions“ enthalten waren. Dies übersah freilich die entscheidende Tatsache, daß die höheren Offiziere der Royal Navy keine formelle Ausbildung in Taktik besaßen.

Die stürmische Revolution der Technik in der Marine hatte noch nicht – zumindest nicht in Großbritannien – zu einer Revolutionierung des Denkens über die Taktik einer Seeschlacht geführt.

Die herrschende Denkweise war jene der „schweren Brocken“, das heißt, man setzte alles auf die Karte der schweren Geschütze und glaubte eine Entscheidung am besten dadurch herbeiführen zu können, daß man die gesamte Schlachtflotte in Kiellinie auffahren ließ. Das Credo jener Zeit, wonach jede Seeschlacht unweigerlich ein Artillerieduell zwischen in Kiellinie fahrenden Flottenverbänden, also ein „Parallelgefecht“ werden müsse, bildete auch das Fundament von Jellicoes taktischem Denken. Sicherlich war darin der Vorteil enthalten, daß man ein Maximum an schweren Breitseiten auf den Gegner abfeuern konnte und eine der beiden Flotten die theoretische Möglichkeit des „Crossing the T“ hatte, den gegnerischen Kurs rechtwinkelig zu kreuzen. Bei dieser T-Formation hatte die kreuzende Flotte den Vorteil, die Feuerkraft all ihrer Geschütze auf den Gegner konzentrieren zu können, während dieser selbst beim Feuern nach vorne durch die eigenen Schiffe behindert war. Eine so in die Falle gegangene Flotte hatte nur noch die Chance einer Kursänderung um 90 Grad, so daß wiederum ein Parallelgefecht entstand. Dabei waren aber die Schiffe im Augenblick der Wendung dem konzentrierten Feuer des Gegners ausgesetzt. Die andere, riskantere Alternative war die der Gefechtskehrtwendung: Alle Schiffe wendeten zur selben Zeit auf Gegenkurs, so daß sich die gesamte Flotte nunmehr vom Feind entfernte. Sogar in Friedenszeiten erfordert dieses Manöver die Präzision einer paradierenden Gardetruppe mit exakter zeitlicher Ausführung und einem hochwirksamen Befehlsübermittlungssystem. Man muß bedenken, daß die Funkentelegrafie noch in den Kinderschuhen steckte und alles von Signalflaggen und -scheinwerfern abhing. Unter gefechtsmäßigen Bedingungen, also bei Qualm und Geschützfeuer, betrachteten die Briten dieses Manöver als viel zu gefährlich. In kürzester Zeit konnte die Schlachtlinie durcheinandergeraten, und ein besser gedrillter Gegner konnte die schlecht geführten, nun schwächeren Verbände einzeln angreifen und vernichten.

Allen taktischen Plänen lag jedoch ein gewisses Maß an Ungewißheit zugrunde, da noch nie in der Seekriegsgeschichte zwei lange Kolonnen von gleichstarken Großkampfschiffen einander bis zur gegenseitigen Vernichtung bekämpft hatten. Die Deutschen hatten allerdings der Taktik große Bedeutung zugemessen und in Vorkriegsmanövern in der Ostsee Befehlsübermittlung und Verbandsfahren (einschließlich der Gefechtskehrtwendung) mit der den Preußen eigenen Liebe für Details und Disziplin geübt.

Manche Offiziere Jellicoes kritisierten die britische Linientaktik wegen ihrer Starrheit und der Notwendigkeit einer zentralen Führung. Doch Jellicoe war davon überzeugt, daß durch Schiffe, die während des Gefechtes aus der Linie ausbrachen, die Lage chaotisch

Deutschlands Seemacht
Am Vormittag des 31. Mai marschierte die deutsche Hochseeflotte unbeirrt nach Norden.

werden und die Schlachtlinie sich auflösen würde. Daraus entwickelte sich die Gefahr, daß die Schiffe einander das Schußfeld beeinträchtigen. Wenn Großkampfschiffe gegen einen gleich starken, gleich disziplinierten Gegner kämpften, gab es nach seiner Ansicht keine Alternative zur Linientaktik.

Der Hauptnachteil solch einer Schlachtlinie bestand darin, daß sie nur langsam manövrieren konnte, weil die Signale von dem in der Mitte fahrenden Flaggschiff nur recht langsam von Schiff zu Schiff, bis zu den Spitzen- und Schlußschiffen, weitergegeben wurden. So ergaben z. B. 24 Großkampfschiffe, die mit einem Minimum an Sicherheitsabstand hintereinander fuhren, eine 13 Kilometer lange Kolonne. Es brauchte allein 20 Minuten, um von der Marschformation von sechs Kolonnen zu je vier Schiffen in diese Gefechtskiellinie überzugehen. Jedes Manöver brachte Koordinations- und Verzögerungsprobleme, vergleichbar den schwerfälligen Bewegungen eines verkalkten Brontosauriers.

So hatte Jellicoe nur noch die Wahl, die Flotte statt in einer einzigen Kolonne in getrennten Divisionen marschieren zu lassen. Doch dies schuf noch größere Probleme, wenn man bedachte, daß sich die Schlacht bei großer Geschwindigkeit in einem großen Seeraum abspielen würde. Jellicoe sah bei Aufteilung der Flotte die echte taktische Gefahr darin, daß die Deutschen dann mehr Gelegenheit haben würden, ihr Feuer auf schwächere Geschwader zu konzentrieren. Er erkannte, daß solche Taktik die Flotte einem zu großen Risiko aussetzen würde; daher betonte er in seiner Gefechtsanweisung, wie wichtig die Einhaltung der Schlachtlinie sei. Aber diese langgezogene Schlachtlinie war durch einen Torpedoangriff sehr verwundbar; daher betonte Jellicoe, daß sie nicht zu nahe an den Feind herangeführt werden dürfe. Da natürlich die Chancen, einen Torpedotreffer zu erzielen, bei einer 13 Kilometer langen Kolonne von Großkampfschiffen weitaus größer waren als gegenüber Einzelschiffen, erhielten die Kreuzer und die Zerstörerflottillen die Aufgabe, Angriffe von U-Booten und Torpedobooten rechtzeitig abzufangen. Diese Sicherungskräfte hatten daher nur defensive Aufgaben mit dem Hauptziel, „Zusammenstößen mit unserer Schlachtflotte vorzubeugen“ und in der Schlacht einen schützenden Ring um die Großkampfschiffe zu bilden, während diese ein schweres Artillerieduell führten.

Doch die Zielvorstellungen des Befehlshabers konnten nur verwirklicht werden, wenn der Feind sich zum Gefecht stellte. Aber nicht einmal Jellicoe war so optimistisch zu glauben, daß Scheer leichtfertig riskieren werde, sich einer für ihn so nachteiligen Situation auszusetzen. So war Jellicoe vor seine schwerste taktische Entscheidung gestellt, nämlich was zu tun sei, wenn der durchaus denkbare Fall eintrat, daß die deutsche Flotte einfach abdrehte. Seine Einsatzbefehle spiegelten seine Angst vor der Gefahr von Minen und Torpedos wider, die bei der Verfolgung eines sich zurückziehenden Feindes drohte.

„Manöver auf See und Planspiele zeigen, daß die Erwiderung einer Gefechtskehrtwendung des Feindes – ob nacheinander oder anders – eines der schwierigsten Manöver ist. Das Ziel einer solchen Wendung (die unsere Flotte vielleicht auf Minen oder U-Boote zuführen soll) liegt eindeutig darin, uns in eine beabsichtigte Nachteilsposition gegenüber Torpedoangriffen, die sowohl von U-Booten als auch von Torpedobooten ausgeführt werden können, zu bringen. Wird dem Gegner nicht gefolgt, so kommt er außer Geschützreichweite. Wird der Wendung gefolgt, müssen wir eine nachteilhafte Position für eine Zeitspanne in Kauf nehmen, deren Dauer davon abhängt, um wieviel schneller wir sind als die feindliche Schlachtlinie. Dieser Geschwindigkeitsvorteil darf mit 1,5 bis 2 Knoten angesetzt werden, wenn man die Anwesenheit des deutschen 2. Geschwaders annimmt.

Man muß damit rechnen, daß ich einer Gefechtskehrtwendung nicht sofort nach deren Durchführung folge, weil ich von der Annahme ausgehe, daß sie zum Ziel hat, uns auf U-Boote zu ziehen.“

In Wirklichkeit hatte Jellicoe die folgenschwere Entscheidung getroffen, einem fliehenden Feind nicht zu folgen. In seiner Überzeugung, die Schlachtschiffe keinem Torpedoangriff aussetzen zu wollen, gab er dem Wegdrehen vor ankommenden Torpedos den Vorzug vor dem Manöver, auf sie zuzudrehen. Drehte man ein Schiff so, daß Bug oder Heck gegen die ankommenden Torpedos sahen, so war durch die kleinere Silhouette die Gefahr eines Treffers verringert.

Scheers Ziele waren ebenso klar: er würde alles, was in seiner Macht stand, unternehmen, um eine offene Seeschlacht, Schiff gegen Schiff, zu vermeiden. In der deutschen Hochseeflotte wurde viel Gewicht auf taktische Ausbildung gelegt, auch erhielten die Kommandanten mehr eigenen Spielraum. Bei der Nachtgefechtsausbildung waren die Deutschen den Engländern eindeutig überlegen. Nachtsignalmittel sowie der Gebrauch von Scheinwerfern und Leuchtgranaten zur Beleuchtung des Gefechtsfeldes waren ausgiebig geübt worden, so daß sich die Deutschen in einem Nachtgefecht behaupten konnten, während all das in der britischen Flotte unbekannt war. Sie war daher gezwungen, einem Nachtgefecht aus dem Wege zu gehen.

Während die beiden riesigen Schlachtflotten über die Nordsee dampften, wurden die Schlachtschiffe, Kreuzer und Zerstörer gefechtsbereit gemacht. In der Royal Navy wußte jeder Seemann, daß man von ihm den Sieg erwartete. Doch Jellicoes meisterhafter Plan rechnete gar nicht mit einem vernichtenden Seesieg nach Nelsonscher Tradition. Oder, wie es Churchill kurz und bündig ausdrückte: „Die Situation des Befehlhabers der britischen Grand Fleet war einzigartig! Seine Verantwortung lag auf einer weit höheren Ebene als jene aller anderen Befehlshaber. Denn es mochte ihm zufallen, Befehle zu erteilen, die – wie jene keines anderen Mannes, ob er nun ein Herrscher, Politiker, General oder Admiral war – innerhalb von ein oder zwei Stunden darüber entscheiden konnten, wer den Krieg gewann. Jellicoe war der einzige Mensch, der den Krieg an einem einzigen Nachmittag verlieren konnte.“

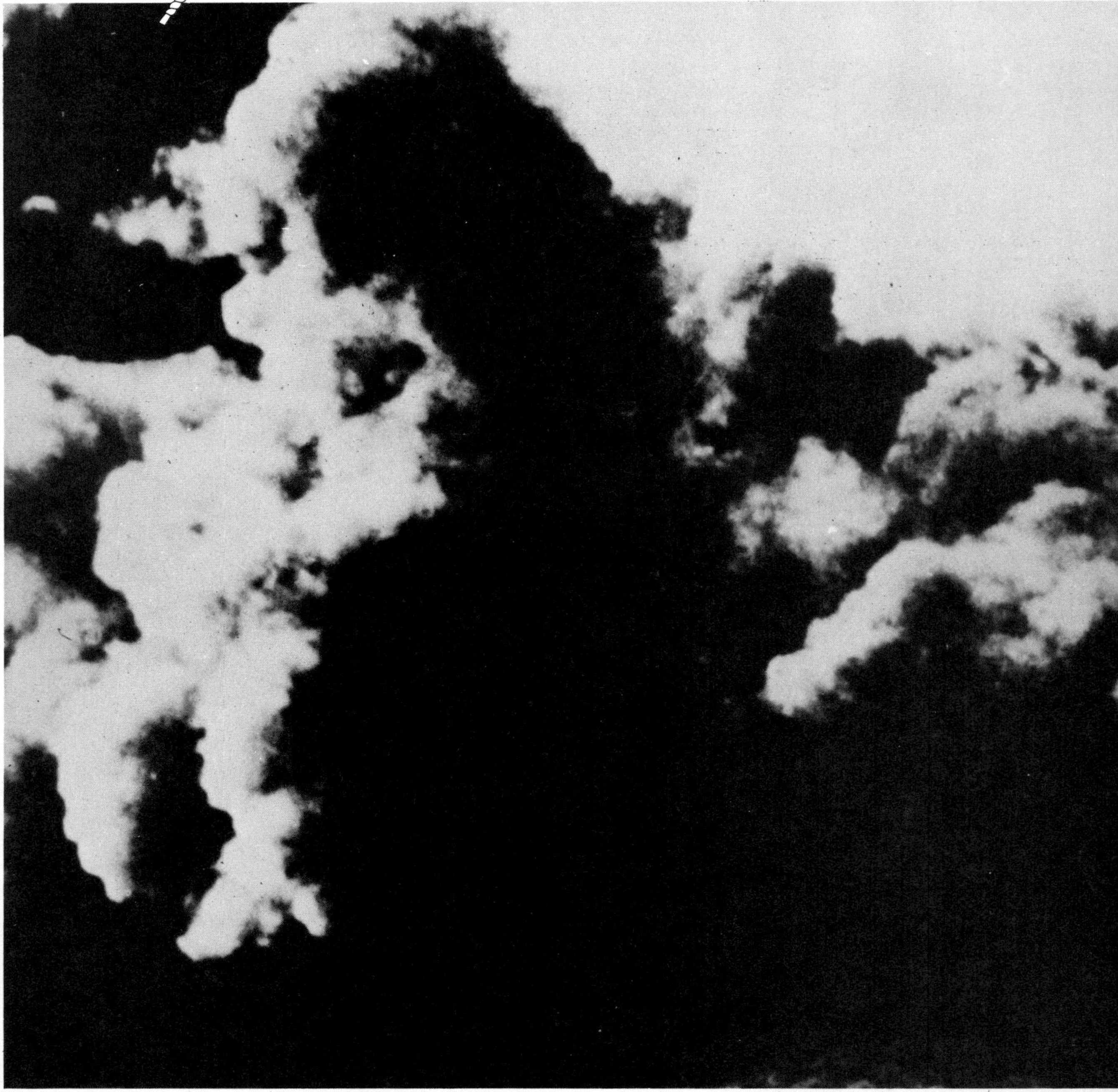

Die Schlacht

14.2o FEIND IN SICHT

Der helle Sonnenschein durchbrach den Morgennebel, als die Befestigungen von Helgoland steuerbord hinter den langen Kolonnen der deutschen Schlachtschiffe zurückfielen.

Der Chef der deutschen Hochseeflotte, Admiral Reinhard Scheer, befand sich auf der Brücke des Flottenflaggschiffes *Friedrich der Große* (bei der Flotte „Dicker Fritz“ genannt) und war in gehobener Stimmung. Um 5.30 Uhr hatte er die ersten Berichte seiner Vorposten-U-Boote vor den britischen Stützpunkten erhalten:

„Diese Meldungen gaben kein Bild von den Absichten des Feindes. Die verschiedenartige Stärke der einzelnen Flottenteile und ihre auseinander führenden Kurse ließen einstweilen weder auf ein operatives Zusammenarbeiten noch auf ein Vorgehen gegen die Deutsche Bucht noch auf irgendwelche Beziehung zu unserer Unternehmung schließen, wohl aber gaben sie die Möglichkeit, daß unser Plan, einzelne Teile des Gegners zu treffen, gelingen könne.“

Als zusätzliche Vorsichtsmaßnahme sollten fünf Marineluftschiffe Fernaufklärung fliegen. Sie konnten aber erst am frühen Nachmittag aufsteigen, als aufkommender Dunst und eine tiefliegende Wolkendecke eine Aufklärung bereits unmöglich machten.

Während des Vormittags erfüllten Zuversicht und

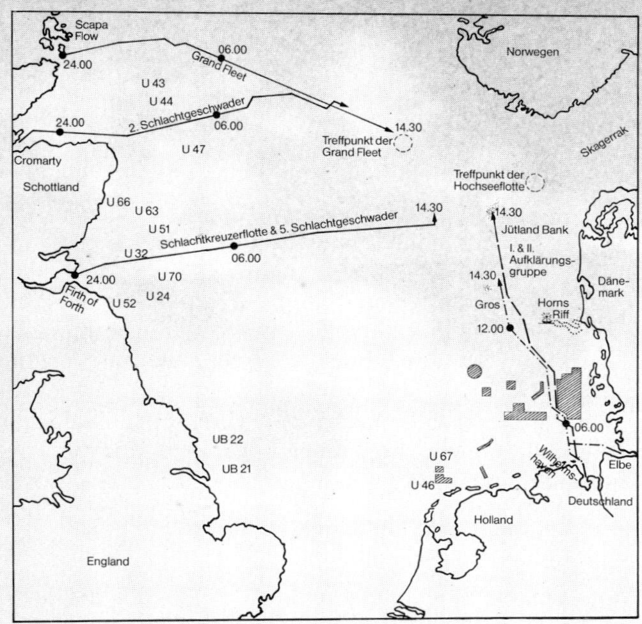

Links: Die Kurse der beiden Flotten während des Anmarsches am Vormittag des 31. Mai 1916. Die U-Boot-Sperrlinien, denen der Erfolg versagt blieb, und die Minenfelder in der Deutschen Bucht (schraffiert) sind ebenfalls eingezeichnet.
Unten: Die deutsche Schlachtlinie, gesehen von einem in der Mitte fahrenden Schiff.

Erwartung die Männer der deutschen Flotte. Die Besatzungen traten an Deck an, wo die Kommandanten anfeuernde Ansprachen hielten. Auf dem Schlachtschiff *Helgoland* vernahm Matrose Richard Stumpf freudig erregt die Ankündigung des Schiffskommandanten, Kapitän zur See von Kameke:

„Also, wir haben etwas ganz Besonderes vor. Wie uns bekannt ist, geht in letzter Zeit da oben zwischen Skagen und Nordengland ein recht lebhafter Schiffsverkehr vonstatten. Es werden da interessante Sachen transportiert, und die wollen wir uns morgen mal ansehen. Die großen Kreuzer fahren 50 Seemeilen vor uns und haben die Aufgabe, jedes Handelsschiff, das ihnen in den Weg kommt, anzuhalten und zwecks gründlicher Untersuchung nach Kuxhaven zu bringen. Also Handelskrieg zunächst. In letzter Zeit sind aber auch viele feindliche Kriegsschiffe dort oben gesehen worden, und die wollen wir auch ein wenig kitzeln. Für die aber, die noch im Hafen liegen, haben wir eine besondere Überraschung. Vor dem Firth of Forth liegen sieben U-Boote . . . Unsere Lockvögel, die Kleinen Kreuzer, werden mit ihren drahtlosen Gesprächen die Bengels schon herauslocken . . .“ Dies kam – so berichtete Stumpf – wieder in so drastischer Berliner Weise heraus, daß alles hellauf lachte. Zum Schluß sagte der Kapitän: „So schlimm wird die Sache wohl nicht werden, für uns ist's mehr eine Art Sportfest.“

Die als Lockvögel fungierenden Schlachtkreuzer liefen 30 Seemeilen voraus. Admiral Franz von Hipper auf der Brücke seines Flaggschiffes, des Schlachtkreuzers *Lützow,* war bester Laune und sagte zu seinem Ersten Admiralstabsoffizier, Korvettenkapitän Raeder, dem späteren deutschen Flottenchef im Zweiten Weltkrieg: „Am Nachmittag wird man sich in die Wolle kriegen!“

Viel weiter nördlich marschierte die Grand Fleet stetig nach Südosten, ihre Schiffe hatten es nicht eilig. Ein auf dem Leichten Kreuzer *Falmouth* befindlicher Offizier – diese Schiffe bildeten die Vorhut von Beattys Schlachtkreuzern – erinnert sich:

„Viele von uns dachten, daß es nur einer der gewöhnlichen Vorstöße sei und daß wir bald das gewohnte Signal ‚Rückkehr zum Stützpunkt' erhalten würden. Es war ein herrlicher Nachmittag – manchmal gibt es in der Nordsee solch außerordentlich schöne Tage –, und jedermann nahm auf Gefechtsstation ein Sonnenbad."

Um 11.15 Uhr, früher als erwartet, war das aus Cromarty kommende 2. Schlachtgeschwader unter Sir Martin Jerram zum Gros gestoßen. Die vereinigte Schlachtflotte lief nun in 6 Kolonnen; insgesamt 24 Schlachtschiffe fuhren mit 15 Knoten Zickzackkurse Richtung Skagerrak.

Bis jetzt war es ein ereignisloser Marsch, der einzige kleine Zwischenfall war die Untersuchung einer Gruppe von holländischen Trawlern durch die Zerstörer gewesen. Um 12.40 Uhr signalisierte das 2. Kreuzergeschwader soeben, daß die Zerstörer nichts Verdächtiges gefunden hätten, als die Operationsabteilung der Admiralität durch Funk an Jellicoe folgende unrichtige Meldung durchgab: „Keine genauen Feindmeldungen. Es war angenommen worden, daß die feindliche Flotte ausgelaufen sei, aber laut Funkpeilung war Standort Flaggschiff um 11.10 Uhr auf der Jade. Anscheinend konnte der Feind keine Luftaufklärung durchführen, was seine Pläne verzögert hat."

Diese Meldung beeinflußte die Geschehnisse in der Folge sehr nachhaltig. Sie ermutigte Jellicoe, seine langsame Fahrt durch die Nordsee nach Süden zu seinem Rendezvous mit Beatty fortzusetzen. Um 14 Uhr war er schon 16 Meilen oder eine Fahrtstunde hinter dem Zeitplan. Jellicoe gelangte zu dem Schluß, daß, da die Deutschen die Jademündung noch nicht verlassen hatten, er so lange als möglich in See bleiben

KEINE GENAUEN NACHRICHTEN ÜBER DEN FEIND.

Admiralität an Flottenchef Grand Fleet

Unten: Mit 15 Knoten läuft Jellicoe mit dem Gros zu seinem Treffpunkt mit Beatty am Morgen des 31. Mai. Die Funkaufklärung der Admiralität stellte fest, daß Scheers Schiffe noch im Hafen lägen.

müsse, für den Fall, daß sie doch noch ausliefen. Später schrieb er:

„Um 13.55 Uhr gab ich an die Schlachtflotte den Befehl, die Treibstoffmengen bekanntzugeben, die auf See an die Zerstörer abgegeben werden konnten; das zeigt, daß ich erwartete, in See bleiben zu müssen, um den Gang der Ereignisse abzuwarten, nachdem die Admiralität mitgeteilt hatte, daß die Hochseeflotte noch im Hafen liege."

Die Tatsache, daß Jellicoe – um Öl und Kohle zu sparen – weiter mit reduzierter Geschwindigkeit lief, bedeutete, daß er Beatty erst am späten Nachmittag treffen würde.

Die folgenschwere Mitteilung der Admiralität, die den Deutschen vielleicht eine vernichtende Niederlage ersparte, war vollkommen falsch. Die Hochseeflotte war schon seit einigen Stunden in See, als der Leiter des Operationsstabes, Captain Thomas Jackson, „Room 40" betreten hatte. Er hegte „tiefstes Mißtrauen“ gegen die Arbeit der zivilen Akademiker und Codeknacker des Nachrichtendienstes; kurz angebunden verlangte er zu wissen, wo die Funkpeilstationen das Rufzeichen DK des deutschen Flaggschiffes einpeilten. Auf die Auskunft „auf der Jade“ verließ er sofort den Raum und telegrafierte seine eigene Interpretation dieser Peilung an Jellicoe. Hätte er erklärt, wofür er die Information benötigte, wäre ihm dargelegt worden, daß das Zeichen DK das Hafenrufzeichen des deutschen Flottenchefs war, das beim Auslaufen des Flaggschiffes auf die Landfunkstation in Wilhelmshaven überging, damit das Auslaufen möglichst lange verborgen blieb. Und „Room 40“ war gerade dabei, eine andere Funkmeldung Scheers zu entziffern, die eindeutig darauf hinwies, daß er in See war. Die falsche Meldung hatte aber noch viel ernstere Auswirkungen als den Verlust einer Stunde Tageslicht für die Schlacht: Jellicoes Vertrauen in den Nachrichtendienst der Admiralität war für immer erschüttert.

Es gab noch zwei Anzeichen für die britische Gleichgültigkeit gegenüber einem möglichen Zusammenstoß mit Scheer. Erstens wurde das Seeflugzeugmutterschiff *Campania,* das zu spät aus Scapa Flow ausgelaufen war, weil man den Auslaufbefehl nicht richtig verstanden hatte, wieder in den Stützpunkt zurückgeschickt. Das Schiff war so weit zurück, daß Jellicoe einen Flugzeugeinsatz am späten Nachmittag, wenn die *Campania* das Gros wieder eingeholt hätte, nicht mehr für sinnvoll hielt. Durch die Rücksendung der *Campania* nahm sich Jellicoe die Möglichkeit einer Luftaufklärung, die ihn über den Aufmarsch des Feindes hätte informieren können. Von größerer strategischer Bedeutung war die Entscheidung der Admiralität, Tyrwhitts Kreuzer und Zerstörer wegen eines möglichen feindlichen Vorstoßes auf die Themse zurückzuhalten. Der britische Flottenchef betrachtete diese Schiffe mit ihren kampferprobten Besatzungen als wichtigen Teil der Grand Fleet. Ihre Erfahrung wäre bei einem Nachtgefecht von großer Bedeutung gewesen. Die Möglichkeit, eine Seeschlacht zu versäumen, war zuviel für den temperamentvollen Tyrwhitt, er ging mit seinen Flottillen in See, wurde aber bereits nach einer Stunde wieder zurückbeordert.

Da der britische Flottenchef annahm, daß die Deutschen noch im Hafen seien, sah er keine Veranlassung, seine taktische Aufstellung zu ändern. Die beiden britischen Verbände standen noch über 70 Seemeilen voneinander entfernt. Jellicoe wollte sich mit dem Gros nördlich halten, um einen deutschen Angriff auf die Vorpostenlinie in der Shetland-Enge rechtzeitig vereiteln zu können. So hatten auch die Jellicoe und Beatty zugeteilten Aufklärungsstreitkräfte noch keinen Sichtkontakt zueinander.

Scheers einfache Kriegslist, sein Rufzeichen an eine Landstation abzugeben, hatte hervorragend gewirkt. Sowohl Jellicoe als auch Beatty glaubten allein auf der Nordsee zu sein und sahen keinen Grund, ihre beiden Verbände zu vereinigen. Doch auch Scheer hatte keine Ahnung von der tatsächlichen Situation, und Hippers Geschwader pflügte nach Norden, ohne zu ahnen, was ihm backbord voraus entgegenkam.

Um 14 Uhr standen Hippers Aufklärungsstreitkräfte bei einfallendem Dunst nur mehr 50 Seemeilen vor Beattys Schlachtkreuzern. Als sie sich planmäßig dem Skagerrak näherten, bereiteten sich die Besatzungen auf Hippers Schiffen auf das Gefecht vor. Der I. Artillerieoffizier der *Derfflinger,* Georg von Hase, schreibt: „Fast alle rechneten damit, daß wir diesmal zum Schießen kommen würden, aber niemand sprach von etwas anderem als von leichten Streitkräften oder einem älteren Panzerkreuzerverband.

Um zwei Uhr rasselten die Trommeln durchs Schiff. Lange Wirbel. Das Signal zu ‚Geschützreinigen‘. Jedermann, mit Ausnahme der Offiziere, hat sich daraufhin auf seine Gefechtsstation zu begeben.“

In den nächsten zwei Stunden wurden alle Apparate und Motoren der vier 30,5-cm-Türme der *Derfflinger* (die Deutschen bezeichneten die schweren Türme von vorn nach achtern mit „Anton“, „Berta“, „Cäsar“, „Dora“) nochmals genau überprüft. Dann setzte von Hase Geschützexerzieren und Feuerleitungsübungen an. Er schrieb: „Ich weiß, nicht zum Entzücken meiner Offiziere und Mannschaften: Aber ich wußte nur zu gut, welche Verantwortung ich trug. Ich konnte mich für das einwandfreie Funktionieren des ganzen komplizierten Apparates nur verbürgen, wenn noch einmal jede Maschine und jeder Apparat in Bewegung gesetzt war, wie im Gefecht selber.“

An Bord des britischen Schlachtkreuzers *Queen Mary,* 60 Seemeilen östlich der *Derfflinger,* ging ähnli-

ZAHLREICHE HOLLÄNDISCHE SEGEL-UND MOTORFISCHKUTTER IN SICHT.

ZERSTÖRER MELDEN NICHTS VERDÄCHTIGES.

Oben: Kurz nach Mittag empfing Jellicoe dieses Signal von der Admiralität. Es widerspiegelt ausgezeichnet die Meinung in der Grand Fleet, daß an diesem sonnigen Nachmittag „wieder nur ein weiterer Routinevorstoß" stattfinden würde.

ches vor. Die Geschützbedienungen hüteten ängstlich ihren Ruf als beste Schützen in Beattys Elitegeschwader. Artilleriemaat im achteren Turm war E. Francis. (Die Engländer bezeichneten ihre Türme vorne mit „A", „B", mittschiffs mit „P", „Q" und achtern mit „X", „Y".)

„Ich kontrollierte Turm X von oben bis unten und war mit allem sehr zufrieden. Alles war in Ordnung, die elektrischen Reservekabel, die Urinkübel, die Biskuits und das Corned Beef, das Trinkwasser und ausreichende Erste-Hilfe-Päckchen. Ich machte dem Turmkommandanten Meldung. Er dankte mir und wiederholte, daß er glaube, daß sie (die Deutschen) draußen seien. Ich sagte: ‚Das hoffe ich ernstlich, Sir, weil es Schwerarbeit ist, die Männer davon zu überzeugen, daß wir sie jemals antreffen werden. Wenn wir nur Gelegenheit haben, mit wenigen Salven unsere alten Gegner, die deutschen Schlachtkreuzer, zu treffen, dann gibt das dem Volk neue Begeisterung!' "

Um 14 Uhr glaubte Beatty immer noch 16 Seemeilen vom Wendepunkt entfernt zu sein, an dem er nach Norden auf Jellicoe zudrehen mußte. Tatsächlich waren es aber nur mehr 10 Seemeilen, da sich durch die Zickzackkurse und die Gezeiten ein Koppelfehler von etwa 6 Seemeilen eingeschlichen hatte. Knapp vor dieser Norddrehung gab Beatty mit dem Signalscheinwerfer folgendes Signal an die 5 Seemeilen vor seinem Backbordbug laufenden Super-Dreadnoughts *Barham, Warspite, Malaya* und *Valiant:* „Nach der Norddrehung Ausschau nach den Vorhutkreuzern der Grand Fleet halten!" Unglücklicherweise bewirkte der Befehl, daß Beattys stärkste Schiffe am weitesten entfernt standen und ihre Ausgucks genau in der entgegengesetzten Richtung zu jener suchten, in der sich binnen kurzem Entscheidendes abspielen sollte.

Als man auf *Lion* das Signal „Drehung nach Norden" heißte, war Beattys Flaggschiff nur mehr 50 Seemeilen von Hippers *Lützow* entfernt. Dieser schicksalhafte Kurswechsel hätte das Zusammentreffen der beiden Flotten um mindestens eine Stunde verzögert, wenn nicht überhaupt verhindert. Doch an diesem Nachmittag des 31. Mai 1916 entschied ein kleiner dänischer Dampfer um 14.15 Uhr das Schicksal. Gemächlich dampfte er zwischen den beiden gegnerischen Schlachtkreuzerverbänden nach Süden. Der Schornsteinqualm aus den schlechtbeheizten Kesseln des Trampdampfers *N. J. Fjord* erregte die Aufmerksamkeit der Vorpostenkreuzer beider Flotten.

Der erste am Platz, die verdächtige Rauchwolke zu untersuchen, war der deutsche Kleine Kreuzer *Elbing,* Hippers Backbord-Flügelschiff. Wenige Minuten später traf der englische Leichte Kreuzer *Galatea,* von Beattys Steuerbordflügel kommend, auf dem Schauplatz ein. Die *Galatea* hatte die Rauchfahne nur gesichtet, weil ihr das Signal zur Drehung nach Norden sehr spät weitergegeben worden war. Es dauerte einige Minuten, bis der Führer des britischen 1. Leichten Kreuzergeschwaders, Commodore Alexander-Sinclair, Masten und Schornsteine ausmachte, die er zuerst für die von deutschen Kreuzern hielt. Sofort signalisierte er an *Lion:* „Zwei Zwei-Schornstein-Schiffe haben Dampfer angehalten, Peilung OSO, Entfernung 8 Seemeilen, gehe ran."

Während Alexander-Sinclair auf die *N. J. Fjord* zuhielt, morste er die beiden Schiffe mit dem für diesen Tag gültigen Erkennungssignal an, um vor Feuereröffnung sicherzugehen, daß es sich wirklich um feindliche Schiffe handelte. Tatsächlich waren es die beiden Torpedoboote *B 109* und *B 110,* die von der *Elbing* ausgeschickt worden waren, den Dampfer zu untersuchen. Als die Deutschen abdrehten, meldeten sie an die *Elbing:* „Einzelne feindliche Streitkräfte in 164 γ IV."

Dieses Signal wurde falsch mit „24 bis 26 feindliche Schlachtschiffe gesichtet" abgelesen, und Hipper war zunächst einmal entsetzt.

Galatea war nun durch *Phaeton* verstärkt worden, und auf beiden Schiffen wehten die Flaggen „Feind in Sicht", als sie sich an die Verfolgung machten und die ersten Schüsse der Schlacht abgaben.

Auf *Elbing* hatte man die hohen Bugwellen der britischen Leichten Kreuzer zuerst Schlachtkreuzern zugeschrieben und gewendet, um die Torpedoboote zu decken. Zwischen den Leichten Kreuzern entwickelte sich nun ein Artillerieduell bei hoher Fahrt. Auf eine Entfernung von 13,7 Kilometern erzielte *Elbing* die ersten Treffer der Skagerrak-Schlacht, eines der Geschosse durchschlug die Brücke der *Galatea,* explodierte aber nicht.

DRINGEND. DIE UM 14.2o GESICHTETEN GEGNERISCHEN SCHIFFE SIND ZWEI ZERSTÖRER. NEHME VERFOLGUNG AUF. GALATEA.

Unten: HMS *Galatea* eröffnete als erstes Schiff in der Skagerrak-Schlacht das Feuer.
Rechts: Der Kleine Kreuzer *Elbing* erwiderte das Feuer. Er erzielte den ersten Treffer dieser Schlacht – doch das Geschoß explodierte nicht!

Die Führer auf beiden Seiten warteten nun besorgt auf weitere Meldungen, um die Stärke des Gegners abschätzen zu können. Im Äther wurde es lebendig, als dringende Funkbefehle Volldampf für beide Flotten anordneten. Um sich einen Überblick zu verschaffen und die steigende Zahl britischer Leichter Kreuzer unweit der *Elbing* abzuwehren, sandte Hipper die vier Kleinen Kreuzer der 2. Aufklärungsgruppe zur Unterstützung und Aufklärung. Um 14.35 Uhr wurde Beattys Verband, immer noch außer Sichtweite der Deutschen, durch das Signal der *Galatea* elektrisiert: „Dringend. Viele Rauchwolken wie von einer Flotte gesichtet, Peilung ONO." Beatty drehte sofort auf südwestlichen Kurs, um sie abzuschneiden. Minuten später kam ein weiterer Funkspruch der *Galatea:* „Dringend. Rauchwolken von 14.35 Uhr scheinen zu sieben Schiffen zu gehören, dazu noch Zerstörer und Kreuzer. Sie haben nach Norden gewendet."

Die Briten erkannten nun nicht sofort, was eigentlich vorging. Commodore Alexander-Sinclair auf der *Galatea* vergaß seine so wichtige Pflicht aufzuklären und jagte statt dessen die deutschen Kreuzer, um sie auf Beatty zu locken. Es war dies der erste von vielen Fehlern der britischen Aufklärungsstreitkräfte, die dazu führten, daß sich Beatty und Jellicoe in entscheidenden Phasen der Schlacht kein genaues Lagebild machen konnten.

Dieser Fehler wuchs sich aus, als Beattys anderer Aufklärungsverband, das 2. Leichte Kreuzergeschwader, in das von der *Galatea* ausgelöste Geplänkel eingriff. An seinem vorgesehenen Standort hätte das Geschwader jedoch die deutschen Schlachtkreuzer ausgemacht.

Entscheidende Minuten vergingen, während derer Beatty auf der *Lion* ungeduldig auf Informationen wartete. Es war typisch für ihn, daß er nach der Eindringlichkeit der ersten Meldungen der *Galatea* seine Schlachtkreuzer nach Südost drehen ließ, um sich auf den Feind zu stürzen, ohne Standort und Stärke des Gegners zu kennen. Um diese lebenswichtigen Fragen zu klären, wurde der *Engadine* der Start eines Flugzeugs zu einem Aufklärungsflug befohlen. Beattys Verband war aber in der Zwischenzeit durch die entsetzlich schlechte Befehlsübermittlung in zwei Teile

gespalten worden. Er hatte nämlich den Befehl „Kurswechsel SSO“ gegeben, sein Schiff aber gleich darauf, ohne das Bestätigungssignal abzuwarten, in diese Richtung geworfen, um dem Feind den Weg abzuschneiden. Seine Schlachtkreuzerkommandanten verstanden instinktiv, daß ihr Chef seinen Verband „wie ein Jäger sein Rudel Hunde“ führte, und wendeten mit. Konteradmiral Evan-Thomas mit dem 5. Schlachtgeschwader hingegen war an den von Jellicoe eingeführten präzisen Signalritus gewöhnt und wartete darauf, daß das als Signalwiederholer fungierende Schiff diesen Befehl auch „offiziell“ an ihn weitergab. So suchten die Ausgucks auf der *Barham* weiter den Horizont nach Signalen der Grand Fleet ab und erkannten nicht, daß die eigenen Schlachtkreuzer plötzlich kehrtmachten und von ihnen wegliefen. *Tiger* als Signalwiederholer hatte nichts durchgegeben, woraus Evan-Thomas schloß, „der Vizeadmiral beabsichtige, das 5. Schlachtgeschwader weiter in nördliche Richtung laufen zu lassen, um ein Entkommen des Feindes in diese Richtung zu verhindern“.

Es brauchte fast acht Minuten, bis der natürliche taktische Instinkt von Evan-Thomas gegen die Abneigung, ohne Befehl zu handeln, gesiegt hatte und er beschloß, ebenfalls auf Gegenkurs zu gehen. Die beiden Gruppen hatten sich mit fast 40 Knoten voneinander entfernt und waren bereits über 10 Seemeilen getrennt, als die Schlachtschiffe nachdrehten. Sie machten nun Dampf für ihre Höchstgeschwindigkeit von 25 Knoten auf und versuchten Beatty wieder einzuholen – es sollte aber 20 Minuten dauern, bis die 38,1-cm-Geschütze der stärksten Schlachtschiffe der Royal Navy in das Gefecht eingreifen konnten.

Beattys und Hippers Schlachtkreuzer, die sich gegenseitig noch nicht ausgemacht hatten, hielten aufeinander zu, als das Wasserflugzeug der *Engadine* aufstieg. Fliegerleutnant F. J. Rutland und sein Beobachter, Zahlmeister G. S. Trevin, flogen eine Maschine des Typs Short und hatten Schwierigkeiten, überhaupt zu erkennen, was da unter ihnen vorging:

„In Höhen zwischen 30 und 400 Meter gab es Wolken, mit etwas stärkerer Bewölkung in 300 Meter. Deswegen mußte sehr niedrig geflogen werden.

Als wir den Feind sichteten, konnten wir nicht genau sagen, was wir da vor uns hatten, so mußte ich in 330 Meter Höhe bis auf 2,5 km herangehen. Sie eröffneten mit den Fliegerabwehr- und auch den anderen Geschützen das Feuer auf mich, denn wegen

Rechte Seite: Der Aufmarsch der Schlachtkreuzer kurz nach dem Start von Fliegerleutnant F. J. Rutland (rechts) mit seinem Erkundungsflugzeug.
Unten: Das Flugzeug wird in den Deckshangar des Mutterschiffes HMS *Engadine* gehievt. Die britischen Leichten und deutschen Kleinen Kreuzer hatten den Dampfer N. J. *Fjord* gesichtet, waren aufeinander gestoßen und führten darauf ein laufendes Gefecht, bis auch Hipper und Beatty einander sichteten. Das 5. Schlachtgeschwader hatte das vorherige Signal zur Wendung nicht befolgt und schnitt nun den Weg ab, um wieder zu *Lion* aufzuschließen.

meiner geringen Flughöhe konnten sie auch ihre Torpedobootabwehrgeschütze verwenden. Bei der Sichtung steuerten sie einen nördlichen Kurs. Ich flog durch mehrere Sprengwolken, die von Schrapnells herrührten. Als der Beobachter die Gliederung und Stärke des Feinds festgestellt hatte und mit seiner FT-Meldung (Funkentelegrafie) begann, drehte der Feind um 16 Strich (d. s. 180°, 1 Strich = $11^{1}/_{4}$°, 32 Strich gleich 360°). Ich machte ihn darauf aufmerksam, und er gab es sofort durch. Der Feind hörte auf, auf mich zu feuern. Ich hielt mich ungefähr 5,5 km vor dem Bug des Gegners. Als die Wolken etwas aufrissen, sah ich die Formationen unserer eigenen Flotte, daraus schloß ich, daß unser FT gut empfangen worden war."

Diese bemerkenswerte erste Luftaufklärung in einer Seeschlacht fand bereits nach einer halben Stunde ein Ende, als ein Vergaserdefekt das Flugzeug zum Wassern zwang. Doch Rutland wußte sich zu helfen (später wurde er als „Rutland of Jutland" bekannt) und reparierte den Vergaser mit einem Gummischlauch, es kam aber der Befehl, das Seeflugzeug wieder an Bord der *Engadine* zu nehmen.

In Wirklichkeit hatte Rutland nicht die deutschen Schlachtkreuzer gesichtet, sondern die deutschen Kleinen Kreuzer, die von Hipper als Vorbereitung zur Schlacht wieder versammelt wurden.

SEEFLUGZEUGE IN NNO AUFKLÄREN.

Kurz nach 15 Uhr sichteten die Ausgucksposten in den Krähennestern der deutschen Schiffe die britischen Schlachtkreuzer. Wenige Minuten später war an den Silhouetten zu erkennen, daß es sich um das 5. Schlachtgeschwader handelte. Um 15.15 Uhr sichtete das Spitzenschiff des 2. Schlachtkreuzergeschwaders, HMS *New Zealand,* Hippers Verband an Steuerbord voraus. Kurz danach wurde auch auf der *Lion* der Feind gesichtet, und Beatty dreht sofort auf ihn zu, um ihm den Weg abzuscheiden. Hätte er auf das Auf-

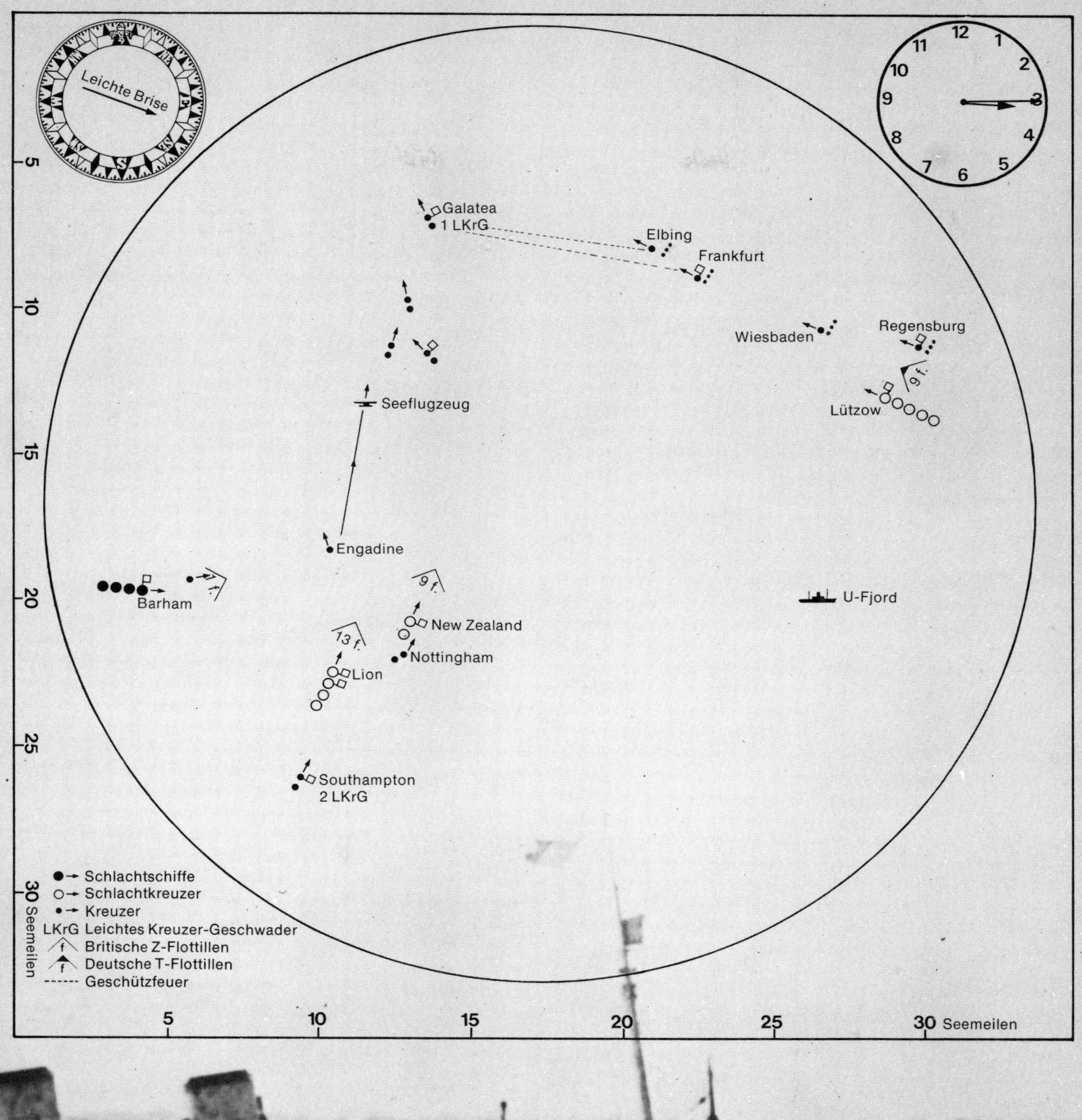
Leichte Brise
Galatea
1 LKrG
Elbing
Frankfurt
Wiesbaden
Regensburg
9 f.
Lützow
Seeflugzeug
Engadine
Barham
1 f.
9 f.
New Zealand
13 f.
Nottingham
Lion
U-Fjord
Southampton
2 LKrG
Schlachtschiffe
Schlachtkreuzer
Kreuzer
LKrG Leichtes Kreuzer-Geschwader
Britische Z-Flottillen
Deutsche T-Flottillen
Geschützfeuer
Seemeilen
5
10
15
20
25
30 Seemeilen

FERTIGMACHEN ZUM ANGRIFF AUF DIE FEINDLICHE SPITZE.

Unten: Steuerbordstaffel mit *Lion* an der Spitze, gefolgt von *Princess Royal* und *Queen Mary*. Aufnahme von Bord *Tiger*, kurz vor Beginn des Gefechts.

DREI KREUZER, FÜNF ZERSTÖRER,
FEINDPEILUNG NO, ENTFERNUNG
1o MEILEN. FEINDKURS NW.

Meldung des Seeflugzeuges

schließen des 5. Schlachtgeschwaders gewartet, wäre er taktisch im Vorteil gewesen. Doch sein unbegreiflicher Entschluß, mit 28 Knoten Höchstgeschwindigkeit ins Gefecht zu stürmen, führte dazu, daß die nur mehr 6 Seemeilen entfernten Schiffe Evan-Thomas' wieder zurückfielen.

Mit gefechtsklaren Decks stießen die sechs Schlachtkreuzer *(Lion, Princess Royal, Queen Mary*

und *Tiger* in einer Kolonne, *New Zealand* und *Indefatigable* in einer zweiten) auf die Deutschen zu; Hipper wußte genau, was er zu tun hatte. Er wußte, daß Scheer mit dem Gros im Süden hinter dem Horizont stand, so drehte er mit seinen Schiffen auf die lange Kolonne der deutschen Schlachtschiffe zu. Er erwartete, daß sich Beatty unverzüglich an seine Fersen heften würde, ohne an eine Falle zu denken.

Auf 13 Seemeilen Entfernung standen einander die Geschützbesatzungen gefechtsbereit gegenüber. Die großen Geschosse waren in die Verschlüsse gerammt worden, und die Türme schwenkten drohend auf den Feind. Die Leckwehr stand bereit, die Verband- und Lazarettplätze waren eingerichtet, alleFerngläser und Entfernungsmeßgeräte richteten sich auf den Feind. Die heißersehnte Schlacht stand vor dem Beginn.

15.30 GESCHWADERWEISE NACH O STAFFELN. GESCHWINDIGKEIT 25 KN.

Beatty an Schlachtkreuzerflotte

„Ich erwartete zwar, aufgeregt zu sein, war es aber nicht im geringsten", schrieb ein 19 Jahre alter Leutnant auf dem britischen Zerstörer *Pelikan,* als sein Boot auf den Feind zustürmte. „Es ist schwer, unsere Gefühle auszudrücken, doch Du kennst das Gefühl, das Dich ergreift, wenn Du das Cricketfeld betrittst und alles von Dir abhängt. Du wartest auf den ersten Ball . . . Eine Art Spannung in Erwartung des Unbekannten ist das, und eigentlich weiß man gar nicht, was man erwarten soll: man hat nicht die geringste Angst. Es kommt einem gar nicht in den Sinn, daß es durchaus möglich ist, daß man selbst und das Schiff Schaden erleiden könnte. Es gibt ja auch viel zu viele andere Dinge, auf die man jetzt achten muß."

Vom Heizer bis zum Admiral wußte jeder Mann auf jedem Schiff, daß jene Vernichtungsschlacht immer näher rückte, die seit Kriegsbeginn geplant und auf die alles vorbereitet worden war. Es war der Höhepunkt eines Ringens um die Seemacht, das zwanzig Jahre zuvor, in den friedlichen Tagen zu Ende der Regierung Königin Victorias begonnen hatte. Jeder der 60.000 Offiziere und Mannschaften der Grand Fleet und der 45.000 Offiziere und Mannschaften der Hochseeflotte wußte, daß der Ablauf der Geschichte von ihnen abhing.

Auf den Schiffen der Hochseeflotte wurde „Klarschiff zum Gefecht!" angeschlagen und geblasen. „Wer je diesen großen Ruf der Trommeln und Hörner vernommen hat, wird diesen magischen Moment nie wieder vergessen können", schreibt Fregattenkapitän Scheike, der sich wie in einer Wagneroper fühlte: „In wenigen Minuten waren die Vorbereitungen zu Ende und die Besatzungen auf ihre Gefechtsstationen gestürmt. In der nun folgenden Stille schien mir, als ob die Geister der großen toten Helden, deren Namen strahlend an den stählernen Flanken unserer Schiffe schimmerten, sich über den Wolken versammelten, um über Wert oder Unwert unserer neuen Generation zu richten." Andere wieder, wie die Sanitäter auf S.M.S. *König,* dachten an die ärztliche Versorgung der Menschen: „Angefeuchtete Tupfer in Beuteln, ferner Watte zum Verschließen der Ohren, Verbandstaschen und Transporthängematten für die Gefechtsstände waren vom Lazarett ausgegeben worden. Jeder trug ein kleines Verbandspäckchen mit sich."

Während dieser letzten Minuten geschah in beiden Flotten nahezu dasselbe. Es wurde „Alle Mann auf Gefechtsstationen" gegeben, gefolgt durch das Doppelhornsignal „Klarschiff zum Gefecht", erinnerte sich ein Offizier der *Princess Royal.* Alle Befehlsübermittlungsanlagen wurden rasch überprüft. Die verschiedenen Feuerlösch- und Leckwehr-Gruppen wurden auf ihren Stationen gemustert. Gasmasken, Schutzbrillen und Schwimmwesten wurden kontrolliert und alle

Ganz unten: Befehle an die schnellfahrenden Schlachtkreuzer nur durch Signalflaggen weiterzugeben, brachte ernste Probleme mit sich. Beatty war gewöhnt, seinen Verband „wie ein Jäger seine Hundemeute" zu führen. Hier wendet gerade *Lion,* gefolgt von *Princess Royal,* nach backbord. In den frühen Gefechtsabschnitten führte das zu Schwierigkeiten, als das 5. Schlachtgeschwader wegen des Schornsteinqualms die Signalflaggen nicht ausmachen konnte. Unten: Die schweren Rohre der Schlachtkreuzer suchen nach dem Feind am Horizont.

LEGE GRÖSSTEN WERT AUF VOLLSTÄNDIGE GEFECHTSBEREITSCHAFT.

übrigen letzten Vorbereitungen für das Gefecht getroffen. Splitterschutzmatten, Feuerlöschschläuche, Kisten voll Löschsand, Tragbahren, ärztliche Instrumente und Medikamente, Leckdichtgeräte, Stützbalken, elektrische und hydraulische Ersatzteile, Ersatzteile für die Maschinen – all dies und das viele andere Zubehör für ein Gefecht war in wenigen Minuten bereit.

Als auf dem Super-Dreadnought *Warspite* Alarm gegeben wurde, befand sich Leutnant Bickmore, der den ganzen Tag noch nichts gegessen hatte, in der Offiziersmesse:

„Gerade hatte ich mich zum Tee niedergesetzt, etwas Butter und Marmelade auf mein Brot gestrichen, als draußen das Hornsignal ‚Klarschiff zum Gefecht' ertönte. Ich trank weiter meinen Tee und dachte: ‚Was um alles auf der Welt soll das? Schon wieder Geschützexerzieren?' Plötzlich bemerkte ich, daß am Schluß nicht der Buchstabe ‚G' gegeben wurde, das Zeichen für Übung. Diesmal war es Ernst. Ich schnappte mir alles, was ich erwischen konnte, und rannte zurück in meinen Turm. Ich stieg direkt hinter Bertie Packer hinein. Er setzte sich die Kopfhörer auf und rief: ‚Sie sind raus, die *Galatea* hat sie gesichtet!' "

Fregattenkapitän Georg von Hase, der 1. Artillerieoffizier der *Derfflinger,* machte gerade eine Pause: „Ich begab mich in die Messe, um mir im bequemen Ledersofa eine Tasse guten Kaffees ausgezeichnet schmecken zu lassen.

In dieser Situation hätte ich es noch lange aushalten können, doch bereits um 4.28 Uhr rasselten die Alarmglocken durchs Schiff, die beiden Tambours schlugen Generalmarsch, und die Maate der Wache pfiffen und riefen: ‚Klarschiff zum Gefecht!' "

An der Spitze der deutschen Linie fuhr die *Lützow.* Getreu seinem oft verkündeten Grundsatz: „Wenn sich hier ein Fehler einschleicht, dann ist er kaum wiedergutzumachen; es sei denn, daß ein Höherer hilft und die Schiffsgeschwindigkeit verdoppelt", überwachte Admiral Hipper vom gepanzerten Kommandostand seines Flaggschiffes aus jede Einzelheit des Gefechtsbeginns. Mit der unausbleiblichen Zigarre im Mundwinkel studierte er die *Lion* durch sein Fernglas wie ein Raubvogel die Beute: „Wir lagen uns in zwei Linien auf südöstlichem Kurs gegenüber, die Engländer standen an Steuerbord. An der Spitze ihrer Linie fuhren drei Queen Marys gefolgt von einem Schiff der Tiger-Klasse (es hatte sichtlich 38,1-cm-Geschütze). Wir lagen in folgender Reihenfolge an ihrer Backbordseite – *Lützow, Derfflinger, Seydlitz, Moltke* und *Von der Tann.*"

Als sich vor dem Feuereröffnen der Erste Admiralstabsoffizier mit dem Artilleriereferenten des Stabes über die günstigste Feuerverteilung leise besprach, ließ Hipper für flüchtige Sekunden sein Sehrohr im Stich, wandte sich um und sagte nicht ohne Schärfe: „Meine Herren, ich habe alles beobachtet und werde schon befehlen, wann die Flagge gesetzt werden soll!"

Auf *Lützow* ging das Signal „Feuerverteilung von links" hoch. Hipper und sein Stab wunderten sich, warum die Briten das Feuer noch nicht eröffnet hatten, denn schließlich waren sie schon längst in Reichweite der weiter schießenden 34,3-cm-Geschütze Beattys.

Auf der Brücke der *Lion* stand Beatty und wartete ungeduldig darauf, daß er in Reichweite kam. Während dieser gespannten Minuten war auch Lieutenant Chalmers auf der Brücke:

„Die Sicht war extrem diesig. Es war ein typischer Sommertag auf der Nordsee mit schwachem weißem Dunst von verschiedener Intensität, den die Sonne nicht durchdringen konnte . . . Unglücklicherweise war der Westhorizont klar, so daß der Gegner unsere Schiffe deutlich gegen den blauen Himmel sehen konnte. Ebensogut konnte er die Einschläge seiner Geschosse beobachten. Wegen dieser Wetterbedingungen gaben die britischen Entfernungsmesser weit größere als die tatsächlichen Werte an, und deswegen hielt Beatty mit der Feuereröffnung länger als notwendig zurück. Von der Brücke der *Lion* konnte man nur die undeutlichen Konturen der deutschen Schiffe ausmachen, aber keine Einzelheiten."

„Alles war schußbereit, die Spannung steigerte sich von Sekunde zu Sekunde", beschreibt von Hase diese letzten Minuten, während derer er die *Princess Royal* nicht aus seiner Optik ließ: „Aber noch durfte ich den ersten Feuerbefehl nicht geben, das Signal vom Flaggschiff ‚Feuer eröffnen' mußte abgewartet werden. Auch der Gegner zögerte noch, näherte sich uns noch immer mehr.

‚150 Hundert!' lautete mein letzter Befehl, da, ein dumpfes Krachen, ich sehe nach vorn: ‚Lützow' schießt

15.48 FEUER ERÖFFNEN, FEIND ANGREIFEN.

Auf ungefähr 13,7 km eröffneten beide Flotten gleichzeitig das Feuer. Beatty konnte die größere Reichweite seiner 34,3-cm-Geschütze wegen der schlechten Sicht und der E-Meß-Fehler nicht ausnützen.
Unten: Schon die ersten Breitseiten der deutschen Schiffe lagen gut. Bessere Ausrüstung und größere Rumpfbreiten gewährleisteten eine stabilere Geschützplattform, außerdem standen die Briten gegen den hellen Abendhorizont.

ihre erste Salve, und gleichzeitig wird das Signal ‚Feuer eröffnen' geheißt. In derselben Sekunde rufe ich: ‚Salve – feuern!' und donnernd kracht unsere erste Salve heraus. Unsere Hinterleute fallen sofort ein, wir sehen bei unseren Gegnern überall Feuerschlünde und sich ballende Rauchwolken – die Schlacht ist im Gange!"

Am anderen Ende der Flugbahnen der deutschen Granaten notierte Chalmers: „Um 15.48 Uhr zuckte das Aufblitzen der Abschüsse ihrer ersten Salve die deutsche Linie entlang, und wenige Sekunden später donnerte die beruhigende erste Salve der *Lion* in die Luft. Die Granaten beider Seiten lagen weit vom Ziel." Im gleichen Moment wurde auf *Lion* das Signal „Feuer eröffnen, Gefecht aufnehmen" geheißt. Anfangs schossen Beattys Schlachtkreuzer schlecht. Das beweist die Tatsache, daß der Kleine Kreuzer *Regensburg,* der eine Seemeile in Feuerlee von Hipper stand, durch einen wahren Wald von Aufschlägen fuhr und wesentlich gefährdeter war als die deutschen Schlachtkreuzer. Der britische Schlachtkreuzer *Tiger* schoß sogar 10 Minuten lang auf die *Regensburg.* Beatty wollte die den Deutschen um einige tausend Meter überlegene Reichweite seiner 34,3-cm-Geschütze ausnützen und schon auf die Maximalreichweite von 16,5 Kilometer das Feuer eröffnen. Doch die britischen Entfernungsmesser hatten nicht mit der Entwicklung der eigenen Artillerie Schritt gehalten: ihre Angaben lagen um 1820 Meter unter der Maximalreichweite der Geschütze. Nicht nur, daß die Deutschen wegen des besseren Lichtes das Feuer zuerst eröffneten, die britischen Kanoniere konnten

16.01 INDEFATIGABLE IST EXPLODIERT.

Rechts: Schwach gepanzert und ohne wirksamen Schutz gegen Kartuschbrände, wurden die britischen Schlachtkreuzer ein leichtes Opfer der genau liegenden deutschen Salven. HMS *Lion* erhielt einen Treffer in Turm „Q". Nur der todesmutige Einsatz des Majors F. W. Harvey (Kreis) rettete Beattys Flaggschiff vor der Zerstörung. Harvey flutete die Munitionskammern und kam dabei selbst um. Links: *Indefatigable* hatte weniger Glück; wenige Minuten später flog sie nach einem Volltreffer in die Luft.

auch die lichtgrau gestrichenen deutschen Schiffe vor dem dunstigen Horizont viel schwerer ausmachen. Außerdem wurden die Briten durch den Schornsteinqualm erheblich behindert, der vom Wind vor die eigenen Schiffe getrieben wurde, während der leichte Nordostwind den Rauch von den Deutschen wegblies. Und zu allem Überfluß brachten sich die britischen Schiffe durch schlechte Feuerverteilung in Nachteil. Obwohl Hipper über einen Schlachtkreuzer weniger verfügte, wurde *Derfflinger* gute 10 Minuten lang nicht beschossen. Von Hase konnte es kaum glauben:

„Kein Zweifel! Wir waren durch irgendeinen Fehler drüben übersprungen worden. Ich lachte ingrimmig, und nun nahm ich in voller Ruhe, wie bei einer Schießübung, den Gegner mit immer größer werdender Genauigkeit unter Feuer. Alle Gedanken an Tod oder Untergang waren wie weggeblasen. Die rein sportliche Freude am Schießen erwachte, alles in mir jauchzte in wilder Kampfesfreude, und jeder Gedanke konzentrierte sich nur in dem einen Wunsch: Treffen wollen, schnell und gut und immer wieder und dem hochmütigen Gegner Schaden antun, wie und wo nur immer möglich. Nicht leicht sollte es ihm werden, mich an der Rückkehr an meinen heimatlichen Herd zu hindern!"

Schließlich erkannte der Artillerieoffizier der *Queen Mary,* der sein Feuer auf *Seydlitz* gerichtet hatte, seinen Fehler und nahm nun das Feuer auf *Derfflinger* auf. Das Schiff hatte seinem Ruf alle Ehre gemacht und den ersten schweren Treffer beim Feind erzielt. Um 15.57 Uhr hatten zwei Geschosse den Turm Cäsar der *Seydlitz* durchschlagen, setzten ihn außer Gefecht und verursachten einen Kartuschbrand. Wären nicht bereits die neuen Schutzbleche installiert gewesen und die Munitionskammern sofort geflutet worden, so wären vermutlich die Magazine hochgegangen.

Auf der Brücke der *Lion* empfand Lieutenant Chalmers das schwere Feuer der *Lützow* sehr unangenehm:

„Die ersten deutschen Salven gingen über uns hinweg, aber dann wurden wir innerhalb von vier Minuten zweimal getroffen. Auf der Brücke hatten wir von den beiden schweren Treffern im Schiff nichts gemerkt: das Pfeifen des Windes, das Dröhnen des mit Höchstgeschwindigkeit fahrenden Schiffes und der Lärm unserer eigenen Vierersalven überdeckten das Explosionsgeräusch vollständig. Natürlich bestand kein Zweifel, daß wir unter schwerem Feuer lagen, denn die in die See einschlagenden Geschosse warfen Wassersäulen, höher als unsere Masten, auf. Manche dieser riesigen Fontänen überschütteten uns mit Wasser. Manchmal hörten wir trotz des Gefechtslärmes das bösartige Summen eines Splitters und sahen das Blitzen des Stahles, wenn er über die Brücke flog."

In diesem kritischen Moment der Schlacht entging Beattys Flaggschiff um Haaresbreite der Vernichtung. Eine der Granaten der *Lützow* durchschlug den 228 mm starken Panzer des mittschiffs befindlichen Turms „Q", explodierte im Inneren, tötete die Bedienung und setzte die Kartuschen in Brand. Durch die Geistesgegenwart des Majors der Royal Marines, Francis Harvey, wurde das Schiff gerettet. Obwohl durch den Verlust beider Beine tödlich verwundet, schaffte er es, das Schließen der Schotten und das Fluten anzuordnen. Als erstem Skagerrakkämpfer wurde ihm posthum das Victoriakreuz verliehen.

„Als das Feuer die Umladekammer erreichte, hatte die Besatzung bereits die Schotten dichtgemacht. Als man die Toten später barg, hatten manche noch die Hände an den Türriegeln."

Die Zerstörungskraft eines Kartuschbrandes war entsetzlich: „Im Bereich der Stichflamme wurden alle getötet, einschließlich eines Surgeon-Lieutenant (Assistenzarzt) und seiner Krankenträger, die ihre Gefechtsstation oberhalb des Notausstiegs hatten. Kleider und Körper der Toten waren nicht verbrannt, und wenn einer die Augen mit den Händen bedeckt

LION MEHRMALS VOM GEGNER GETROFFEN.
UM 16.00 TURM ZERSTÖRT.

Rechts: Das Schlachtkreuzergefecht entwickelte sich bald zum Parallelgefecht auf kürzeste Entfernungen.
Links: Vizeadmiral Franz Hipper lockte Beatty klug vor die Rohre des deutschen Gros. Kurz nach dem Untergang von *Indefatigable* geriet er in das schwere Feuer des von achtern aufkommenden 5. Schlachtgeschwaders mit *Barham* an der Spitze.

hatte, um sie zu schützen, waren die so geschützten Gesichtspartien nicht einmal verfärbt."

Auf der Brücke erfuhr Beatty erst von diesem Zwischenfall, als ein halbbetäubter, blutüberströmter Feldwebel der Marines erschien und meldete: „Sir, Turm ‚Q' ist hinüber. Die gesamte Bedienung wurde getötet. Wir haben die Magazine geflutet."

Nach Beattys eigenem Urteil „schoß der Feind sehr schnell und wirkungsvoll". Kurz nach dem Treffer auf *Lion* traf das Verhängnis die britischen Schlachtkreuzer. Die 18.750 Tonnen verdrängende *Indefatigable* wurde getroffen. Der Torpedooffizier der *New Zealand* berichtet:

„Sie wurde achtern, etwa in Höhe des Hauptmastes, getroffen. Aus den achteren Aufbauten drang viel Qualm, es waren aber keine Flammen sichtbar. Wir dachten, daß bloß die hölzernen Kutter in Brand geraten waren. In diesem Gefechtsabschnitt gingen wir gerade nach Backbord. *Indefatigable* machte aber unsere Drehung nicht mit, ihre Ruderanlage war beschädigt. Sie fuhr geradeaus weiter bis etwa 450 Meter neben uns, so daß wir sie vom Gefechtsturm aus voll sehen konnten. Dann erhielt sie zwei Treffer. Einen in die Back und einen auf den vordersten Turm. Beide Geschosse schienen bereits beim Aufschlag zu explodieren. Dann geschah etwa 30 Sekunden lang nichts, in dieser Zeit waren keine Flammen oder Rauchwolken zu bemerken, wenn man von den beiden unbedeutenden Sprengwolken der Treffer absieht. Dann explodierte das Schiff, sichtlich vom Vorschiff ausgehend, vollständig. Die Hauptexplosion setzte mit Flammenbündeln ein, gefolgt von dichtem, schwarzem Rauch, der das Schiff unserer Sicht entzog. Alle möglichen Gegenstände wurden in die Luft geschleudert, die 15 Meter lange Dampfpinasse zum Beispiel gut 60 Meter. Zwar flog sie kieloben, schien aber vollkommen intakt zu sein."

In dieser dröhnenden Explosion kamen 1015 Offiziere und Mannschaften um. Ein deutsches Torpedoboot fischte später zwei Seeleute aus dem Wasser, das mit Wrackstücken und Tausenden toten Fischen bedeckt war.

Mitten in der Vernichtungsschlacht der beiden südwärts rasenden Schlachtkreuzerverbände erschien plötzlich wie eine Vision ein Segelschiff – zum Erstaunen beider Seiten: „Eine große Bark unter vollen Segeln lag zu dieser Zeit in einer Flaute zwischen den beiden Linien. Man kann sich die Gefühle der Besatzung vorstellen, als Salve auf Salve über sie hinwegfegte."

Die Zerstörung der *Indefatigable* wurde auf *Von der Tann* mit Begeisterung begrüßt. Als man jedoch Hipper die Neuigkeit meldete, war er skeptisch, daß ein großer britischer Schlachtkreuzer so einfach explodieren und verschwinden konnte. Erst als er höchstpersönlich die restlichen fünf feindlichen Schlachtkreuzer durch sein Sehrohr gezählt hatte, brummte er zustimmend und zündete sich eine frische Zigarre an.

Die Schlacht hatte eine solche Heftigkeit erreicht, daß man auf vielen britischen Schiffen das Verschwinden der *Indefatigable* gar nicht bemerkt hatte. Auf *New Zealand* „rief mir ein Hilfszahlmeister, der direkt hinter mir das Gefecht beobachtete, zu: ‚*Indefatigable* getroffen'; fast wollte er schon ‚gesunken' sagen, als ihm einfiel, daß es die Beobachter zu sehr verwirren könnte. Dann gab der Kapitän den Befehl, das Feuer auf das letzte Schiff in der feindlichen Linie zu verlegen. Als wir dies taten, erzielten wir sofort einen Treffer. In diesem Zeitabschnitt wurden auf dem vierten und auch auf dem fünften Schiff in der feindlichen Linie *(Moltke* und *Von der Tann)* Treffer beobachtet."

Nun beschloß Beatty, seine Zerstörer gegen die feindliche Linie vorgehen zu lassen, um seine Schiffe von dem vernichtenden, präzisen Feuer der Deutschen zu entlasten; *Lion* war soeben wieder getroffen worden und *Princess Royal* in Brand geschossen. Doch bevor er noch das Signal „Torpedoangriff" funken lassen konnte, schoß ihm *Lützow* die Hauptantenne weg. Alle Signale Beattys mußten nun umständlich mit dem Scheinwerfer zu *Princess Royal* weitergegeben werden, die sie dann an die anderen Schiffe weiterfunkte.

Das Gefecht war nun so mörderisch geworden, daß sich Beatty entschloß, seine überlegene Geschwindigkeit auszunützen und vom Feind abzufallen, damit man auf den Schiffen die Brände löschen konnte. Erst nach einigen Minuten vergrößerte sich die Entfernung, und das Feuergefecht erstarb.

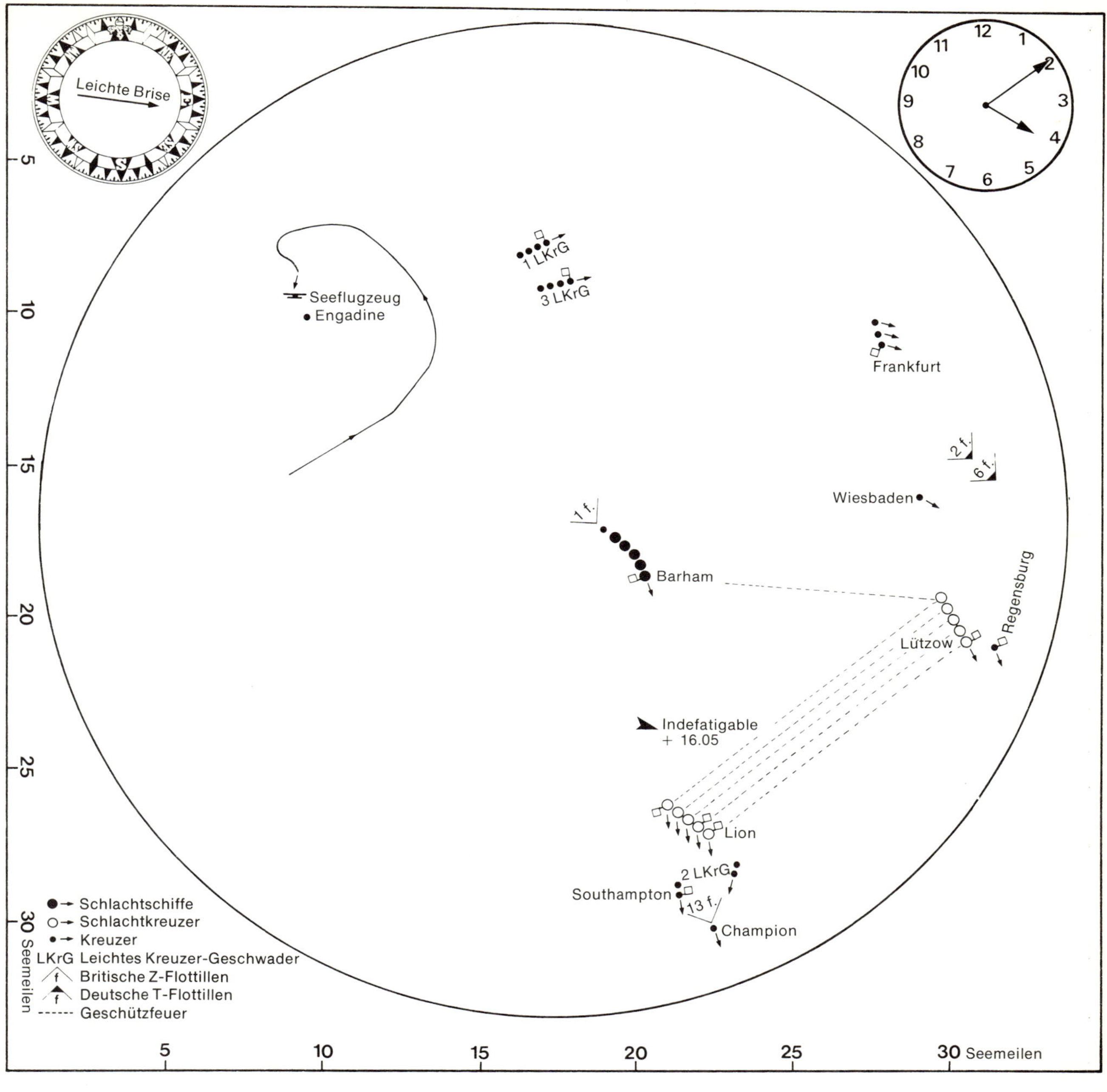
Leichte Brise
12
1
2
3
4
5
6
7
8
9
10
11
1 LKrG
3 LKrG
Seeflugzeug
Engadine
Frankfurt
2 f.
6 f.
Wiesbaden
1 f.
Barham
Regensburg
Lützow
Indefatigable
+ 16.05
Lion
2 LKrG
Southampton
13 f.
Champion
Schlachtschiffe
Schlachtkreuzer
Kreuzer
LKrG Leichtes Kreuzer-Geschwader
Britische Z-Flottillen
Deutsche T-Flottillen
Geschützfeuer
5
10
15
20
25
30 Seemeilen
30 Seemeilen

16.30 · DA STIMMT DOCH HEUTE WAS NICHT MIT UNSEREN VERDAMMTEN SCHIFFEN!

Vizeadmiral Beatty

Als der erste Feuerwechsel verstummte, versuchte Jellicoe – mit dem Gros immer noch 40 Seemeilen nördlich –, sich aus den einander widersprechenden Funksignalen ein Bild von den Vorgängen bei den Schlachtkreuzern zu machen. Er fühlte, daß Beatty schleunigst Unterstützung brauchte, und entsandte um 16.05 Uhr das 3. Schlachtkreuzergeschwader mit dem Befehl: „Sofort zur Unterstützung des Schlachtkreuzerverbandes laufen."

Doch Beatty erhielt noch schneller kampfstarke Unterstützung. Ungefähr 20 Minuten nach der Feuereröffnung der Schlachtkreuzer stürmte Evan-Thomas mit seinen vier starken Schlachtschiffen des 5. Schlachtgeschwaders in Richtung auf den Geschützlärm. Gerade als die *Indefatigable* explodierte, stießen die großen Schlachtschiffe mit *Barham* an der Spitze aus dem Dunst und Geschützqualm hervor und mitten hinein in die deutschen Kleinen Kreuzer, die sich nun achterlich von Hippers südwärts fahrenden Schiffen befanden. Hippers Schiffe waren außerhalb der Geschützreichweite von Beatty, der leicht abgedreht hatte, doch als um 16.10 Uhr die ersten 38-cm-Granaten rund um das Schlußschiff *Von der Tann* einschlugen, hatten die Briten ihre Ziele wieder im Visier. Hipper wußte, daß er sich nun mit Höchstgeschwindigkeit mit dem Gros vereinigen mußte, und das gutliegende Feuer der *Barham* verlieh dieser Notwendigkeit äußersten Nachdruck. Sie erzielte Treffer auf die extreme Entfernung von 17,4 km.

Hipper erhöhte die Geschwindigkeit auf 23 Knoten und lief Zickzackkurse, doch seine Schlußschiffe lagen unter schwerem Feuer. Gleich zu Anfang wurde *Von der Tann* von einer schweren Granate der *Barham* getroffen: „Durch den gewaltigen Schlag gegen das äußerste Ende des Schiffskörpers gerät dieser, wie eine Stimmgabel, in heftige Längsschwingungen. Die Granate durchschlägt eben unter der Wasserlinie den Stoß zwischen zwei Panzerplatten, detoniert hierbei und schleudert schwere Panzerbrocken durch mehrere Decks. Die Rudermaschine läuft heißt, der Rudergeschirraum wird von dem eindringenden Wasser überflutet, aber das Schlimmste, ein Ruderversager, wie auf *Blücher* während der Doggerbank-Schlacht, der das Schiff den nachdringenden Linienschiffen ausgeliefert hätte, wird vermieden. Das Ruder arbeitet nach kurzer Unterbrechung weiter, das Schott nach der hinteren Maschine kann abgestützt werden, und nur 600 Tonnen Wasser bleiben endgültig im Schiff und lassen es achtern auf einen Tiefgang von 10 m sacken."

Als die britischen Schiffe *Valiant, Warspite* und *Malaya* in Schußweite kamen, geriet der nächste deutsche Schlachtkreuzer, die *Moltke,* ins Feuer. Nach einer Reihe naheliegender Salven wurde sie auch getroffen. Eine 38,1-cm-Granate durchschlug einen

Rechts: Der 45 Jahre alte David Beatty hatte monatelang ungeduldig auf ein Treffen seiner Schlachtkreuzer mit der Hochseeflotte gewartet. Nun fand er sich mit wenig Glück im Gefecht mit den deutschen Schlachtkreuzern. Als seine Schiffe zusammengeschossen wurden und seine Überlegenheit schwand, befahl er kühl: „Näher an den Feind heran."

Unten: Das dritte Schiff in Beattys Verband, *Queen Mary,* erhält einen Treffer mittschiffs; Sekunden später schlägt die verhängnisvolle Salve ins Vorschiff ein.

Kohlenbunker, riß einen der Munitionsaufzüge zu den 15-cm-Geschützen auf, durchschlug das Kasemattendeck nahe eines der Geschütze, setzte es außer Gefecht und verursachte einen Brand, der die Umladekammer erreichte und die dortige Mannschaft verletzte.

Beatty erkannte, daß Hipper im schweren Feuer des 5. Schlachtgeschwaders lag, schloß wieder auf und schickte seine Zerstörer zum Torpedoangriff vor.

Um 16.17 Uhr flammte das Artillerieduell wieder voll auf. Ein Offizier aus dem Kommandoturm der *Tiger* beschreibt diese dramatischen Minuten: „Die Deutschen schossen jetzt sehr gut, wir erhielten zahlreiche Streifschüsse, wurden aber merkwürdigerweise nicht oft voll getroffen. Ich erinnere mich daran, wie ich die Geschosse auf uns zukommen sah. Sie sahen wie riesige Bierflaschen aus, die geradewegs auf einen zuflogen. Dann trafen sie ins Wasser, wo sie entweder explodierten oder als sich überschlagende Abpraller über und neben einem vorbeitaumelten."

Auch von Hase auf der *Derfflinger* sah die britischen Granaten:

„Wie längliche schwarze Punkte sahen sie aus. Sie wurden allmählich etwas größer, und plötzlich – rums, waren sie da. Sie explodierten beim Aufschlagen aufs Wasser oder im Schiff mit einem ungeheuren Knall. Ich sah es schließlich den Geschossen ziemlich genau

Der 26.500 Tonnen verdrängende Schlachtkreuzer *Queen Mary* fliegt im Feuer der *Derfflinger* in die Luft. Der Artillerieoffizier der *Derfflinger* beschreibt: „Zuerst zuckte im Vorschiff eine grelle rote Flamme auf. Dann erfolgte im Vorschiff eine Explosion, der eine viel gewaltigere Explosion im Mittelschiff folgte, schwarze Bestandteile des Schiffes flogen in die Luft, und gleich darauf wurde das ganze Schiff von einer ungeheuren Explosion erfaßt. Die Masten stürzten nach der Mitte zusammen, die Rauchwolke verdeckte alles und stieg immer höher. Schließlich stand nur noch eine dicke schwarze Rauchwolke da, wo vorhin das Schiff gestanden hatte."

an, ob sie vor uns oder hinter uns einschlagen würden, oder ob sie uns persönlich die Ehre geben würden. Die Einschläge im Wasser erzeugten eine ungeheure Wassersäule. Einige Wassersäulen sahen bis etwa zur halben Höhe giftig grüngelb aus, sie stammten wohl von Lyddit-Granaten. Die Wassersäulen standen wohl fünf bis zehn Sekunden, bis sie ganz zusammengefallen waren."

Auf *Lion* versuchten die Löschmannschaften immer noch, die Brände unter Kontrolle zu bekommen. Da sie durch Rauchschwaden verdeckt war, hielt man auf *Derfflinger* die *Princess Royal* für das feindliche Flaggschiff, das bereits von *Lützow* beschossen wurde, und richtete die Geschütze auf das nächste Schiff in der Linie, die *Queen Mary*. Diese lag bereits unter dem Feuer der drei noch intakten Türme der *Seydlitz*. Zwischen den drei Schiffen entspann sich nun ein erbittertes Artillerieduell. Die Geschützbedienungen der *Queen Mary* machten ihrem Ruf alle Ehre. So schreibt von Hase:

„Ich konnte die Granaten herbeifliegen sehen und mußte anerkennen, daß der Feind hervorragend schoß. Alle acht Schüsse fielen immer zur gleichen Zeit. Doch sie lagen meist zu weit oder zu kurz – nur zweimal kam *Derfflinger* in diesen infernalischen Hagelschauer, und jedesmal wurden wir von einem Geschoß getroffen."

Über die *Queen Mary* brach nun das Unheil herein. Artilleriemaat E. Francis aus dem Turm „X" erinnert sich:

„Kurz danach ereignete sich das, was ich als den großen Knall bezeichnen möchte, und ich baumelte in der Luft an einem Pahlstek (Schlinge am Ende einer Leine), was mich davor bewahrte, auf den Boden geschmettert zu werden . . . Zwei Mann des linken Geschützes fielen unter das Rohr. Ich glaube, das Geschütz fiel dann aus den Schildzapfen und zerschmetterte beide. Im ganzen Schiff war es plötzlich still wie in einer Kirche, der Boden des Turmes hatte sich nach oben gebeult, die Geschütze waren zerstört. Ich muß an dieser Stelle hervorheben, daß keinerlei Aufregung herrschte. Ein Mann drehte sich zu mir um und fragte: ‚Hast du eine Ahnung, was passiert ist?' Ich steckte meinen Kopf durch das Mannloch in der Turmdecke und erstarrte. Die achtere 10-cm-Batterie war bis zur Unkenntlichkeit zerstört, dann bemerkte ich, daß das Schiff bereits gefährliche Schlagseite nach Backbord hatte. Ich schlüpfte zurück in den Turm und erstattete Oberleutnant Ewart Bericht. Er sagte: ‚Francis, wir können nun nichts anderes mehr tun, als die Leute in Sicherheit zu bringen. Lassen Sie den Turm räumen.' ‚Alle Mann aus dem Turm', rief ich aus . . . Ich kletterte nach draußen auf die Turmdecke, gefolgt von unserem Oberleutnant. Ich glaube, er ging noch einmal zurück, weil er vermutete, daß noch einer drinnen vergessen worden war . . . Ich war bereits die Leiter an der Rückwand des Turmes halb hinabgeklettert, als er wieder erschien. Zu dieser Zeit hatte das Schiff schon eine derartige Backbordschlagseite, daß viele gleich nach Backbord wegschlitterten. Als ich zur Bordwand kam, befand sich dort schon eine größere Gruppe, die Leute hatten es aber nicht übermäßig eilig, ins Wasser zu kommen. Als ich ihnen zurief ‚Was

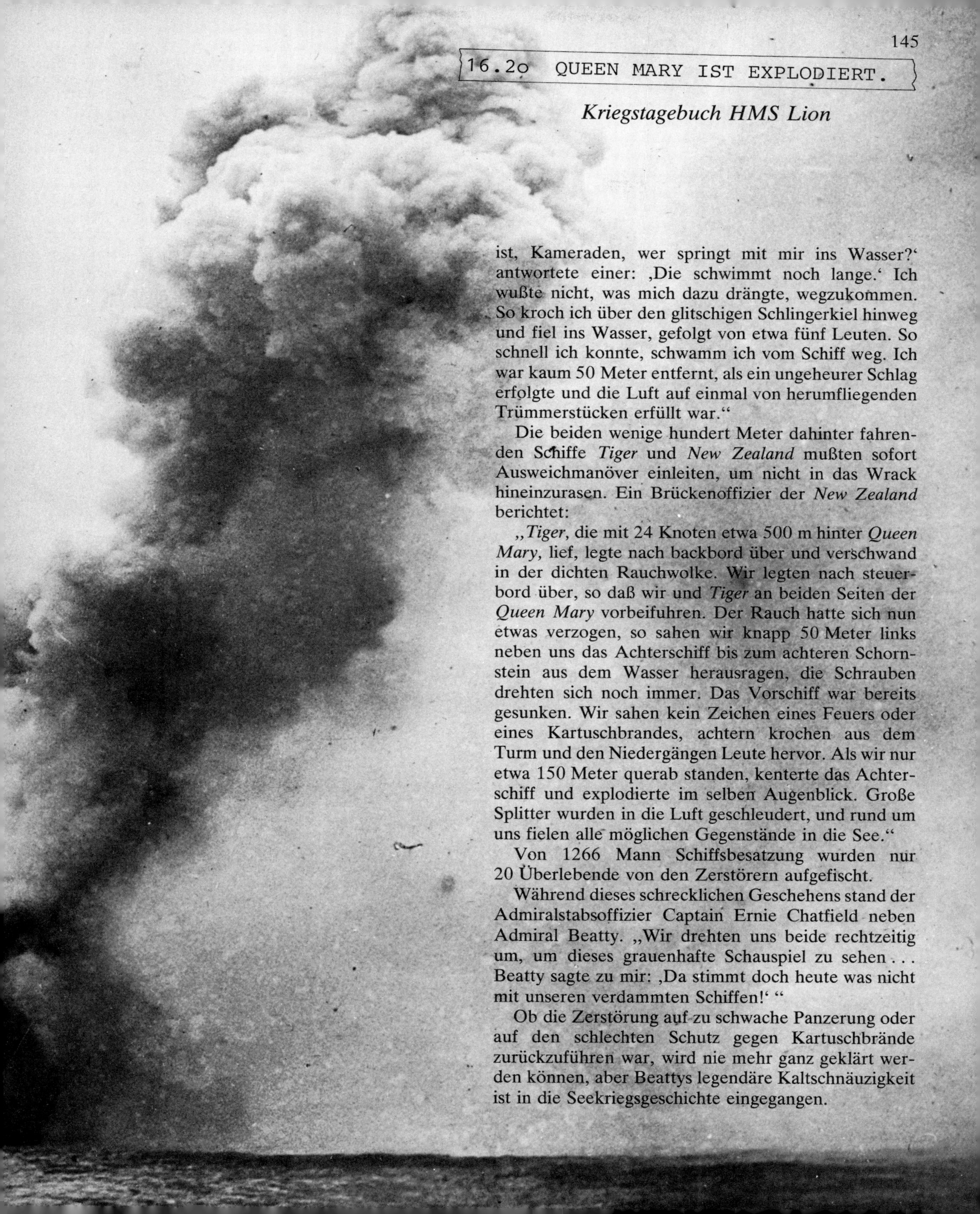

16.20 QUEEN MARY IST EXPLODIERT.

Kriegstagebuch HMS Lion

ist, Kameraden, wer springt mit mir ins Wasser?' antwortete einer: ,Die schwimmt noch lange.' Ich wußte nicht, was mich dazu drängte, wegzukommen. So kroch ich über den glitschigen Schlingerkiel hinweg und fiel ins Wasser, gefolgt von etwa fünf Leuten. So schnell ich konnte, schwamm ich vom Schiff weg. Ich war kaum 50 Meter entfernt, als ein ungeheurer Schlag erfolgte und die Luft auf einmal von herumfliegenden Trümmerstücken erfüllt war."

Die beiden wenige hundert Meter dahinter fahrenden Schiffe *Tiger* und *New Zealand* mußten sofort Ausweichmanöver einleiten, um nicht in das Wrack hineinzurasen. Ein Brückenoffizier der *New Zealand* berichtet:

„*Tiger*, die mit 24 Knoten etwa 500 m hinter *Queen Mary*, lief, legte nach backbord über und verschwand in der dichten Rauchwolke. Wir legten nach steuerbord über, so daß wir und *Tiger* an beiden Seiten der *Queen Mary* vorbeifuhren. Der Rauch hatte sich nun etwas verzogen, so sahen wir knapp 50 Meter links neben uns das Achterschiff bis zum achteren Schornstein aus dem Wasser herausragen, die Schrauben drehten sich noch immer. Das Vorschiff war bereits gesunken. Wir sahen kein Zeichen eines Feuers oder eines Kartuschbrandes, achtern krochen aus dem Turm und den Niedergängen Leute hervor. Als wir nur etwa 150 Meter querab standen, kenterte das Achterschiff und explodierte im selben Augenblick. Große Splitter wurden in die Luft geschleudert, und rund um uns fielen alle möglichen Gegenstände in die See."

Von 1266 Mann Schiffsbesatzung wurden nur 20 Überlebende von den Zerstörern aufgefischt.

Während dieses schrecklichen Geschehens stand der Admiralstabsoffizier Captain Ernie Chatfield neben Admiral Beatty. „Wir drehten uns beide rechtzeitig um, um dieses grauenhafte Schauspiel zu sehen . . . Beatty sagte zu mir: ,Da stimmt doch heute was nicht mit unseren verdammten Schiffen!' "

Ob die Zerstörung auf zu schwache Panzerung oder auf den schlechten Schutz gegen Kartuschbrände zurückzuführen war, wird nie mehr ganz geklärt werden können, aber Beattys legendäre Kaltschnäuzigkeit ist in die Seekriegsgeschichte eingegangen.

Unten: Die britischen Zerstörerflottillen rasten an *Lion* vorbei zum Angriff. Als sie zwischen die Schlachtlinien kamen, verdeckte ihr Schornsteinqualm Hippers Schiffe, trotzdem erhielten diese, einschließlich *Moltke,* schwere Treffer: „38-cm-Treffer im Stbd. vorderen Kohlenbunker. Sprengstücke reißen den Munitionsschacht des Stbd. V. 15 cm S. K. auf. Das Kasemattendeck wird dicht hinter dem Geschütz aufgerissen, die Bedienung fällt aus, das Geschütz steht fest." (Gefechtsbericht)

Typisch für ihn und sein Festhalten an Nelsonschem Kampfgeist war sein nächster Befehl: „Näher an den Feind ran!" Das war nicht bloße Angabe; er hatte zwar zwei Schiffe verloren, schätzte aber die Lage der deutschen Schlachtkreuzer als hoffnungslos ein. Von achtern liefen, heftig feuernd, *Barham, Valiant, Warspite* und *Malaya* auf, so daß Hipper nun von beiden Verbänden in die Zange genommen wurde. Allerdings hatte Beatty keine Ahnung, daß sich Scheers gesamte Schlachtflotte knapp hinter dem Horizont direkt auf ihn zubewegte.

Hipper erkannte, daß er sich in größter Gefahr befand: Acht britische Schlachtschiffe schlossen zusehends auf, mit ihren 32 38,1-cm-Geschützen konnten sie bereits auf extreme Entfernung das Feuer eröffnen. Nun begannen die Geschosse immer dichter auf seine Schiffe niederzuhageln. Zwar hatte er in spektakulärer Weise zwei feindliche Schlachtkreuzer versenkt, doch auch seine eigenen Schiffe waren schwer angeschlagen. Auf dem Schlußschiff *Von der Tann* waren nach dem Gefecht mit *Barham* nur mehr zwei schwere Türme intakt, auf *Seydlitz* nur mehr drei. Wären die britischen Panzersprenggranaten nicht schon beim Aufschlagen explodiert, hätte Scheer seinen Schlachtkreuzern wohl kaum mehr zu Hilfe kommen brauchen. Hipper nach der Schlacht: „Nur die schlechte Qualität der britischen Sprenggranaten bewahrte uns vor einer Katastrophe."

Unter dem schweren britischen Feuer wurde die Antwort der deutschen Artillerie zusehends schwächer, als Hipper die englischen Zerstörer zum Angriff hervorbrechen sah. Beatty hatte nämlich vor 20 Minuten dem Führer der 13. Zerstörerflottille gefunkt: „Die Gelegenheit zum Angriff ist jetzt günstig", mit Flaggensignalen hatte er dann sowohl die 1. Flottille als auch die 13. nochmals angefeuert: „Äußerste Kraft voraus!" Das sollte noch böse Folgen haben. Die

Zerstörerflottillen konnten von ihrem Standort aus nicht sofort angreifen, das Zudrehen der Schlachtkreuzer auf den Feind hatte die 9. und die 10. Flottille weit hinter ihren Standort vor den großen Schiffen zurückfallen lassen. Mitten im Schlachtkreuzergefecht stürmten nun diese beiden Flottillen durch die britischen Linien auf ihre vorgesehene Position und behinderten mit ihrem Schornsteinqualm derart die Sicht, daß *Lion* um 16.11 Uhr befohlen hatte: „Rauchlos fahren!" Fünf Minuten später hatte sich die Anstrengung bezahlt gemacht, und der vor der *Lion* stehende Leichte Kreuzer *Champion* hatte genügend Zerstörer um sich versammelt. Mit acht Zerstörern der 13. Flottille und vier der 10. ging er zum Angriff über.

Doch soeben durchbrachen auch die deutschen leichten Streitkräfte die Linie der Großkampfschiffe zum Gegenangriff. Der auf dem Kleinen Kreuzer *Regensburg* eingeschiffte FdT (Führer der Torpedoboote), Kommodore Kapitän zur See Heinrich, handelte auf eigene Faust, als er Hippers schwerbedrängte Schlachtkreuzer durch einen Angriff auf das britische 5. Schlachtgeschwader entlasten wollte. Die 25 deutschen Torpedoboote der 2. Aufklärungsgruppe gingen schneidig vor. Zwischen den Linien der Großkampf-

16.26 RAUCHLOS FAHREN!

Beatty via Princess Royal an die Zerstörer

16.3o FEINDLICHE ZERSTÖRER GREIFEN AN.

Southampton an Beatty

Links: Die hohe Geschwindigkeit und Manövrierfähigkeit der leichten Streitkräfte machte diese zu einer großen Gefahr für die schweren Schiffe.
Rechts: Commander Barrie Bingham raste mit seinem Boot mit 35 Knoten bis auf 4,5 Kilometer an die *Lützow* heran und feuerte zwei Torpedos ab, worauf Hippers Schiffe abdrehten.

schiffe verbissen sich britische Zerstörer und deutsche Torpedoboote wild ineinander.

Die Torpedoboote, die heranrasten, um ihre Torpedos auf die vier englischen Schlachtschiffe loszumachen, erhielten eine feurige Antwort: „Wir eröffneten das Feuer auf sie mit 38,1-cm-Schrapnells", erinnert sich Leutnant Bickmore, der in einem der schweren Türme der *Warspite* seinen Dienst versah, „und sie drehten sofort ab. So ein 38,1-cm-Geschoß ist 1,80 m hoch und enthält Dutzende von faustgroßen Schrapnellkugeln von verheerender Wirkung. Es war, wie wenn man mit Kanonen auf Spatzen schießt."

Commander „Barrie" Bingham auf *Nestor* führte mit außerordentlicher Kühnheit den Zerstörerangriff: „Wir fuhren äußerste Kraft: 35 Knoten . . . dann sahen wir 15 feindliche Torpedoboote mit der Absicht hervorbrechen, einen Angriff auf unsere Schlachtkreuzer zu fahren."

Begleitet wurde die *Nestor* von der *Nomad*, die von Lieutenant-Commander Whitfield geführt wurde: „Ich befahl Feueröffnung auf das dritte Torpedoboot in der gegnerischen Linie. Es schien, daß der Gegner unsere Geschwindigkeit erheblich unterschätzt hatte. *Nomad* wurde sehr schnell schwer getroffen, *Nestor* und *Nicator* bekamen weniger ab. Durch einen Treffer nahe der Brücke stürzte die Funkantenne herab, und der Scheinwerfer wurde unbrauchbar. Wir schossen sehr präzis auf die feindlichen Torpedoboote, so daß schließlich zwei außer Gefecht waren. Noch während dieser Begegnung und bevor wir noch nahe genug heran waren, um unsere Torpedos wirkungsvoll einsetzen zu können, erhielten wir einen Treffer in den Maschinenraum. Er riß das Deck über eine Länge von 2,5 m auf, zerschmetterte den Steuerbord-Hauptschieber und zerstörte alle Dampfrohre in der Umgebung. Im Maschinenraum strömte Dampf aus, und alle Haupt- und Hilfsmaschinen standen still."

Nestor und *Nicator* preschten weiter und feuerten auf 4,5 Kilometer Entfernung zwei Torpedos auf die *Lützow*, die aber vorbeigingen, weil Hipper abdrehte.

Nach dem ersten Angriff ging Bingham schneidig ein zweites Mal zum Angriff über, als die deutschen Torpedoboote gerade zurückkehrten: „So fand ich mich ganz allein mit *Nicator* im Kielwasser der fliehenden Torpedoboote, und die Spitze des deutschen Schlachtkreuzergeschwaders kam bedrohlich näher. Sie bereiteten uns mit ihrer Mittelartillerie einen heißen Empfang. Aus etwa 3 bis 4 Kilometer Entfernung feuerte die *Nestor* ihren dritten Torpedo ab." Der mutige Versuch schlug aber fehl, und ein Treffer der *Regensburg* stoppte Binghams Boot. Es lag nun knapp zwei Seemeilen neben der lahmgeschossenen *Nomad*.

Durch Binghams Angriff (für den er später das Victoria-Kreuz erhielt) waren die beiden deutschen Torpedoboote *V 27* und *V 29* versenkt worden. Das heftige Gefecht zwischen den Schlachtkreuzern hatte den Zerstörerangriffen beider Seiten viel von ihrer Wirkung genommen. Die britischen Zerstörer hatten insgesamt 20 Torpedos abgefeuert, nur zwei der *Petard* hatten ihr Ziel gefunden: einer traf *V 27*, der zweite die *Seydlitz*. Die schwächer bewaffneten deutschen Torpedoboote konnten ihre Angriffe nicht so kraftvoll durchführen wie die Briten: Von ihren 18 abgeschossenen Torpedos hatte keiner getroffen. Aber das 5. Schlachtgeschwader stellte sein vernichtendes Feuer ein, als Korvettenkapitän Goehles 9. T-Flottille angriff und 10 Torpedos abfeuerte.

Beatty bereitete sich gerade darauf vor, Hipper eine vernichtende Lehre zu erteilen, als von der voraus aufklärenden *Southampton* plötzlich ein Signal eintraf: „Dringend. Vorrang. Feindliche Schlachtflotte gesichtet. Peilung ungefähr SO. Feind läuft nach Norden." Nun änderte sich die Schlacht von Grund auf. Beatty erkannte, daß Hipper ihn direkt in eine Falle gelockt hatte.

16.38 DRINGEND. VORRANG. FEINDLICHE SCHLACH PEILUNG UNGEFÄHR SO. FEIND LÄUFT NACH N.

Direkt vor Beattys vier Schlachtkreuzern und seinen vier Schlachtschiffen marschierte die gesamte deutsche Hochseeflotte in endloser Kolonne aus dem Süden über die Kimm. Es waren 22 Schlachtschiffe, 6 Kleine Kreuzer und 31 Torpedoboote. Zum ersten Male erblickte die Royal Navy den vollen Aufmarsch des Erzgegners. An Bord des Leichten Kreuzers *Southampton* waren Offiziere und Mannschaften wie gebannt. Mit Ausnahme des Artillerieoffiziers war man zuerst der Meinung, daß es sich bei den Neuankömmlingen um die Grand Fleet handeln müsse, obwohl die Schiffe aus der entgegengesetzten Richtung auftauchten. Bei der deutschen Flotte erhob sich optimistische Erwartung, als Hippers Funkmeldungen Scheer dahingehend informierten, daß Beattys Schlachtkreuzer, geführt von den Leichten Kreuzern, jeden Moment in Sicht kommen müßten, um in die Falle zu laufen. Matrose Stumpf stand Ausguck auf der vorderen Brücke der *Helgoland,* dem 11. Schiff in Scheers Schlachtlinie:

„Es war prachtvoll, zu sehen, wie diese Herde von vorsintflutlichen Elefanten dahinstürmte! Vorwärts, nur schnell vorwärts, dem Kanonendonner entgegen.

Auch in meinem Innern tobte und stürmte es vor freudiger Aufregung, und in Gedanken sah ich schon die Rohre gerichtet und ringsum die Geschosse platzen. Meiner brennenden Ungeduld ging alles viel zu langsam, schnell, schnell, du braves Schiff, dort vorne kämpfen und bluten schon unsere wackeren Kreuzer, und sie werden sich opfern, wenn du dich nicht beeilst.“

Ursprünglich wollte Scheer mit dem Gros nach Nordwest laufen, weil er sichergehen wollte, die britischen Schiffe zwischen sich und Hipper zu bekommen. Doch das Eingreifen des 5. Schlachtgeschwaders vereitelte seinen Plan:

„Während das Gros noch in der Kursänderung war, meldete die 2. Aufklärungsgruppe das Eingreifen eines englischen Linienschiffsverbandes von fünf Schiffen (nicht vier!). Die Lage der 1. Aufklärungsgruppe, die nunmehr sechs Panzerkreuzern und fünf Linienschiffen gegenüberstand, konnte kritisch werden. Es kam folglich alles darauf an, sobald wie möglich die Vereinigung mit ihr herzustellen. Es wurde deshalb auf N-Kurs zurückgeschwenkt. Das Wetter war außerordentlich sichtig, klarer Himmel, leichte Brise aus NW, die See ruhig, 16 Uhr 32 Min. nachmittags kamen die kämpfenden Linien in Sicht.“

An Bord der *Lion* wurde Chalmers Augenzeuge des Dramas: „Das war der Höhepunkt von Beattys Laufbahn . . . Als die Sicht klarer wurde, erschien am Südhorizont fast plötzlich ein Wald von Masten und

LOTTE GESICHTET.

Southampton an Beatty

Hipper hatte die feindlichen Schlachtkreuzer erfolgreich in die Falle gelockt. An diesem Höhepunkt seiner Laufbahn wurden Beatty all sein Können und seine Urteilsfähigkeit abverlangt.
Unten: Sobald er die Mastspitzen des deutschen Gros gesichtet hatte, befahl Beatty seinem Verband die Wendung nach Norden, auf Jellicoe zu, um seinerseits die Deutschen auf die Grand Fleet zu führen.

Schornsteinen. Ohne zu zögern, warf er um 16.48 Uhr seine Schlachtkreuzer auf Gegenkurs, um sich auf schnellstem Wege mit dem Gros zu vereinigen."

Zur sofortigen Weitergabe an Jellicoe gab Beatty folgendes Scheinwerfersignal an *Princess Royal:* „Dringend. Vorrang. Feindliche Schlachtflotte in Peilung SO gesichtet. Meine Position ist 56° 36′ Nord/ 06° 04′ Ost."

Das änderte für Jellicoe die Sachlage, so daß er dem Gros sofort signalisierte: „Feindliche Schlachtflotte läuft Kurs nach Norden." Die Admiralität erhielt vom britischen Flaggschiff die langersehnte FT-Nachricht: „Dringend. Vorrang. Flottenaktion steht unmittelbar bevor." Auf der südwärts zu Beatty eilenden Flotte verbreiteten sich die Neuigkeiten sofort, auch die Admiralität war wie elektrisiert, und in den entferntesten Stützpunkten herrschte Aufregung. Schlepper machten Dampf auf, um beschädigten Schiffen zu Hilfe eilen zu können, die Spitäler bereiteten sich auf die Aufnahme von Verwundeten vor, und sogar der sonst so unbewegte Erste Lord der Admiralität Arthur Balfour „war sichtlich aufgeregt". Das „Nordsee-Trafalgar" stand unmittelbar bevor.

Nun waren Beattys Schlachtkreuzer der Köder, der die Hochseeflotte in die Klauen der Grand Fleet locken sollte. Die britischen Schiffe wendeten hinter der *Lion* nach Norden. Doch 3 Seemeilen vor dem Flaggschiff entschloß sich Commodore Goodenough, wie seinerzeit Nelson das Signal zu übersehen und seine Aufklärung durchzuführen. Lieutenant Stephen King-Hall, einer seiner Offiziere, begründete das so: „Aus zwei Gründen mißachteten wir diesen Befehl bzw. verzögerten seine Ausführung. Zum ersten wollten wir nahe genug an die Hochseeflotte herankommen, um deren genaue Gliederung erkennen zu können; zum zweiten hofften wir einen Torpedoangriff gegen die in weitem Bogen vor unserem Steuerbord laufenden schweren Schiffe fahren zu können. Es war nervenaufpeitschend, mit 25 Knoten auf diese gewaltige Kolonne von Schlachtschiffen zuzulaufen, während sich unsere Freunde schnell in der Gegenrichtung entfernten . . . Sekunden wurden zu Minuten, und ich erwartete jede Minute das Aufblitzen der Abschüsse entlang dieser Linie und einen Hagel von Geschossen auf uns zurasen zu sehen."

Goodenough lief bis auf 11,9 Kilometer an den Gegner heran, funkte einen vollständigen Bericht und drehte dann mit seinen Schiffen aus der Reichweite der deutschen Geschütze ab. „Dringend. Vorrang, Feindliche Schlachtflotte fährt Nord in einer Kolonne. Kaiser-Klasse an der Spitze. Peilung Ost. Zerstörer an beiden Seiten und an der Spitze. Feindliche Schlachtkreuzer

„Sehen Sie nur, Sir, das ist der wichtigste Tag im Leben eines Leichten Kreuzers. Die gesamte deutsche Hochseeflotte steht vor Ihnen." Diese Worte, so erinnert sich Commodore Goodenough, hörte er, als er von der Brücke der *Southampton* aus die Hochseeflotte beobachtete. „Sechzehn Schlachtschiffe mit Torpedobooten an beiden Flanken. So lautete die Sichtmeldung. Wir warteten einige Minuten, um unserer Sache sicher zu sein, bevor wir die Meldung bestätigten. Kühl und bestimmt sagte mein Commander: ‚Wenn Sie diese Meldung durchgeben, dann tun Sie es besser gleich, Sir. Vielleicht ist es Ihre letzte.'"

DRINGEND. VORRANG! GEGNER LÄUFT NACH NORDEN. LINIE VORAUS ...

Southampton an Flottenchef

Unten: HMS *Southampton*, das Führerschiff des 1. Leichten Kreuzergeschwaders, ging bis 11,9 km an das deutsche Gros heran. Commodore Goodenough (links) befolgte Beattys Befehl zur Wendung nach Norden nicht, um ausführlich aufzuklären.

stoßen vom Norden zur Schlachtflotte. Meine Position ist 56° 29′ Nord 06° 14′ Ost." Erst jetzt eröffnete die deutsche Schlachtlinie das Feuer auf die vier Leichten Kreuzer.

Von seinem gepanzerten Kommandostand auf *Friedrich der Große* sah der deutsche Flottenchef Goodenoughs Kreuzer mit 25 Knoten davonpreschen, und die deutschen Geschütze begannen „eine Art gemütliches Übungsschießen" auf das feindliche Geschwader.

„Wir hockten hinter Panzerblechen von nur 2,5 mm Stärke und aßen Corned beef", schreibt Stephen King-Hall, „aber so ganz wollte es uns nicht schmekken. Es erschien uns als ziemliche Zeitverschwendung, Rindfleisch zu essen, denn sicher würde uns eine dieser 28-cm-Granaten in den nächsten zehn Minuten ins Jenseits befördern; sie konnten nicht dauernd zu kurz oder zu weit liegen. Nun gut, sollte uns eine treffen – Leichte Kreuzer sind eben nicht dazu konstruiert, 28-cm-Granaten zu verdauen." Doch es gelang seinem Kapitän geschickt, allen Salven auszuweichen und die Kreuzer nach 45 Minuten hektischen Manövrierens unbeschädigt durch diesen Granatriegel durchzubringen.

Ein grausiges Schicksal erlitten die beiden lahmgeschossenen britischen Zerstörer, die nun zum Ziel für die gesamte heranmarschierende deutsche Schlachtlinie wurden. *Nestor* lag achteraus von *Nomad*. Nachdem Commander Bingham abgelehnt hatte, sich von *Petard* abschleppen zu lassen, um dieses Boot nicht zu

„Wir lagen unter schwerem Feuer, und der Gegner schoß verdammt gut. Wir antworteten nicht; die anderen schon, doch ich glaube, mit keinerlei Wirkung. Rund um unsere vier Schiffe schlugen die schweren Granaten ein, und es schien mir unwahrscheinlich, daß wir je davonkommen würden. Neben dem achteren Schornstein schlug eine schwere Salve ein, drei weitere an Steuerbord lagen so nahe, daß sich das Schiff schüttelte, als ob es etwas gerammt hätte. Ich glaube nicht, daß die drei an Steuerbord weiter entfernt als 6 m von der Bordwand einschlugen.

16.47 ÜBERLEBENDE AUS DEM WASSER AUFFISCHEN.

Beatty an die Zerstörer

Unten: Das deutsche Gros konzentrierte sein Feuer auf Goodenoughs Leichte Kreuzer. *Birmingham, Southampton, Nottingham* und *Dublin* rasten, den Salven von Scheers Schlachtschiffen ausweichend, zurück zu Beatty. Doch die britischen Zerstörer *Nomad* und *Nestor* konnten nicht mehr entkommen, auf sie veranstalteten die deutschen Kanoniere ein regelrechtes Scheibenschießen.

gefährden, sahen er und seine Besatzung hilflos dem Untergang entgegen.

„Die Hochseeflotte eröffnete das Feuer auf *Nomad* und versenkte sie binnen weniger Minuten. Seitdem wir wußten, daß wir zum Untergang verurteilt waren, hatten wir alle Maßnahmen ergriffen, möglichst viele Menschenleben zu retten. Alles Geheimmaterial wurde über Bord geworfen, Motorboot und Kutter wurden zu Wasser gelassen und die Verwundeten ins Motorboot gebracht. Die Rettungsflöße wurden über Bord geworfen. Das Dinghi war durch Granattreffer unbrauchbar geworden. Auf dem Vorschiff wurden die Leinen für ein eventuelles Abschleppen bereitgelegt; dies geschah auf Anregung von Lieutenant M. J. Bethell, um die Leute beschäftigt zu halten. Die Hochseeflotte kam näher und eröffnete auch bald das Feuer auf uns, doch vorher hatten wir noch unseren übriggebliebenen letzten Torpedo abgefeuert. *Nestor* zog nun die ungeteilte Aufmerksamkeit der gesamten Hochseeflotte auf sich und erhielt viele Treffer, vorwiegend ins Heck, so daß das Boot achtern schnell absackte. Als ich sah, daß sie dem Tod geweiht war, gab ich den letzten Befehl ‚Alle Mann von Bord'. Das wurde in vollkommener Ruhe und Ordnung ausgeführt. Die Boote und Rettungsflöße kamen gut vom Schiff weg, das die ganze Zeit über von einem Hagel von Einschlägen eingedeckt war. Wenige Minuten später ragte das Schiff senkrecht aus dem Wasser und versank über das Heck. Wir brachten drei Cheers auf die *Nestor* aus und stimmten das ‚God save the King' an."

Commander Bingham und der größte Teil seiner Besatzung wurden gerettet und überdauerten den Rest der Schlacht zusammengedrängt unter Deck des deutschen Torpedobootes *S 16*.

Beatty floh nun Hals über Kopf, und Hipper konnte sich ausrechnen, daß das 5. Schlachtgeschwader Beatty folgen mußte, wollte es der Vernichtung durch die Hochseeflotte entgehen. Daher entschloß er sich, dem britischen Verband zu folgen. Trotz der Schwierigkeiten in der Befehlsübermittlung, die durch die zerschossene FT-Antenne auf *Seydlitz* auftraten, konnte Hip-

16.5o 5. SCHLACHTGESCHWADER AUF GEGENKURS PASSIERT.

Kriegstagebuch Lion

Rechts: Lage kurz nach 16.48 Uhr, nachdem Beatty nach der Sichtung des deutschen Gros abgedreht hatte. Nun war er der Köder, der mit Scheer im Gefolge auf die Grand Fleet zulief. Doch wieder einmal wurde sein Befehl von Konteradmiral Evan-Thomas (Kreis) nicht aufgenommen, und die *Barham* (unten) lief weiter auf die Deutschen zu. *Southampton* lief nun nach Norden und wich dabei den deutschen Granaten aus.

per seinen Verband mitwenden lassen, um Beatty in die Zange zu nehmen. Doch bereits in seine Drehung hinein eröffnete das 5. Schlachtgeschwader erneut das Feuer und erzielte neue Treffer. Evan-Thomas' Eingreifen deckte Beattys glänzendes Manöver, durch das die Schlachtkreuzer aus der Falle entkamen. Goodenoughs Warnung gab Beatty genug Zeit zum Abdrehen, bevor Hipper ihn einkreisen konnte. Doch sein endgültiges Entkommen verdankte er dem 5. Schlachtgeschwader, das unwissentlich geradewegs nach Süden, direkt auf die feindliche Schlachtflotte zu dampfte. Eine Reihe von Signal-Irrtümern führte fast zur Vernichtung von Evan-Thomas' Schlachtschiffen.

Als Beatty um 16.40 Uhr Scheers Gros sichtete und seine Wendung einleitete, befanden sich Evan-Thomas' Schiffe 8 Seemeilen hinter ihm und hatten weder die deutsche Schlachtflotte gesichtet, noch die Meldung der *Southampton* empfangen. Mit Signalflaggen ließ Beattys Flaggleutnant den Befehl zur Kehrtwendung durchgeben: „Kurswechsel 16 Strich (180°) über Steuerbord", und wieder einmal unterließ er es, dieses Signal an die weiter entfernt stehenden Schiffe mit der Morselampe weitergeben zu lassen. Und zum zweiten Mal an diesem Nachmittag sah Evan-Thomas die Schlachtkreuzer ohne ihn abdrehen. Da er sich aber gerade in einer wilden Verfolgungsjagd hinter dem fliehenden Hipper her befand, konnte er das deutsche Gros, auf das er zulief, nicht ausmachen. Erst sieben Minuten später, als *Lion* bereits auf Gegenkurs *Barham* passierte, wiederholte Beatty nochmals sein Signal mit Flaggen. Erneut gingen entscheidende Minuten verloren, weil Evan-Thomas sich an die eingeführten Regeln hielt, mit der Drehung erst zu beginnen, wenn die Flaggen auf dem Führerschiff wieder niedergeholt wurden. Dann drehten die Schiffe des 5. Schlachtgeschwaders eines nach dem anderem an demselben Punkt auf Gegenkurs. Die beiden gegnerischen Kolonnen bewegten sich mit 40 Knoten aufeinander zu, und die Hochseeflotte konzentrierte das Feuer aus allen ihren Rohren auf den gegnerischen Drehpunkt. Als die *Barham* drehte, war die Hochseeflotte bereits bis dwars herangekommen und erzielte sofort Treffer. Die FT-Anlage wurde zerstört, und es gab schwere Verluste unter der Besatzung. Scheer ließ divisionsweise auf NW-Kurs mit Höchstgeschwindigkeit auf den Feind zustaffeln. *Valiant* und *Warspite* hatten Glück, sie vollzogen die Kehrtwendung ohne Treffer, doch als das letzte Schiff der Kolonne, die *Malaya*, den Drehpunkt erreichte, war dieser bereits eine „heiße Ecke", und sie erhielt zahlreiche Treffer.

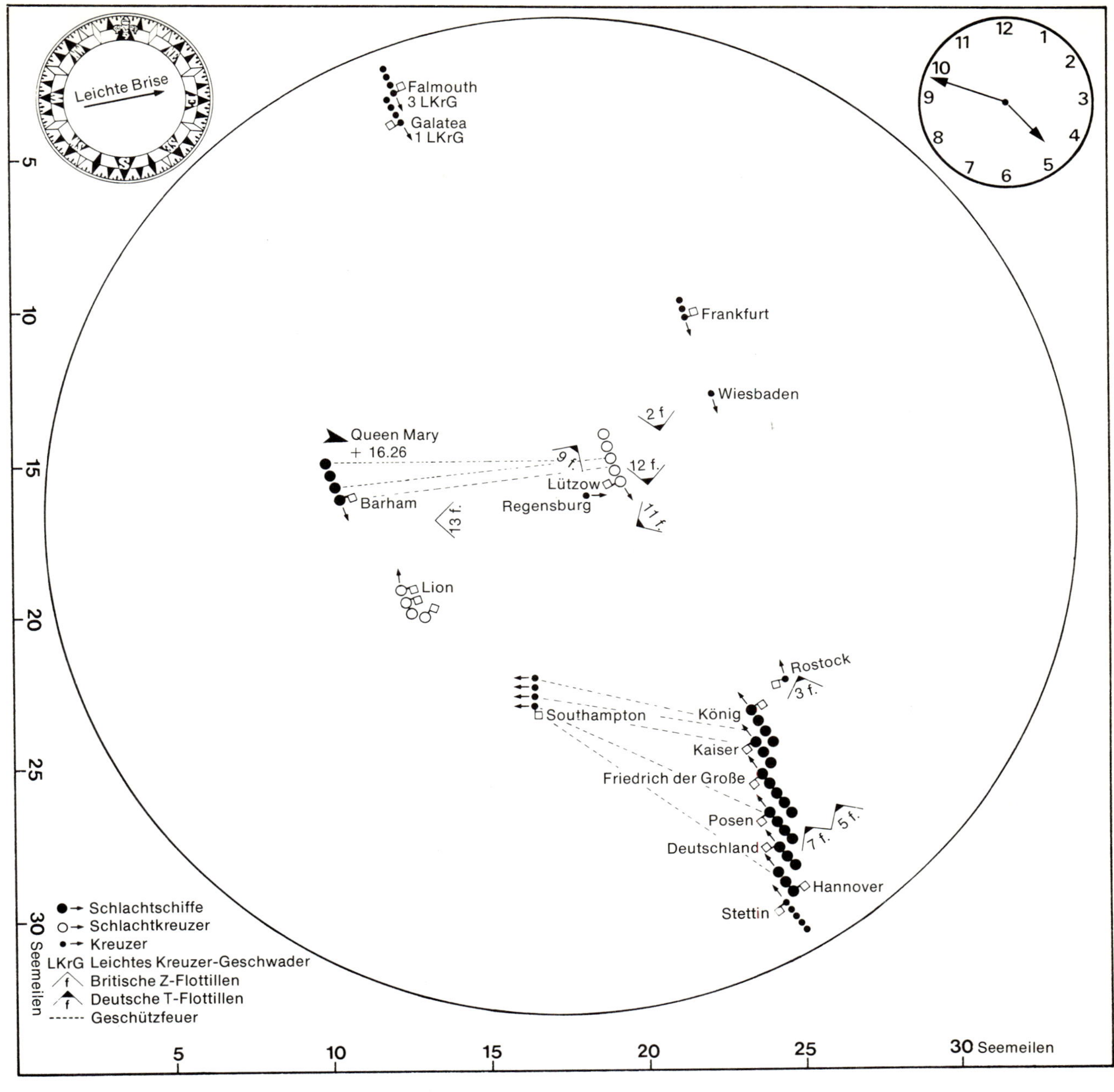

Scheer schrieb: „Was nun folgte, war Verfolgungsgefecht.“ Zu diesem Zeitpunkt vertraute er noch darauf, daß das vereinigte Feuer seines Gros wenigstens ein feindliches Schlachtschiff kampfunfähig machen müsse. Die Deutschen hatten keine Ahnung, daß nun Beatty seinerseits auf die Grand Fleet zulief. Scheer überlegte nicht, wieso Beatty nach Norden und nicht, wie eigentlich zu erwarten gewesen wäre, nach Westen, nach England floh.

Während alle britischen Schiffe mit Höchstfahrt nach Norden liefen, rasten zwei Zerstörer der 13. Flottille nach Süden. *Onslow* und *Moresby* hatten U-Boot-Sicherung für das Flugzeugmutterschiff *Engadine* gefahren, während dieses sein Seeflugzeug einsetzte. Doch sobald dies beendet war und sie wieder Fahrt aufnahm, suchte Lieutenant Tovey (der spätere Admiral und Chef der britischen Home Fleet während des Zweiten Weltkrieges) um Freistellung an und „ging mit Höchstfahrt von 30 Knoten zum nächststehenden Geschwader, dem 5. Schlachtgeschwader“. Besorgt, nicht mehr ins Gefecht zu kommen, passierte er mit seinen beiden Booten den Bug von Beattys im

17.21 KÖNNEN SIE DEN FEINDLICHEN KREUZER ACHTERAUS AUSMACHEN?

ANTWORT: JA, ICH GLAUBE, SIE FEUERN

AUF UNS, LIEGEN ABER 900 m ZU KURZ.

3. Leichtes Kreuzergeschwader

Kampf befindlichen Flaggschiff und fand bald heraus: „Ich entfernte mich immer mehr vom Kurs der *Lion* und kam auf 16,5 Kilometer an den Feind heran. Da ich vor der Spitze der deutschen Schlachtkreuzer keinerlei Leichte Kreuzer oder Zerstörer ausmachen konnte, bot sich eine einmalige Gelegenheit zum Torpedoangriff, und mit diesem Vorsatz gingen wir noch näher an den Feind heran. Kurz darauf tauchten vier feindliche Leichte Kreuzer vor den Schlachtkreuzern auf, drehten auf *Onslow* zu und eröffneten gutliegendes großkalibriges Feuer auf *Onslow* und *Moresby*. Ich erkannte, daß ich mich nicht bis auf Torpedoschußweite nähern konnte, und drehte um 16.50 Uhr zurück auf *Lion*."

Diese beiden Zerstörer allein konnten Hipper nicht aufhalten. Toveys schneidiger Angriff wurde vereitelt, aber es gelang ihm, seine beiden Boote aus der Gefahrenzone wieder zurück zu Beattys Flaggschiff zu führen.

Die deutschen Schiffe konnten die Beute, der sie nachjagten, deutlich gegen den hellen Abendhorizont ausmachen. Nur wenn die tiefstehende Sonne durch den auf dem Wasser liegenden Dunst brach, waren die deutschen Artilleristen geblendet.

An der Spitze der deutschen Kolonne fuhr das 3. Geschwader, die Schiffe der König- und Kaiser-Klasse, geführt von Konteradmiral Paul Behncke. Seine Schiffe erfaßten bald die Schlußschiffe des 5. Schlachtkreuzergeschwaders, *Malaya* und *Barham*. Die Spitzenschiffe dieses Geschwaders befanden sich noch immer im Gefecht mit *Lützow*, *Derfflinger* und *Seydlitz*. Trotz der schlechten Sichtverhältnisse hielten sie ihr Trommelfeuer aufrecht. Die Spitze der Hochseeflotte konzentrierte ein fürchterliches Feuer auf *Malaya* und *Warspite*, deren starke Panzerung aber den Treffern widerstehen konnte.

Im offiziellen Bericht der deutschen Kriegsmarine heißt es, daß nun jedes Schiff, das in Schußweite kam, in das Gefecht eingriff. „Je weiter sich die Spitze des Gegners von den deutschen Geschützen entfernte, um so größer wurde die Feuerkonzentration auf das letzte Schiff des Geschwaders, die *Malaya*." Um 17.27 Uhr standen *Lützow* noch im Feuergefecht mit *Barham*, *Derfflinger* mit *Valiant* und *Seydlitz* mit *Warspite*. *Von der Tann* hatte begonnen die *Malaya* um 17 Uhr zu beschießen, *Kronprinz* schloß sich um 17.08 Uhr,

Unten: Während des Marsches nach Norden, der fast eine Stunde dauerte, widerstanden der starke Panzer und die hervorragende Konstruktion der Super-Dreadnoughts, zum Beispiel auf *Malaya*, den deutschen Granaten.

„Als ich meinen Turm nach Feuerluv, nunmehr Steuerbord, schwenkte, sah ich unsere Schlachtkreuzer etwa 7 Kilometer vor uns. Da wurde mir klar, daß nur wir vier vom 5. Schlachtgeschwader uns mit der gesamten Hochseeflotte anlegen mußten – vier gegen vielleicht zwanzig.“

Kaiser um 17.10 Uhr und *Moltke* um 17.27 Uhr an. Von 17.05 Uhr bis 17.30 Uhr war *Malaya* – laut Beobachtungen an Bord – völlig von Salven eingedeckt. Normalerweise waren es sechs pro Minute, aber gelegentlich auch neun, und zwar in ununterbrochener Folge.

Ein Offizier der *Malaya* erinnerte sich: „Ich erwartete jeden Moment, daß uns eine dieser Granaten schwer treffen würde, so daß wir unsere Geschwindigkeit nicht mehr aufrechterhalten, zurückfallen und vermutlich versenkt werden würden . . . Als ich in den Turm zurückkletterte, fand ich alle voll Kampfmut und Schwung. Sie dachten nicht daran, daß es uns schlechter als dem Feind ergehen könnte, und verlangten nur zu wissen, wie viele deutsche Schiffe noch schwammen, um erledigt zu werden. Sie vertrauten darauf, daß jede Granate treffen würde, und erfanden zahllose neue Sprüche, die sie ihnen auf den Weg mitgaben.“

Der entscheidende Faktor dieses Gefechtsabschnittes war die überlegene Geschwindigkeit der britischen Schlachtschiffe. Sehr zum Bedauern der verfolgenden Deutschen nahm die Gefechtsentfernung stetig zu:

„Wir sahen die klaren Silhouetten der Schlachtschiffe gegen den orangefarbenen Horizont. Sie sahen aus wie schwarze Monster, als sie so auf und davon fuhren, verfolgt von einem Treffer nach dem anderen. Aber die Briten waren schneller als die ‚feigen Deutschen‘. Langsam gerieten sie aus der Reichweite unserer Geschütze, und um 17.30 Uhr mußten wir das Feuer einstellen.“

17.2o VERFOLGUNG AUFNEHMEN!

Scheer an Hipper

Während des eineinhalbstündigen Marsches nach Norden war Beatty fest davon überzeugt, daß ihn nichts davon abhalten könne, Scheer in die sichere Vernichtung zu führen. Zwar hatte er zwei seiner Schlachtkreuzer verloren, doch die restlichen vier waren gefechtsklar. Außer zwei Geschütztürmen waren keine wichtigen Anlagen zerstört, und die Schiffe konnten volle Fahrt laufen. Nach Chalmers war „die Moral hoch, und nur wenige Augenzeugen wußten vom Untergang der *Indefatigable* und der *Queen Mary*, doch diese behielten ihr Wissen für sich. Das war ein Glück, denn wäre die Verletzlichkeit unserer Schiffe allgemein bekanntgeworden, so wären die Männer sehr beunruhigt gewesen“.

Nur eines konnte Beatty aus eigener Macht nicht ändern – es waren nur mehr wenige Stunden bis zum Einbruch der Dunkelheit, und die Sicht wurde rasch schlechter. Der Artillerieoffizier der *Lion* fand, daß „schlechtes Licht und Dunst, eigener Geschützqualm und die Sprengwolken der feindlichen Geschosse ein Ferngefecht unmöglich machten. Das Gefecht bestand nur mehr aus relativ kurzen Feuerzeiten mit langen Pausen, in denen die Feinde nicht auszumachen waren. In dem Zeitraum zwischen der Wendung um 16.40 Uhr und dem Ende der Tagschlacht gab es für unsere vier Schlachtkreuzer nur fünf kurze Gelegenheiten zu einem Feuerwechsel. Von Zeit zu Zeit wurde der Kurs geändert, um näher an den Feind heranzukommen und in der dunstigen und raucherfüllten Luft nach ihm Ausschau zu halten. Doch kaum wurde er gesichtet und das Feuer auf ihn eröffnet, drehte er ab und verschwand hinter einem Rauchschleier.“

Die Sonne stand nun tief am Westhorizont im Rücken der Briten, und diese Beleuchtung sowie schlechte Sicht behinderten die Deutschen sehr. Für *Derfflinger* waren die Ziele selten näher als 16,5 Kilometer.

Die britischen Schlachtkreuzer machten sich die Nebelstreifen zunutze. Der Artilleriebericht der *Lion* zeigt, wie das Feuer auf Scheers Schiffe eröffnet wurde, sooft diese ausgemacht wurden: „17.08 Uhr Feind aus der Sicht verloren, 17.12 Uhr Feind erneut gesichtet. Abermalige Sichtung um 17.33 Uhr, wegen schlechter Lichtverhältnisse konnte das Feuer nicht eröffnet werden. Das nächste Gefecht dauerte etwas länger, und zwar von 17.38 bis 16.01 Uhr, es wurde auf wechselnde Entfernungen, zwischen 11,9 und 13,7 Kilometer, geführt.“

Scheer erkannte nun, daß die Briten auf Grund ihrer höheren Geschwindigkeit zu entkommen drohten. Hippers Schlachtkreuzer machten 20 Knoten Fahrt, das Gros ein bis zwei Knoten weniger. Die alten Linienschiffe des 2. Geschwaders begannen langsam zurückzufallen.

„Die Hoffnung, daß eines der gejagten Schiffe, lahmgeschossen, zurückbleiben und dem Gros zum Opfer fallen würde“, schreibt Scheer, „erfüllte sich nicht, obgleich gute Feuereinwirkung erzielt und um 17.30 Uhr beobachtet wurde, daß ein Schiff der ‚Queen-Elizabeth‘-Klasse nach mehreren Treffern abdrehte und sich mit geringer Fahrt und starker Schlagseite nach Feuerlee aus dem Gefecht zog. Die eigenen Aufklärungsstreitkräfte waren nur für Augenblicke auszumachen.“

Auch bekamen die deutschen Schiffe langsam Schwierigkeiten, ihre Höchstgeschwindigkeit einzuhalten, „da die Feuerungen langsam verkokten, weil sich seit 13 Uhr keine Gelegenheit mehr geboten hatte, die Roste zu reinigen, so daß diese verschmutzten“. Allgemein machte sich die erste Erschöpfung bemerkbar, „seit Mittag war kein Essen mehr ausgegeben worden, und insbesondere Heizer und Trimmer zeigten erste Anzeichen von Ermüdung“.

Hipper reagierte auf Scheers Signal von 17 Uhr „Verfolgung aufnehmen“, indem er mit seinen Schlachtkreuzern auf Nordwestkurs ging und erneut das Gefecht mit dem Feind suchte. Dabei kam er unabsichtlich Beatty entgegen, der vier Minuten später das Signal „Auf neuerliches Gefecht vorbereiten“ heißte und auf Ostkurs ging. Er schätzte, daß die Grand Fleet bald auf dem Nordhorizont auftauchen müßte, und wollte verhindern, daß Hipper sie sichtete und Scheer warnte.

Die Deutschen ahnten nichts von dem wahren Grund für Beattys Drehung. Von Hase schreibt: „Wir haben den Zweck seines Manövers damals nicht vollkommen erkannt. Tatsächlich hat Admiral Beatty dadurch, daß er uns trotz unserer höchsten Fahrt völlig überflügelt und schließlich umgangen hat, ein ausgezeichnetes Manöver ausgeführt, seine Schiffe haben

Wegen ihrer überlegenen Geschwindigkeit konnten sich die Briten dem deutschen Gros entziehen. Scheer befahl Hippers Schlachtkreuzern, mit ihrer größeren Geschwindigkeit Beattys Entkommen zu vereiteln. Doch langsam machte sich die Ermüdung der deutschen Heizer bemerkbar, außerdem mußten die Roste dringend entkokt werden (unten).

eine hervorragende technische Leistung vollbracht. Er hat das berühmte ‚Crossing the T' in vollendeter Form durchgeführt, er ‚zog den Strich über das T', zwang uns zum Abdrehen und brachte uns dadurch schließlich in eine völlige Einkreisung durch die englische Linienschiffsflotte und die englischen Schlachtkreuzer."

Bald wurden Hippers Schlachtkreuzer aus zwei Richtungen beschossen: *Lion* und die anderen drei Schlachtkreuzer nahmen sie von vorn aufs Korn, *Valiant* und *Barham* schossen von Backbord achtern. Sowohl Hippers Flaggschiff *Lützow* als auch die *Seydlitz* wurden sofort getroffen. *Seydlitz* erhielt einen Treffer über dem vorderen Bugtorpedoraum, durch den folgenden Wassereinbruch sackte sie mit dem Bug tiefer. Nur durch die übermenschlichen Anstrengungen des Leckwehrpersonals gelang es, die vorderen Schotten abzudichten und das Schiff zu retten, doch nach mehreren weiteren Treffern brachen an Oberdeck Brände aus. Beatty konnte nun die tiefstehende Sonne voll ausnutzen und die Deutschen mit Feuer belegen, während er selbst außer deren Geschützreichweite blieb.

Hipper wurde nun merklich unruhiger. Er kaute heftig an seiner Zigarre, und auch sein Stab bemerkte seine Ungeduld, als er über die Verzögerung der Unterstützung durch das Gros zu fluchen begann, die durch die Langsamkeit der alten Schlachtschiffe verursacht wurde. Seine Funkanlage war unbrauchbar, seine Schiffe erhielten Treffer und konnten sich nicht wehren. Hipper erkannte, daß seine beschädigten

17.25 ZUR WIEDERAUFNAHME DES GEFECHTS VORBEREITEN.

Beatty an die Schlachtkreuzer

Rechts: Die Lage nach dem einstündigen Marsch nach Norden. Beatty wußte, daß das eigene Gros in Kürze im Nordwesten auftauchen würde, und versuchte dieses vor Hipper zu decken, damit Scheer nicht zu früh gewarnt wurde.
Unten: Nach der vergeblichen Jagd auf das 5. Schlachtgeschwader war das deutsche Gros auf 10 Seemeilen auseinandergezogen. Die Sicht wurde schlechter, und aus dem Dunst an Hippers Feuerlee stieß der Leichte Kreuzer *Chester*. Das 3. Schlachtkreuzergeschwader mit *Invincible* an der Spitze ging wieder ins Gefecht.

Schlachtkreuzer ernsthaft in Gefahr gerieten. Er entschloß sich, Scheers Befehl zur Verfolgung nicht zu befolgen und drehte zuerst nach Nordwesten, dann nach Norden ab, um die Entfernung zu vergrößern: „Glauben Sie mir, Harder", sagte er zu seinem Flaggkapitän, „in dem Brei steckt etwas. Wir täten gut, nicht allzu tief hineinzustoßen!"

Hippers Ahnung sollte sich sehr schnell bewahrheiten, doch aus einer völlig unerwarteten Richtung. Kurz vor 18 Uhr stieß seine 2. Aufklärungsgruppe, die nach Norden in den Dunst vordrang, auf den britischen leichten Kreuzer *Chester*, der seinerseits am Steuerbordflügel des britischen 3. Schlachtkreuzergeschwaders stand.

Die *Invincible*, *Inflexible* und *Indomitable*, unter dem Kommando von Konteradmiral Hood stehend, waren dem britischen Gros vorausgeschickt worden, um Beatty zu Hilfe zu eilen. Wegen Beattys Besteckfehlern hatten sie diesen verfehlt, waren weitergefahren und fanden sich nun 10 Seemeilen östlich der deutschen Schlachtkreuzer. Hoods Verband bereitete den Deutschen nun in deren Feuerlee eine unange-

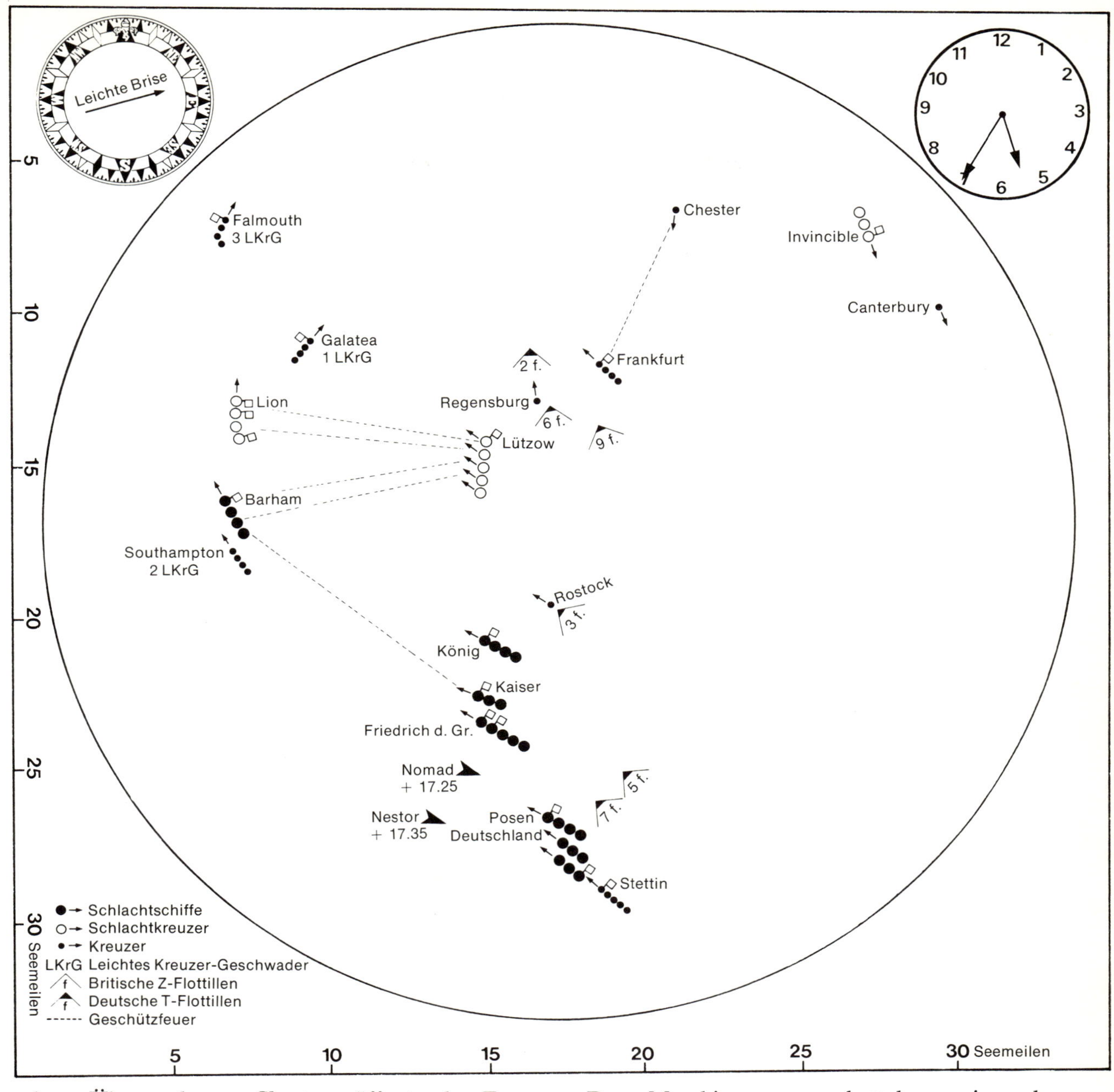

nehme Überraschung: *Chester* eröffnete das Feuer. Die vier Kleinen Kreuzer von Konteradmiral Boedickers 2. Aufklärungsgruppe, *Frankfurt, Wiesbaden, Elbing* und *Pillau,* waren der *Chester* weit überlegen, der es „langsam brenzlig wurde, denn ein ganzes feindliches Kreuzergeschwader konzentrierte sein Feuer auf uns, so daß wir mehrere Treffer erhielten". Die 18 Granattreffer auf dem Schiff verursachten schwere Verluste unter den Geschützbedienungen. Der Maschinenraum entging der Zerstörung, weil ein backbord einschlagendes Geschoß nicht explodierte und als Blindgänger steuerbord wieder hinausflog. „Das Maschinenraummaskottchen, ein schwarzes Kätzchen, wurde mit auf die Gefechtsstation unter Deck genommen und erfüllte seine Pflicht vorbildlich." Das Glück blieb der *Chester* treu, und sie konnte sich auf die eigenen Schlachtkreuzer zurückziehen.

Die deutschen Kreuzer folgten durch den Dunst und waren nun ihrerseits überrascht, plötzlich *Invincible, Inflexible* und *Indomitable* gegenüberzustehen: „Wenige Minuten später sahen wir das Blitzen von Abschüssen, in der nächsten Minute trat *Chester,* umgeben von Aufschlagfontänen, vor unserem Steuerbordbug aus dem Dunst. Sie kreuzte unseren Kurs von

`17.34 INVINCIBLE HAT FEUER ERÖFFNET.`

Kriegstagebuch Indomitable

backbord, und drei Minuten später kamen drei deutsche Kreuzer, die sie verfolgten, in Sicht. Als sie uns erkannten, wendeten sie nach Steuerbord, um uns auf Gegenkurs zu passieren. Um 17.34 Uhr eröffneten wir das Feuer, konnten es aber nur für fünf Minuten aufrechterhalten, bevor sie wieder verschwanden. *Invincible* und auch wir konnten einen so treffen, daß er explodierte, und auch *Indomitable* erzielte deutlich sichtbare Treffer auf einem anderen."

Oberheizer Zenne war der letzte Überlebende und einzige Augenzeuge des Dramas der *Wiesbaden*. Es begann mit den ersten Treffern der *Inflexible:*

„Plötzlich erhielt ich einen starken Stoß und flog mit dem Kopf hart an die gegenüberliegende Wand. Ein Zittern ging durch das ganze Schiff, das Licht verlosch, und tiefe Nacht umgab mich.

Da flammte das elektrische Licht, das inzwischen auf Akkumulatoren umgeschaltet worden war, wieder auf, und ich konnte mich im Raum umsehen.

Ich hörte das verräterische, helle Zischen von abblasendem Dampf. Alle achteren Räume waren bereits voll davon und die Hitze schon bis zu meinem Stand hin deutlich zu spüren.

Schnell schloß ich die schwere Eisentür und wandte mich meinen Turbinen zu. O weh, die liefen schon ganz langsam und blieben plötzlich völlig stehen.

Damit trat mit einem Schlage Totenstille um mich her ein."

Auch *Pillau* erhielt einen Treffer in den Maschinenraum, vier Kessel fielen aus, doch das Maschinenpersonal konnte den Dampfdruck aufrechterhalten, so daß der Kleine Kreuzer gemeinsam mit *Frankfurt* hinter einem Rauchschleier entkommen konnte. Für die *Wiesbaden* gab es allerdings kein Entkommen mehr:

„Noch einmal drang, wie ein Verzweiflungsschrei anzuhören, der von vorn nach achtern mit der Stimme weitergegebene Ruf durchs Schiff: ‚Beide Maschinen äußerste Kraft voraus!'

Als Antwort kam: ‚Maschinen sind manövrierunfähig, schwerer Granattreffer, Raum mußte verlassen werden!' "

Während die hilflose *Wiesbaden* von Hoods Schlachtkreuzern zusammengeschossen wurde, berichteten die fünf davongekommenen Kleinen Kreuzer des 2. Aufklärungsgeschwaders die Anwesenheit briti-

Rechts: Plötzlich trafen die deutschen Kleinen Kreuzer, die vor Hipper standen, auf den Leichten Kreuzer *Chester.* Er wurde schwer beschädigt; Schiffsjunge Erster Klasse Jack Cornwell (Kreis) erhielt posthum das Victoriakreuz, weil er auf seinem Posten im vorderen beschädigten Geschützturm ausharrte. – Hippers Verband war auf Admiral Hoods 3. Schlachtkreuzergeschwader getroffen. Gemeinsam rasten *Inflexible, Invincible* (unten) und *Indomitable* ins Gefecht und schossen den deutschen Kleinen Kreuzer *Wiesbaden* lahm.

scher schwerer Streitkräfte an Hipper. Er konnte den Feind nur ganz kurz in einer Nebellücke ausmachen, nahm an, daß es sich um Schlachtschiffe handelte und zog daraus sofort den Schluß, daß er es mit den Spitzenverbänden der Grand Fleet zu tun hatte. Knapp vor 18 Uhr befahl er daher Kapitän zur See Heinrich auf *Regensburg,* mit seinen 31 Torpedobooten nicht Beatty im Westen, sondern die feindlichen Streitkräfte im Osten anzugreifen. Die Boote rasten mit dem roten Doppelstander „Z“, dem traditionellen Angriffssignal der deutschen Torpedoboote, hinter der brennenden *Wiesbaden* vorbei zum Angriff auf Hoods Schlachtkreuzer. Sie waren bereits 4,5 Kilometer heran, als *Invincible* ihren vier Geleitzerstörern den Gegenangriff befahl. Die britischen Zerstörer *Acasta, Ophelia* und *Christopher* unter der Führung von Commander Loftus Jones auf *Shark* drehten auf den Feind zu. Schwarz qualmend und das Vorschiff von der Bugwelle überschwemmt, fuhren sie mit Höchstgeschwindigkeit den Deutschen entgegen. Sie brachten den deutschen Angriff durcheinander. Auf Hoods Schlachtkreuzer wurden nur 12 Torpedos abgefeuert, die aber alle ausmanövriert wurden. Doch *Shark* und *Acasta* wurden schwer getroffen. Nachdem *Acasta* bewegungsunfähig hinter den britischen Linien zurückgeblieben war, wurde sie schließlich in Schlepp genommen und gerettet. *Shark* sank sofort. Matrose C.C. Hope berichtete am Krankenbett:

„Wir waren gerade 10 Minuten im Gefecht, als wir einen Treffer ins Vorschiff erhielten und die Rudermaschine ausfiel . . . Wir erlitten schwere Verluste, das vordere und die achteren Geschütze wurden zerstört und die Besatzungen getötet. Schließlich wehrten wir uns nur mehr mit den Mittschiffsgeschützen, doch auch hier wurden die Geschützbedienungen schwer verwundet oder getötet. Nur Maat Howell und ich waren noch unverletzt. Captain Jones richtete das Geschütz, Fähnrich Smith schwenkte es. Maat Howell wurde dann schwer verwundet, und Captain Jones wurde ein Bein weggeschossen.“ Der Zerstörer ging schließlich unter.

„. . . fast sofort sahen wir das Aufblitzen der Abschüsse auf dem Führerkreuzer, und im gleichen Augenblick sichteten wir einen Zerstörer mit einem einzigen Mast achtern – das charakteristische Zeichen der Hunnen.“

Offizier an Bord HMS Chester

17.47 FEIND MIT TORPEDOS ANGREIFEN.

Beatty an die Zerstörer

Unter dem Druck der wiederaufflammenden Gefechtstätigkeit Beattys und des 3. Schlachtkreuzergeschwaders drehte Hipper von Nord auf Nordwesten. Gleichzeitig befahl er seinen Torpedobooten einen Unterstützungsangriff auf das 3. Schlachtgeschwader.
Unten: Vier britische Zerstörer unter dem Befehl von Commander Loftus Jones (Kreis) auf *Shark* wehrten die deutschen Torpedobootangriffe mit beispielloser Kühnheit ab.

„... durch die von den Granateinschlägen aufgeworfenen Fontänen waren alle auf der Brücke naß bis auf die Haut, weswegen der Sub-Lieutenant bemerkte, daß ‚ein Regenschirm jetzt sehr gut zu gebrauchen wäre' ... Nach einiger Zeit erhielten wir unseren ersten Treffer steuerbord vorn in der Wasserlinie. Wir spürten deutlich, wie das Boot förmlich zur Seite gestoßen wurde ..."
Lieut. Cmdr. Barron, Acasta

Die Überlebenden der *Shark* wurden später von einem dänischen Dampfer aufgefischt, aber Captain Jones war nicht unter ihnen. Einige Wochen später wurde seine Leiche an der schwedischen Küste angetrieben und auf dem Friedhof von Fiskenbacksie beigesetzt.

Der fehlgeschlagene Zerstörerangriff zwang Hipper, sich sofort auf das Gros zurückzuziehen. Die *Wiesbaden* wurde zurückgelassen, und bald darauf dampften seine Schlachtkreuzer wieder an der Spitze des deutschen Gros nach Nordosten.

Hipper war also einer der ersten Deutschen, der das furchterregende Auftauchen der Grand Fleet sah: „Über den ganzen Horizont trat die feindliche Schlachtlinie aus dem Dunst und feuerte aus allen schweren Geschützen."

Die Hochseeflotte war direkt in Jellicoes Falle gelaufen. Und gerade Beattys Drehung, die Hipper nach Osten abdrängte, war dafür von entscheidender Bedeutung. Für die deutsche Flotte war die Situation im höchsten Maße gefährlich, insbesondere weil Hippers Torpedobootflottillen ihren Angriff auf die vier britischen Zerstörer, die von *Shark* geführt wurden, konzentrierten. Hätten sie nach Nordwesten angegriffen, dann hätten sie „wie der Wolf in der Schafherde gewütet" und die so störungsanfällige Entfaltung der britischen Schlachtlinie vollständig durcheinandergebracht.

Aus deutscher Sicht erhielt die britische Streitmacht „zum Glück für England genug Zeit, um sich vollständig zu entfalten". Kurz vor seinem Tod gab Admiral Scheer zu, „daß es ihm den Schlaf raubte, wenn er daran dachte, daß ihm die Vorsehung die Möglichkeit geboten hatte, die *gesamte* britische Flotte zu vernichten".

18.01 WO STEHT DIE FEINDLICHE SCHLACHTFLOTTE?

Flottenchef an Beatty

Kurz nach 18 Uhr, als das Zerstörergefecht seinen Höhepunkt erreichte, analysierte Beatty auf seinem Flaggschiff *Iron Duke* die Lage. „Es herrschte noch große Unsicherheit über den tatsächlichen Standort des feindlichen Gros: Von voraus bis steuerbord querab waren die Abschüsse von Geschützen zu sehen, der Gefechtslärm war anhaltend laut." Noch hatte Jellicoe nicht entschieden, wie er seine 24 Schlachtschiffe formieren würde. Selten noch mußte ein einzelner mit so wenig Informationen eine so wichtige Entscheidung treffen. Der britische Flottenchef hatte noch keine klaren Meldungen, wo genau sich Beattys Verband befand und was er gerade unternahm. Er konnte nicht verstehen, warum so viele seiner Kommandanten keine Sichtmeldungen abgaben. Seit fast zwei Stunden befand man sich im Gefecht mit dem Feind, doch seit *Southampton* die deutsche Schlachtflotte um 14.38 Uhr sichtete, hatte er nur acht genaue Meldungen erhalten.

Von den acht Meldungen stammten nicht weniger als sechs von Commodore Goodenough auf *Southampton.* Doch die anderen Aufklärungsschiffe hatten keineswegs so hervorragende Leistungen vollbracht. Viele der versäumten Gelegenheiten der Skagerrak-Schlacht hatten darin ihre Ursache. Als Beispiel für die schlechte britische Aufklärungs- und Meldetätigkeit soll Beattys Funksignal „Feindliche Schlachtflotte, Peilung SO" dienen. Es wurde bei der Durchgabe verstümmelt und schließlich als „26–30 Schlachtschiffe, vermutlich feindlich, Peilung SO" entziffert, und diese Falschmeldung wurde nie richtiggestellt, die tatsächliche Stärke des deutschen Gros blieb unbekannt. Daß Jellicoe nicht imstande war, das genaue Maß der Überlegenheit der Grand Fleet über die deutsche Hochseeflotte festzustellen, spielte aber nur eine sekundäre Rolle, verglichen mit der Bedeutung der Entscheidung, die er nun bezüglich der Formierung seiner Einheiten zu treffen hatte. Wie die Zinken eines riesigen Rechens – zehn Kilometer breit – durchpflügten seine Schlachtschiffe in sechs Kolonnen mit Seitenabständen von 1800 Metern die See. Er durfte keine Zeit verlieren, diese sechs Kolonnen in eine einzige lange Gefechtslinie umzuwandeln, und es gab wenig Toleranzen für einen Irrtum. Entwickelte er die Schlachtlinie in die falsche Richtung, würde der herbeikommende Scheer die britische Schlachtlinie im rechten Winkel kreuzen, in der klassischen Form des Zusammentreffens, dem „Crossing the T". Die Deutschen konnten dann ihre vollen Breitseiten einsetzen, während sich die hintereinanderfahrenden Briten gegenseitig das Schußfeld nach vorn versperrten, wodurch ihre überlegene Feuerkraft ausgeschaltet war. Wartete Jellicoe andererseits mit der Entwicklung zur Gefechtskiellinie bis zum Insichtkommen der Deutschen, so bestand die Gefahr, daß er sein Manöver im Schußfeld des näher kommenden Feindes ausführen mußte. Auch dann würden sich die britischen Schiffe gegenseitig behindern, und ein schneller Torpedoangriff deutscher leichter Streitkräfte konnte verheerende Wirkung haben.

Zwischen 17.40 und 18.03 Uhr erhielt Jellicoe drei Meldungen von Goodenough, deren letzte die Lage

Unten: Während die Schlachtflotte in sechs Geschwaderkiellinien auf den Gefechtslärm und die Abschußblitze zufuhr, hatte der Flottenchef keine klare Vorstellung von der Feindlage. Admiral Jellicoe (Mitte) fehlten die lebenswichtigen Informationen, um die britische Schlachtlinie richtig entwickeln zu können. Der Ausgang der Schlacht – und auch derjenige des Krieges – hing ganz von seiner Entscheidung ab.

etwas klarer sehen ließ: „Dringend. Feindliches Gros aus der Sicht verloren. Bin im Gefecht mit den feindlichen Schlachtkreuzern. Mein Standort ist 56°57′ Nord/05°43′ Ost, mein Kurs NNO, meine Geschwindigkeit 26 Knoten." Jellicoes andere Panzerkreuzer, „die Augen der Flotte", waren weit vor ihm aufgefächert. Doch sie waren nicht von großem Nutzen, da wegen der großen Entfernung die Sichtverbindung zum Flaggschiff unterbrochen war.

An das Spitzenschiff der Steuerborddivision, *Marlborough,* welches anscheinend dem ankommenden Feind am nächsten war, richtete er die dringende Anfrage: „Was können Sie sehen?" Um 18 Uhr kam die wenig nützliche Antwort: „Unsere Schlachtkreuzer in Peilung SSW auf Ostkurs. *Lion* ist Spitzenschiff." Nach fünf Minuten kam eine weitere Meldung von *Marlborough:* „5. Schlachtgeschwader in Peilung SW." Diese Meldung enthüllte, daß man die Position von Jellicoes Flaggschiff auf Grund von Besteckfehlern um 11 Seemeilen falsch annahm. Nach seinen Informationen erwartete Jellicoe, daß *Lion* 12 Seemeilen südöstlich seiner *Iron Duke* stehen sollte, tatsächlich stand sie 5,5 Seemeilen im Süden.

Kurz nach 18 Uhr wurde das Schiff auch von *Iron Duke* gesichtet, so daß kein Zweifel bestand, daß *Lion* nicht nur 6,5 Seemeilen näher als erwartet, sondern mehr an Steuerbord als direkt voraus stand. So wie Jellicoe die Lage nun einschätzte, standen die Deutschen zwar noch hinter dem Horizont, konnten aber wesentlich schneller heran sein, als erwartet. Den britischen Schlachtschiffen blieben vielleicht noch

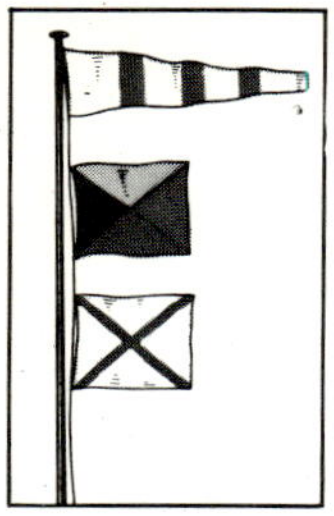

18.15 GLEICHE FAHRT. KURS SÜDOST.

Flottenchef an Flotte

Rechts: In den letzten Augenblicken vor der endgültigen Entwicklung zur Schlachtlinie mußte Jellicoe diese Lage bei bloß 6 Seemeilen Sicht erraten. Indem er die Schlachtlinie mit *King George V.* an der Spitze entwickeln ließ, schnitt er Scheer den Rückzug ab. Links: Mit diesem Flaggensignal, bestehend aus dem Gleiche-Fahrt-Stander und den Buchstaben C(harlie) L(ondon), befahl Jellicoe die Einleitung des Manövers zur Entwicklung der Schlachtlinie. Unten: Er konnte aber nicht davon ausgehen, daß ihn sein Instinkt richtig geleitet hatte, weil die Deutschen durch den Schornsteinqualm der eigenen Schlachtkreuzer verdeckt waren. Weit vor ihm band Hippers Gefecht die deutschen Torpedoboote in den entscheidenden Übergangsminuten.

fünfzehn Minuten, um in Gefechtskiellinie überzugehen, und für dieses Manöver brauchten sie erfahrungsgemäß zwanzig Minuten. Für Jellicoe bestand nun kein Sicherheitsspielraum mehr, und ein Fehler konnte sich verheerend auswirken. Auf der Brücke der *Iron Duke* war der Geschützlärm immer deutlicher zu vernehmen, und immer noch war man über Standort und Kurs der Deutschen in Ungewißheit. Der sonst so kühle Jellicoe geriet in Aufregung: „Ich wünschte, jemand könnte mir sagen, wer hier auf wen schießt."

Um dies herauszufinden, wurde mit dem Signalscheinwerfer bei *Lion* angefragt: „Wo steht die feindliche Schlachtflotte?" Beatty hatte Scheer zuletzt vor einer Stunde gesichtet, und seine Antwort war eher unbestimmt: „Feindliche Schlachtkreuzer in Peilung SO."

Iron Duke fragte nochmals bei *Lion* an, und glücklicherweise hatte man Scheers Vorhut inzwischen am Horizont gesichtet. Um 18.14 Uhr antwortete *Lion:* „Feindliche Schlachtflotte in Peilung SSW gesichtet." Eine Meldung von *Barham* bestätigte dies.

Kostbare Zeit verrann, in wenigen Minuten würde die Hochseeflotte in Schußweite sein. „Es war nun zu entscheiden", sagte Jellicoe später, „ob man die Gefechtskiellinie nach steuerbord oder nach backbord entwickelte." Noch fuhr die Grand Fleet in sechs Kolonnen nach Südosten.

„Mein erster und natürlicher Impuls", schrieb Jellicoe, „war es, beginnend mit der Steuerbordkolonne in Schlachtlinie überzugehen, um die Flotte so rasch wie möglich einsetzen zu können. Doch sowohl aus dem Gefechtslärm als auch aus den Meldungen von *Lion* und *Barham* wurde immer deutlicher, daß die Hochseeflotte bereits so nahe war, daß uns dieses Manöver deutlich benachteiligt hätte." Jellicoe befürchtete einen Angriff der deutschen Torpedoboote, die er vor dem deutschen Gros vermutete, aus dem Dunst heraus. „Es wäre Selbstmord gewesen, die Schlachtflotte so zu entwickeln, daß sie im kritischen Moment solch einem Angriff ungeschützt ausgesetzt wäre." Bei einer Entwicklung nach steuerbord wäre außerdem die 6. Division, ihre Schiffe der *Revenge*-Klasse waren Jellicoes kampfschwächste Einheiten, mit *Marlborough* an der Spitze der Schlachtschiffe gefahren, wo sich voraussichtlich das schwerste Feuer konzentrieren würde. Noch ein dritter Grund sprach gegen eine Entwicklung nach steuerbord: „Das komplizierte Manöver würde eine langgezogene Wendung der steuerbord marschierenden Flügelkolonne erfordern, alle anderen Kolonnen hätten dann schrittweise zu folgen." In jeder Minute kam die feindliche Schlachtflotte eine dreiviertel Meile näher. Nelson hatte seinerzeit fast zwei Stunden Zeit gehabt, die Entwicklung seiner Flotte vor Trafalgar zu überlegen, doch Jellicoe auf der Brücke von *Iron Duke* fällte seine Entscheidung innerhalb von 20 Sekunden. Jellicoes Flaggkapitän, Dreyer, war beeindruckt, wie kühl sein Flottenchef endgültig entschied: „Ich überwachte das Steuern des Schiffes, als ich den raschen, markanten Schritt des Flottenchefs hörte. Er sah etwa 20 Sekunden lang schweigend auf den Magnetkompaß. Ich beobachtete sein scharfes, braunes, wettergegerbtes Gesicht und war gespannt, was er befehlen würde. Er wirkte so kühl und unbewegt wie immer. Dann blickte er auf und brach das Schweigen mit dem kurzen Befehl an Commander A. R. W. Woods, den Signaloffizier der Flotte: ‚Heißen Sie den Gleiche-Fahrt-Stander und Kurs Südost.' Woods fragte zurück: ‚Könnten Sie den Kurs um einen Strich nach backbord legen, Sir, damit alle Schiffe wissen, daß die Entwicklung beginnend mit den Back-

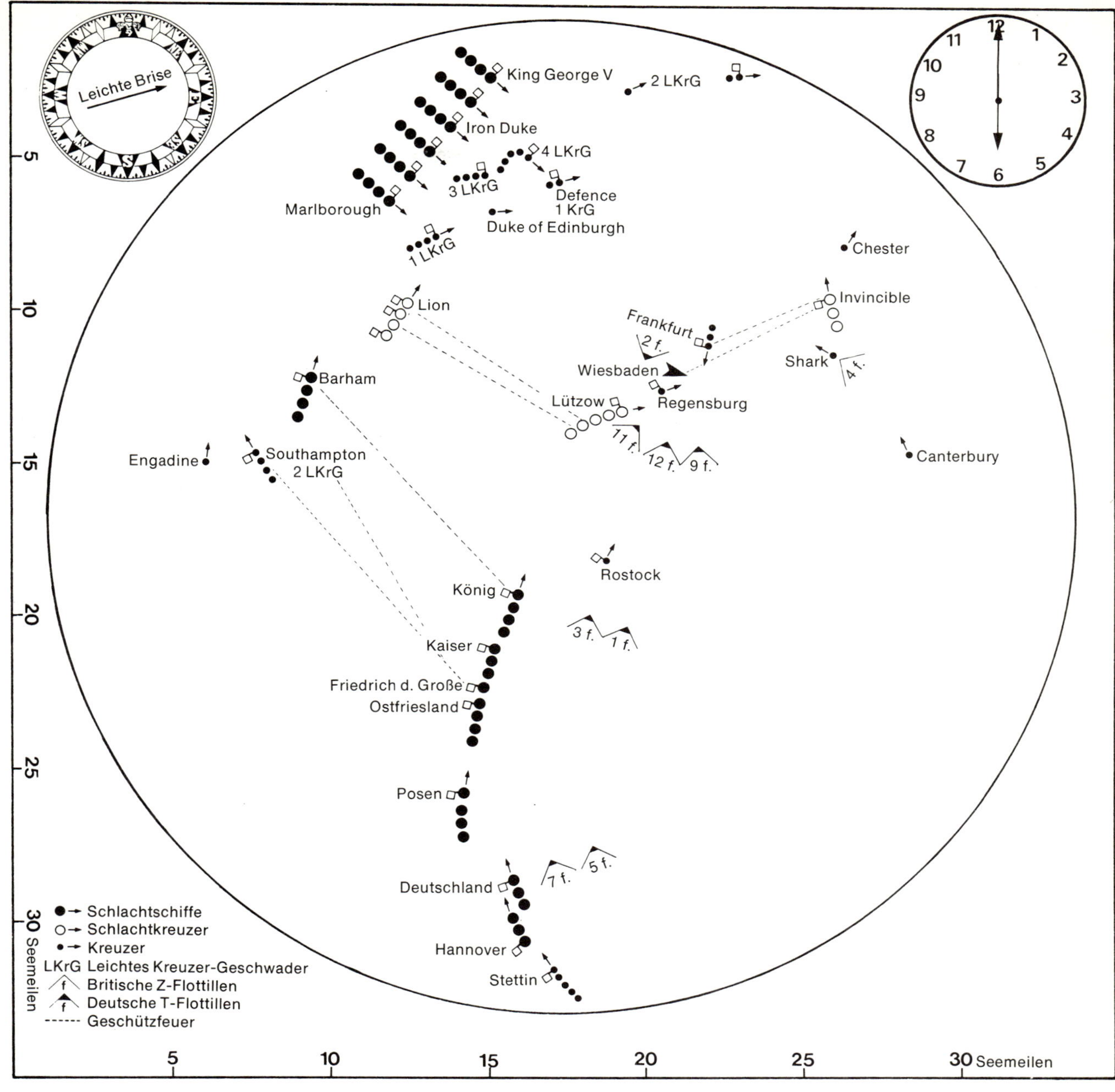

bordkolonnen erfolgen soll?‘ Jellicoe antwortete: ‚In Ordnung. Heißen Sie den Gleiche-Fahrt-Stander und SOzO.‘ “

Um 18.15 Uhr gingen auf *Iron Duke* der Gleiche-Fahrt-Stander und die Signalflaggen Charlie London (CL = Codegruppe für Südost-zu-Ost) hoch, gleichzeitig ging der Funkbefehl hinaus: „Die Backbordkolonne geht als erste, Schiff nach Schiff, auf den neuen Kurs, bei den anderen Kolonnen wenden die Spitzenschiffe gemeinsam, die anderen Schiffe schließen bei gleicher Geschwindigkeit an.“ Schwerfällig begann sich der Mechanismus in Gang zu setzen. Beginnend mit *King George V.* schwenkten die britischen Schlachtschiffe zu einer 12,5 Kilometer langen Kolonne ein.

Zuerst hatte Jellicoe gar nicht erkannt, daß er einen außerordentlichen taktischen Vorteil erreicht hatte: Die Grand Fleet stand nun zwischen der deutschen Hochseeflotte und ihren Stützpunkten. Da nur mehr zwei Stunden bis zum Einbruch der Dunkelheit blieben, wurde nun der gesamte Ablauf der Schlacht von diesem Umstand bestimmt.

Nachdem 15 Minuten verstrichen waren, sah Jellicoe die deutsche Schlachtlinie, doch es war nur ein kurzes Erhaschen. Dunstbänke und der Qualm aus Hunderten von Schornsteinen beeinträchtigten die Sicht vollkommen. Bei einer Vorführung an der Taktikschule strich Jellicoe noch Jahre später heraus, wie ungeheuer behindernd die schlechten Sichtverhältnisse gewesen waren. Er machte dies anschaulich, indem er ein Staubtuch rund um die Modelle der vier deutschen Spitzenschiffe legte. Er erklärte, daß dies alles gewesen sei, was er die ganze Zeit über von Scheers 22 Schlachtschiffen gesehen habe. In seinem sofort nach der Schlacht abgefaßten Bericht an den Ersten Lord der Admiralität erklärte er: „Die ganze Situation war sehr schwer zu erfassen, weil ich nicht genau wußte, was vorging. Wir sahen fast nichts außer Abschüssen, Geschoßeinschlägen, explodierenden Schiffen – und nur gelegentlich ganz kurz den Feind."

Auch Beattys Schlachtkreuzer halfen kaum, ein besseres Bild der Lage zu bekommen. Sie stürmten vor der Schlachtlinie vorbei, um ihre Position an deren Spitze einzunehmen. Um Kollisionen zu vermeiden, mußte Jellicoe mit der Geschwindigkeit des Gros heruntergehen, was wiederum eine Verzögerung des Gefechtsbeginns mit sich brachte. Evan-Thomas erkannte, daß er mit seinem 5. Schlachtgeschwader die vorgesehene Position an der Spitze nicht erreichen würde. Nach einigem Zögern hängte er seine Schiffe ohne Befehl an den Schluß der Schlachtlinie. Kaum hatte das britische Gros das Feuer eröffnet, raste Konteradmiral Sir Robert Arbuthnot mit den vier Panzerkreuzern des 1. Kreuzergeschwaders kühn in das Niemandsland zwischen den beiden Flotten. Diese Kühnheit sollte mit dem Verlust zweier Schiffe, *Warrior* und *Defence,* bezahlt werden. Arbuthnot stand als Spitzensicherung vor dem britischen Gros, als er aber Boedickers 2. Aufklärungsgruppe sichtete, konnte er sich nicht mehr zurückhalten und griff ohne zu überlegen die fünf deutschen kleinen Kreuzer und die *Wiesbaden* an. Von Hase auf *Derfflinger* war Augenzeuge: „Plötzlich sehe ich in meinem Sehrohr, daß ein brennender deutscher Kleiner Kreuzer vorübertreibt. Ich erkenne die *Wiesbaden.* Sie ist fast vollkommen in Rauch gehüllt, nur das Achterschiff ist noch frei, und das dort stehende Geschütz feuert unausgesetzt auf einen englischen Kleinen Kreuzer. Brave Wiesbaden! Tapfere Besatzung dieses guten Schiffes! Nur der Oberheizer Zenne ist nach dreitägigem Treiben auf einem Floß von einem norwegischen Fischerfahrzeug gerettet worden, alle übrigen, darunter der Dichter Gorch Fock, der das Meer so über alles liebte, haben ihre Treue zu Kaiser und Reich mit dem Seemannstod besiegelt! Die *Wiesbaden* wurde von einem englischen Kleinen Kreuzer unter wirkungsvollem Feuer gehalten. Immer wieder schlugen die Granaten in die arme *Wiesbaden* ein. Mich erfaßte die Wut, und ich ließ von meinem bisherigen Ziel ab, ließ die Entfernung zum englischen Kleinen Kreuzer messen, kommandierte die Entfernung und den Schieber, und ‚Rums!' – prasselte eine Salve auf den Quälgeist der *Wiesbaden* heraus! Noch eine weitere Salve, und ich hatte ihn! Eine hohe Feuersäule stieg zum Himmel. Anscheinend

18.14 FEINDLICHES GROS IN PEILUNG SSW GESICHTET

Beatty an Flottenchef

Kurz bevor die beiden Schlachtflotten einander sichteten, unternahm Konteradmiral Arbuthnot (Kreis) mit dem 1. Kreuzergeschwader einen leichtsinnigen Versuch, die lahmgeschossene *Wiesbaden* zu versenken. Er fiel mit seiner ganzen Besatzung, als sein Flaggschiff *Defence* in die Luft flog.
Links: Der Panzerkreuzer *Warrior* wurde schwer beschädigt.
Unten: Das Entkommen der Panzerkreuzer wurde durch *Warspite* gedeckt, die wegen eines Ruderversagers zwei Vollkreise vor dem deutschen Gros fuhr.

explodierte eine Pulverkammer. Der Kreuzer drehte ab, lief mit hoher Fahrt davon, wobei ich ihm noch zwei oder drei Salven nachpfefferte."

Auf *Warspite* wurde Lieutenant Bickmore Augenzeuge des plötzlichen Endes von Arbuthnots Eingreifen und sollte sich gleich darauf selbst in einer ähnlich gefährlichen Lage finden: „Zeitweise verdeckten uns Arbuthnots Schiffe das Schußfeld, dabei rannten sie geradewegs in eine Salve der deutschen Flotte, die sicherlich uns gegolten hatte. *Defence* flog sofort in die Luft, der ganze Schiffsboden war gut 20 Meter hoch über dem Wasser, es war ein außerordentlicher Anblick. *Warrior* und *Black Prince* wurden ebenfalls schwer getroffen. All das spielte sich in dem Gebiet ab, das später als die ‚heiße Ecke' bezeichnet werden sollte. In diesem kritischen Moment lief *Malaya* schnell von achtern auf und drohte uns zu rammen. Um das zu vermeiden, wurde das Ruder hart steuerbord gelegt. Doch durch die Treffer ins Heck war das Ruder unklar und blockierte in dieser Stellung. So fuhren wir einen Vollkreis direkt auf die Deutschen zu, passierten die lahmgeschossene *Warrior* und zogen das ganze deutsche Feuer auf uns."

Warspite machte noch einen weiteren Vollkreis zwischen den Schlachtlinien, denn der Kapitän hatte zwar versucht, das Schiff mit den Schrauben zu steuern, doch das Notruder wurde so hastig eingekuppelt, daß das Schiff nochmals nach steuerbord ausschwenkte. *Warspite* erhielt 13 schwere Treffer:

„Ungefähr 30 Minuten lang wurden wir von etwa 30 deutschen Schiffen aus nächster Entfernung beschossen. Das Geräusch der Treffer klang wie das Abfeuern der Mittelartillerie. Das Schiff wurde schwer getroffen und beschädigt. Nach dem Gefecht habe ich selbst mehr als 150 Einschußlöcher gezählt. Die Schornsteine waren durchlöchert wie ein Sieb. Der Hauptmast hatte einen Treffer abbekommen, ein anderer hatte Turm ‚B' außer Gefecht gesetzt. Turm ‚A', in dem ich mich befand, war noch gefechtsklar. Beide 15,2-cm-Batterien wurden getroffen, Kartuschbrände forderten viele Verletzte. Für seine Rettungstätigkeit in einer dieser Batterien hat der katholische Schiffspfarrer später das ‚Distinguished Service Cross' erhalten. Er hatte so lange Verwundete aus den Flammen gezerrt, bis ihm die ganze Kleidung vom Leib gesengt war. Als es endlich vorüber war, hatten wir Brände an sieben Stellen, und das Heck lag so tief im Wasser, daß die Schanz überspült war. Es waren überhaupt nur mehr zwei schwere und zwei mittlere Geschütze einsatzbereit.

Als wir nicht mehr beschossen wurden und ich nichts zu tun hatte, kletterte ich auf die Turmdecke, um mir den Aufmarsch und die Feuereröffnung der Grand Fleet anzusehen. Es war das großartigste Bild meines Lebens. Von einem Horizont zum anderen erstreckte sich die Flotte, wendete zu einer 6 Seemeilen langen Kolonne und eröffnete dabei das Feuer. Es war herrlich anzusehen. Wir wußten, daß wir angeschlagen waren, doch es war inzwischen klar, daß die Deutschen noch viel mehr zusammengeflickt werden mußten als wir."

18.17 GROSSE EXPLOSION IN DER FEINDLICHEN LI

WEITERE EXPLOSION GESICHTET.

Kriegstagebuch Fearless

„Der ganze Bogen, von Norden bis Osten reichend, war plötzlich ein Feuermeer. Deutlich hob sich das Mündungsfeuer der Geschütze aus dem auf dem Horizont lagernden Dunst und Qualm ab, in welchem die Schiffe zunächst nicht erkennbar waren.“ Als Scheer am frühen Abend des 31. Mai durch den Dunst der Nordsee den Horizont beobachtete, muß er wohl gefühlt haben, welche Götterdämmerung seiner Flotte drohte. Seine Geschwader fuhren mit 20 Knoten direkt im rechten Winkel auf Jellicoes Schlachtlinie zu. Nach der Theorie war das eine der schlechtesten Situationen, deren sich der Befehlshaber einer Schlachtflotte gegenübersehen konnte. Die Grand Fleet hatte den Querbalken des T vor die deutsche Hochseeflotte gezogen und war über den ganzen Horizont aufmarschiert.

Marlborough stand dem deutschen Gros am nächsten: „Als die Schlachtkreuzer an der Spitze angelangt waren und sich der Rauch etwas verzogen hatte, konnte man die deutsche Schlachtlinie etwas besser erkennen. Vier Schiffe der Kaiser-Klasse und vier der Helgoland-Klasse konnten undeutlich ausgemacht werden. *Marlborough* eröffnete um 18.17 Uhr das Feuer auf ein Schlachtschiff der Kaiser-Klasse – Entfernung 11,9 Kilometer, Richtung Grün 110 (Steuerbord achterlicher als dwars).“

Kurz darauf fielen die 30,5 cm der *Agincourt* ein: „18,24 Uhr. Feuer auf feindlichen Schlachtkreuzer eröffnet; Entfernung 9,2 Kilometer. Das Ziel konnte gerade noch ausgemacht werden.“

Dann eröffneten *Bellerophon* und *Hercules* das Feuer, gefolgt von immer mehr Schiffen. In weniger als sechs Minuten schoß die ganze Linie ihre Breitseiten. Wenn die deutsche Schlachtflotte im Qualm außer Sicht kam, wurde die unglückliche *Wiesbaden* unter Feuer genommen. Sie lag gerade in der Mitte dieses Halbkreises.

Die nächsten Minuten erschienen den Männern auf den deutschen Schlachtschiffen wie Ewigkeiten, als dieser große Halbkreis von britischen Schiffen alle seine Geschütze auf die Hochseeflotte richtete. Hippers Schlachtkreuzer, die an der Spitze standen, überlebten nur dank ihrer ungeheuren Standfestigkeit. Konteradmiral Behnckes 3. Geschwader, das an der Spitze fuhr, hatte Schweres durchzumachen. Ein deutscher Offizier an Bord der *Kaiser*, dem vierten Schiff in der Linie, beschreibt seine Eindrücke:

„Wie klein man sich fühlt, angesichts all dieser drohenden Elemente, die uns zu Leibe wollen! Schon eine Salve könnte unserem Schiff das Ende bereiten, könnte es auseinanderreißen und mit uns Schluß machen. Später hörte ich, daß jemand dem Kapitän

Unten: Zu dem Zeitpunkt, als das 4. Schlachtgeschwader in die Schlachtlinie einschwenkte, wurde die ohnedies schon unzureichende Sicht durch den Rauch aus Hunderten von Schornsteinen und den Geschützqualm Tausender Abschüsse noch erheblich verschlechtert.

des Flottenflaggschiffs – der früher Kommandeur der *Kaiser* gewesen war – sagte: ‚Dort sinkt Ihr altes Schiff.‘ Aber die *Kaiser* war noch keineswegs soweit, zu sinken – obwohl wir mitten im Hexenkessel steckten, eingehüllt in schmutzigen Rauch, zugleich von Massen herumfliegenden Stahls getroffen und überschüttet von wahren Wasserbergen, emporgeschleudert von nahe einschlagenden Granaten.

Wir überlebten dieses Höllenfeuer und hielten uns dicht hinter dem Admiralsschiff, obwohl uns der Rauch in die Augen biß – und feuerten ununterbrochen weiter.“

An Bord von Behnckes Flaggschiff *König* erlaubten die einschlagenden Granaten den Sanitätern kein Atemholen:

„Bald war der Gefechtsverbandplatz so voll, daß ein Deck höher weiterbehandelt werden mußte. Jeder schwerverwundete Mann erhielt sofort eine Morphiumspritze. Wir mußten uns vor allem darauf konzentrieren, Erste Hilfe zu leisten, Wunden zu verbinden und gebrochene Gliedmaßen zu schienen . . . dann kamen Verwundete, die an Gasvergiftung litten; die Symptome waren unregelmäßige Atmung, Blässe und ein süßsäuerlicher Geruch. Manche bedurften künstlicher Beatmung und herzstärkender Mittel.“

Doch dieser erste Zusammenprall zwischen der

britischen und der deutschen Schlachtflotte dauerte kaum eine Viertelstunde. Als der langersehnte Augenblick der Bewährung gekommen war, hing das Ergebnis all der Jahre der wirtschaftlichen, industriellen und technischen Anstrengung, der Ausbildung Tausender Männer, der taktischen Überlegungen der Kommandeure und das Schicksal zweier Nationen bloß von den unkontrollierbaren Launen des Dunstes auf See und dem Schornsteinqualm der Schiffe ab. Nur während

Rechts: Die Grand Fleet, immer noch in der Entwicklung zur Gefechtskiellinie begriffen, eröffnete das Feuer auf die 10 Seemeilen lange Linie der Hochseeflotte. Dunst- und Rauchschwaden beschränkten die Sicht. Die in der Mitte der britischen Schlachtlinie stehenden Schlachtschiffe *Superb* und *Canada* (links) hatten weniger als sechs Seemeilen Sicht. Die lahmgeschossene *Wiesbaden* lag zwischen den beiden Flotten, und die mit Ruderversager kreisende *Warspite* deckte das Entkommen der *Warrior*. Hippers Schlachtkreuzer konzentrierten ihr Feuer immer noch auf das 3. Schlachtgeschwader und versenkten die *Invincible*.

der kurzen Momente etwas klarerer Sicht konnte man auf beiden Seiten in Aktion treten. „Wenn sie ein Ziel ausmachen konnten, feuerten die Schiffe auf alles, was ihnen vor die Rohre kam", erklärte Jellicoe später. Bei klarer Sicht wäre die deutsche Hochseeflotte binnen weniger Minuten in die Flucht geschlagen worden, doch die schlechten Sichtverhältnisse und das Verschwinden der Ziele hinter Gefechtsqualm und Einschlagfontänen retteten die Deutschen.

Für die britischen Artillerieoffiziere hoch über der granatzerwühlten Wasseroberfläche war die Situation „ärgerlich und verlangte jedem das Letzte ab". Als typisches Beispiel mag der Bericht des Artilleriebeobachters der *Benbow* gelten:

„Nach jeder Salve nahm mir der Qualm für einige Sekunden die Sicht, und durch die Erschütterung verlor ich das Ziel aus der Optik. Wegen der kurzen Schußentfernungen und Geschoßflugzeiten blieb wenig Zeit, so daß man praktisch nicht sagen konnte, ob man noch immer jenes Schiff in der Optik hatte, auf das man eben geschossen hatte. Ganz zu schweigen davon, daß während der Geschoßflugzeit oft noch geringfügige Kursänderungen durchgeführt wurden."

Die Artillerieberichte zeigen, wie blind die britischen Schlachtschiffe im Grunde genommen schossen: „*Bellerophon*. Um 18.15 Uhr einige graue, dunstige Objekte gesichtet. 18.25 Uhr Feuer eröffnet . . . Es ist nicht möglich, die Zahl der Gegner festzustellen. *Benbow*. 18.29 Uhr Lützow-Klasse. 9,2 Kilometer. Feuer eröffnet. Im Nebel kein Geschoßaufschlag zu sehen. *Conqueror*. 18.31 Uhr, Feuer auf Markgraf-Klasse eröffnet; Entfernung ca. 11 Kilometer. Das Schiff verschwand schnell im Dunst. *Monarch*. 18.33 Uhr, in Grün 95 fünf Schlachtschiffe gesichtet: drei König-Klasse, zwei Kaiser-Klasse. Zwei Salven, die erste rechts weit, die zweite schien das Achterschiff zu treffen. Die Schiffe verschwanden aus der Sicht, doch wir schossen eine Salve auf einen von der Kaiser-Klasse, das Ergebnis war nicht zu beobachten."

Auf den deutschen Schlachtschiffen hörte man die britischen Geschosse mit einem Geräusch ankommen, „wie wenn ein Güterzug über eine Brücke fährt".

Sobald ein Ziel aus dem Dunst tauchte, versuchte jedes britische Schlachtschiff, den Nachbarn zu übertreffen. Nach den endlosen Monaten des Wartens machte sich der aufgestaute Enthusiasmus in den vielen Gefechtsflaggen Luft, die jedes Schiff stolz setzte. Im Krähennest der *Neptune* bemerkte ein junger Fähnrich: „Innerhalb von zehn Minuten waren überall White Ensigns zu sehen, große und kleine, seidene und leinene flatterten an jeder Rah." Von seinem Standpunkt aus konnte er die historische Begegnung gut überblicken: „Beide Flotten waren nun voll im Gefecht, doch der Gegner verschwand immer mehr im zunehmenden Dunst, so daß das Gefecht bald unterbrochen werden mußte . . . Es ist ein eigenartiges Gefühl, von schwerer Artillerie auf große Entfernung beschossen zu werden. Die Geschoßflugzeit von etwa 30 Sekunden kommt einem wie 30 Minuten vor. Aus den Mündungen der feindlichen Geschütze in einigen Meilen Entfernung bricht ein Kamm feuriger Flammen hervor, dann folgt eine Pause, in der man daran denkt, daß nun 2 bis 3 Tonnen Metall über das Niemandsland auf einen zufliegen. Gleichzeitig erheben sich die masthohen Einschläge aus der See. Zu Beginn des Gefechtes fielen ein oder zwei Salven auf uns zu kurz. Ich nehme an, daß die anderen zu weit lagen, da ich sie nicht mehr sah . . . Beim Feind wurden deutliche Treffer erzielt, insbesondere auf zwei Schlachtkreuzern, die uns am nächsten standen und sowohl von uns als auch von den anderen Schiffen des Schlußgeschwaders gleichzeitig oder nacheinander beschossen wurden. Schließlich sahen wir zwei unserer Salven einschlagen, die Schlachtkreuzer sackten deutlich getroffen nach achtern ab. Ein Treffer ist sehr leicht an seinem warmen, roten Aufglühen von einem Abschuß zu unterscheiden. All das bietet ein herrliches Schauspiel."

Als die britischen Arillerieoffiziere das deutsche Gros aus der Sicht verloren, eröffneten sie wieder das Feuer auf die unglückliche *Wiesbaden*, die immer noch schwamm. Nicht auf allen britischen Schiffen war man froh über die Gelegenheit, die *Wiesbaden* als Zielscheibe benützen zu können. An Bord der *Iron Duke* empfand man „eine gewisse Sympathie, und daß es eigentlich Unglück bringen müsse, weiter auf dieses arme sinkende Schiff einzuhämmern".

Doch irgendwie schwamm die *Wiesbaden* noch immer, ein bemerkenswerter Erfolg für ihre Konstrukteure, obwohl „sie, einsam und verletzlich, von allen

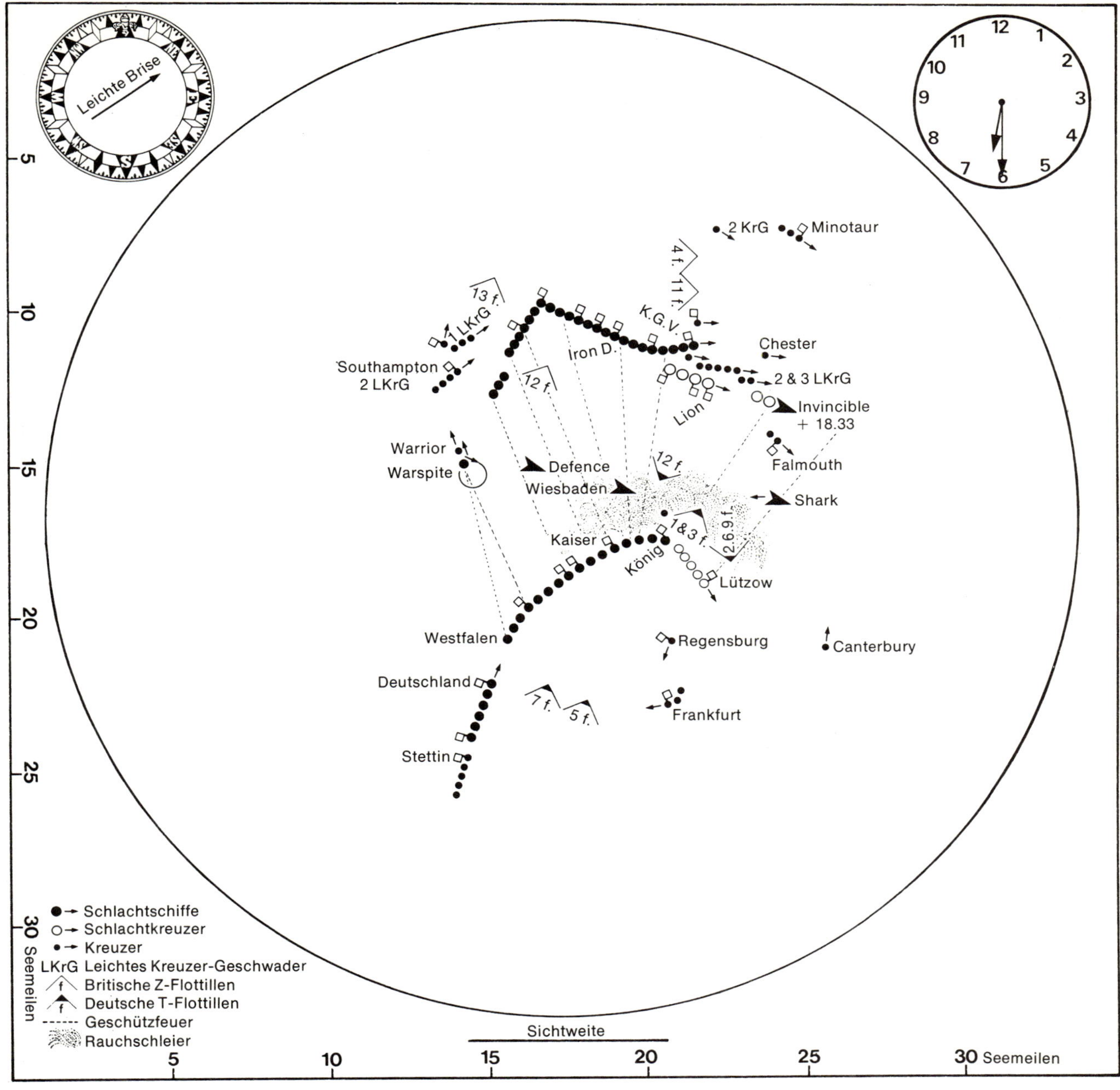

Seiten beschossen wurde, was jeden Moment neue Verheerungen hervorrief".

Die britische Linie wurde nun durch Hood von der *Invincible* aus geführt. Beatty dampfte von hinten auf. Hoods Schiffe konzentrierten ihr Feuer auf ihren alten Erzfeind, die deutschen Schlachtkreuzer. „Ein harter und ungleicher Kampf" entwickelte sich zwischen Hippers Verband und den britischen Schlachtkreuzern. Anfangs waren die Briten durch die Lichtverhältnisse im Vorteil. *Lützow* erhielt schwere Treffer im Vorschiff, der ausbrechende Brand machte die Feuerleitung unmöglich. „Ein schwerer Geschützturm fiel aus, der Bugraum mit Artillerieverbindungsstelle und Zentrale und der Torpedobreitseitraum liefen voll Wasser. Das Schiff sackte vorn sichtbar schnell weg, konnte nur noch 15, kurz darauf nur noch 12 Seemeilen laufen."

Die Schlachtkreuzer an der Spitze der britischen Linie hielten Hipper unter Dauerfeuer. Auf dem Schlachtkreuzer *Indomitable* schwoll „der Geschützlärm zu einem nicht enden wollenden Donner an, und der Backbordhorizont war ein einziges Meer züngeln-

der Flammen". Als die Entfernung geringer wurde, lag *Invincible* im Gefecht mit den feindlichen Spitzenschiffen. Von der Brücke aus feuerte Admiral Hood die Artillerieoffiziere im Vormars an: „Sie schießen sehr gut, schießen Sie, so schnell Sie können; jeder Schuß zählt!"

Um 18.31 Uhr feuerte *Derfflinger* seine letzte Salve auf die *Invincible*. Von Hase berichtet:

„. . . und dann spielte sich vor unseren Augen zum dritten Mal das ungeheuerliche Schauspiel ab, das wir bei der *Queen Mary* und der *Defence* beobachtet hatten. Ähnlich wie bei den anderen Schiffen erfolgten schnell hintereinander mehrere gewaltige Explosionen, Masten stürzten um, Schiffsteile wirbelten durch die Luft, eine gewaltige schwarze Rauchwolke stieg gen Himmel, aus den sich lösenden Schiffsverbänden spritzte Kohlenstaub nach allen Richtungen. Flammen zuckten über das Schiff, neue Explosionen erfolgten, und dann verschwand unser Gegner in einer schwarzen Wand unseren Blicken. Ich rief in das Telefon: ‚Unser Gegner ist in die Luft geflogen!', und mitten im Gebrüll der Schlacht schallte donnerähnlich ein Hurra durchs Schiff . . ."

Von den 1037 Mann Besatzung wurden nur sechs Überlebende aufgefischt. Commander Dannreuther war einer von ihnen:

„Das Schiff hatte mehrere schwere Treffer erhalten, zeigte aber keine ernstlichen Beschädigungen. Um 18.34 Uhr wurde Turm ‚Q' von einer schweren Granate getroffen, die in seinem Inneren explodierte, worauf die Turmdecke weggeschleudert wurde. Das wurde vom Vormars aus gesehen. Darauf folgte sofort eine heftige Explosion mittschiffs, die darauf schließen ließ, daß das Magazin von Turm ‚Q' explodiert war."

In diesem Gefechtsabschnitt waren die Sichtverhältnisse so schlecht, daß man im Vormars der *Indomitable,* die mit dem 3. Schlachtgeschwader aufschloß, den Untergang von Hoods Flaggschiff nicht bemerkte:

„Dann sah ich an Steuerbord die beiden Enden eines Schiffes senkrecht im Wasser stehen. Es schien, daß das Schiff in der Mitte entzweigebrochen war und beide Teile auf Grund standen. Mein Richtschütze hielt sie für einen Hunnen (Deutschen), und die Mannschaft brach in wilden Jubel aus, doch ich konnte den Namen *Invincible* am Heck lesen und wußte es besser. Vier oder fünf Überlebende klammerten sich an treibende Wrackstücke; ich habe nie mehr wieder etwas so Großartiges gesehen wie diese Leute, die uns mit Hurra-Rufen begrüßten, als wir vorbeirasten."

Auch der britische Zerstörer *Badger* nahm an, daß es sich um ein deutsches Wrack handelte, und ließ eine Wache unter Gewehr für die „Kriegsgefangenen" aufmarschieren. Ein Mann der Rettungsmannschaft war nach der Bergung des 1. Artillerieoffiziers besonders beeindruckt: „Der Commander hatte eine fantastische Selbstbeherrschung. Bis heute kann ich nicht

18.3o INVINCIBLE IST EXPLODIERT.

Kriegstagebuch Inflexible

Ganz links: Das Flaggschiff von Admiral Hood (Kreis) fährt ins Gefecht.
Links: Mittschiffs nach einem Treffer durch *Derfflinger* plötzlich Flammen. Der 18.000-Tonnen-Schlachtkreuzer, Sieger der Schlacht bei den Falklandinseln, brach durch die Explosion in zwei Hälften.
Unten: Die beiden Rumpfteile standen in der seichten Nordsee aufrecht auf dem Meeresgrund. Während Jellicoes Gros im Hintergrund vorbeidampfte, rettete der Zerstörer *Badger* die Überlebenden.

verstehen, wie ein Mann, der solches durchgemacht hatte, von seinem Rettungsfloß so fröhlich bei uns an Bord steigen konnte, als hätte er ganz normal ein neues Schiff betreten. Er lachte über die Wache und versicherte uns, daß er nicht den kleinsten Kratzer davongetragen habe und – wie er sich ausdrückte – nur ins Wasser gegangen sei, als der Vormars herunterkam."

Hippers Schlachtkreuzer hatten einen weiteren bemerkenswerten Erfolg erzielt, doch dies konnte die immer hoffnungslosere Situation, in der sich die Hochseeflotte nun befand, nicht vergessen machen. Zahlenmäßig und an Artillerie unterlegen, hatte Scheer außerdem noch den Nachteil, daß seine Schlachtlinie auf über 10 Seemeilen Länge auseinandergezogen war. Die überwältigende Feuerkraft der britischen Schlachtflotte war hingegen auf einen Halbkreis von nur 6 Seemeilen konzentriert.

Die unangenehme Situation der Hochseeflotte spiegelt sich im Gefechtsbericht des Schlachtkreuzers *Lützow,* der als Spitzenschiff fuhr, wieder. Das Schiff war bereits im vorangegangenen Schlachtkreuzergefecht beschädigt worden, so daß die Lage für Kapitän zur See Harder immer unhaltbarer wurde:

„*Lützow* geriet dann abermals in schweres Feuer des an Backbord im Osten stehenden Gegners, der nur vorübergehend schwach zu erkennen war, so daß das Feuer nur selten erwidert werden konnte. Die Artille-

Unten: HMS *Royal Oak* feuert eine Breitseite. Die überwältigende Feuerkraft von Jellicoes Dreadnoughts zwang Scheer, seine Schiffe unter dem Schutz eines Rauchschleiers mit einer Gefechtskehrtwendung vom Feind zu lösen. Wegen der schlechten Sicht wurde diese Absetzbewegung nur von wenigen britischen Schiffen beobachtet und nicht sofort dem Flottenchef gemeldet. Binnen weniger Minuten endete das erste große Treffen, als die Deutschen verschwanden.

rie erlitt jetzt zuerst schwere Störungen. Das rechte Rohr von Turm ‚A' erhielt einen Treffer dicht vor der Scharte, der es außer Gefecht setzte. Die rechte Seitenwand von Turm ‚B' wurde hinten durchschlagen, wodurch die Ladeeinrichtungen und rechten Aufzüge zerstört und das rechte Rohr außer Gefecht gesetzt wurde. Durch Abbrennen einer Vorkartusche wurde der ganze Turm vorübergehend außer Gefecht gesetzt.

Ein Treffer zwischen Turm ‚D' und ‚C' zerstörte die Stromzuleitung für Turm ‚D', so daß dieser ganz auf Handbetrieb angewiesen war. Vorübergehend fielen die Befehlsapparate und Telefone aus, die Feuerleitung wurde durch Schallrohre aufrechterhalten. Einen Augenblick versagten auch diese, da wegen Gasgefahr aus Turm ‚B' das Schallrohr in der Verbindungsstelle geschlossen werden mußte. Jedoch blieb die Kopftelefonanlage dauernd klar."

Ein Besatzungsmitglied wurde in den vorderen Gefechtsverbandplatz abkommandiert, um dort zu helfen. Als es dort eintraf, hatte jedoch gerade eine Granate eingeschlagen. Es bot sich ein grausiges Bild, so daß der Augenzeuge erklärte, es sei unmöglich gewesen, dort zu bleiben, denn alle Ärzte waren getötet und die zahlreichen Verwundeten, die man zu dem Verbandplatz gebracht hatte, durch die explodierenden Granaten zerfetzt worden, „zu einem Haufen Arme und Beine zerfleischt".

Um 18.45 Uhr gelang der *Lützow* das Entkommen aus dieser gefährlichen Lage. Unter dem Schutz eines Rauchschleiers scherte sie aus der Linie aus und entzog sich auf Westkurs dem britischen Feuer.

18.48 ES WURDE BEOBACHTET,
DASS DER FEIND NACH SÜDEN ABDREHT.

Artilleriegefechtsbericht HMS Benbow – 4. Schlachtgeschwader

Scheer wußte nun nicht mehr ganz genau, was eigentlich vorging: „Von unseren Schlachtkreuzern, die weiter vorlich stehen mußten, war nichts zu sehen", schrieb er. Nun entschloß er sich zur Gefechtskehrtwendung: „Es hätte sich sonst an dem Schwenkungspunkt, vor dem sich die feindliche Linie allmählich vorüberzog, eine üble Lage entwickeln können, da die feindlichen Weitschüsse hier auf unseren rückwärts stehenden Schiffen Treffer erzielen mußten."

Dieses riskante Manöver erforderte, daß jedes Schiff, beginnend mit dem letzten, auf Gegenkurs ging. Obwohl es von der Flotte oft geübt worden war, mußte es jetzt unter schlechten Sichtbedingungen und unter schwerem Feindfeuer durchgeführt werden. Kollisionen und heilloses Chaos in der Schlachtlinie konnten die Folge sein. Scheer entschloß sich, dieses Risiko auf sich zu nehmen.

Scheer lobte später: „Die Kehrtwendung wurde in ausgezeichneter Weise ausgeführt. Bei unseren Friedensübungen war großer Wert darauf gelegt, sie auch in einer gekrümmten Linie ausführen zu können und die Durchbringung des Signals mit allen vorhandenen Mitteln sicherzustellen. Die aufgewandte Mühe belohnte sich hier. Die Kreuzer wurden aus ihrer bedrängten Lage befreit. Sie erhielten Luft, nach Süden aufzudampfen, und erschienen, sobald sich die beiden Linien getrennt hatten, in Sicht des Flottenflaggschiffs. Auch die in Feuerlee aufgestellten Torpedoboote bekamen Raum zum Angriff und stießen vor."

Scheer stieß nun mit seinem intakten Gros nach Süden. Nur Hippers Schiffe und Behnckes 3. Geschwader hatten schwerere Beschädigungen erhalten. Die beiden anderen Geschwader waren nicht in den britischen Schußbereich gekommen. Das erste Treffen der beiden Riesenflotten war vorüber.

18.55 KÖNNEN SIE DIE FEINDLICHEN SCHLACHTSCH

Flottenchef an Beatty

ANTWORT: NEIN.

Durch die Gefechtskehrtwendung gelang es, die Katastrophe von der Hochseeflotte abzuwenden. Scheer hatte die Initiative wieder an sich gerissen. „Hätte der Feind an uns festgehalten, wäre uns die freie Beweglichkeit und ein neuer Angriff auf die feindliche Linie sehr erschwert worden.“ Admiral Dewar, einer der führenden Köpfe, die sich mit der Analyse der Skagerrak-Schlacht beschäftigten, schrieb: „Als Scheer den Befehl zur Gefechtskehrtwendung gab, fiel der britische Plan wie ein Kartenhaus zusammen. Doch die Hochseeflotte verblieb in einer verwundbaren und nicht gerade beneidenswerten Position.“ Doch Jellicoe erfaßte nicht gleich, was eigentlich vorging.

Als die Deutschen um 18.42 Uhr aus der Sicht verschwanden, schrieben Jellicoe und die meisten seiner Kommandanten dies dem zunehmenden Dunst zu. *Iron Duke* hatte überhaupt nur mit neun Salven in das Gefecht eingegriffen. „Ein reines Versteckspiel, der Feind war meist im Dunst und Rauch unsichtbar, aus dem er nur für kurze Zeit herauskam wie Kaninchen, die von einem Loch zum anderen flitzten“, beschrieb ein Augenzeuge das Gefecht der *Iron Duke*. Es vergingen fast zehn Minuten, bis der britische Flottenchef vermutete, daß hier etwas anderes dahintersteckte. Wieder einmal wurde die Grand Fleet durch das Ausbleiben der Nachrichten gelähmt. Das Einsetzen der Drehung der Deutschen war nämlich von zahlreichen Schiffen der Schlachtlinie beobachtet

worden, darunter auch von *Falmouth* und *Canterbury*. Aber gerade die Leichten Kreuzer des Aufklärungsschirmes hatten die Aufgabe, dauernd über die Bewegungen des Feindes zu berichten. Unerklärlicherweise erhielt Jellicoe aber keine einzige Meldung, die ihm darüber Aufschluß geben konnte, wieso die Deutschen so plötzlich verschwunden waren. Berichte aus der Artillerieschaltstelle der *Iron Duke* lassen vermuten, daß man sogar an Bord des Flaggschiffes gewußt hatte, daß der Feind auf Gegenkurs gegangen war. Doch diese entscheidende Information wurde nicht an die Brücke weitergegeben, ebenso wie die Kapitäne der anderen Schiffe ihre Beobachtung nicht an das Flaggschiff weitergaben. Um 18.44 Uhr ordnete Jellicoe an, dem Feind behutsam nachzudrehen. Zur schnelleren Durchführung staffelte die Linie divisionsweise ab, wodurch sie wieder in ihre sechs Einzeldivisionen zerfiel. Als der Feind nach zehn Minuten immer noch nicht in Sicht kam, erkannte Jellicoe, daß Scheers Kurswechsel weit einschneidender gewesen sein mußte, als er zuerst angenommen hatte. Er befahl daher, noch südlicher zu steuern. Zur gleichen Zeit, um 18.55 Uhr, fragte er den an der Spitze laufenden Beatty: „Können Sie die feindlichen Schlachtschiffe sehen?“ Prompt wurde die enttäuschende Antwort „Nein“ von *Lion* zurückgemorst.

Es wurde nun klar, daß Scheer weiter nach Westen gedreht haben mußte. Doch Jellicoe zögerte, „die Verfolgung sofort entschlossen aufzunehmen“, was an sich die einzige mögliche Reaktion auf eine Gefechtskehrtwendung des Gegners ist. Er wußte, daß die Deutschen dieses Manöver durchgeführt hatten, doch er war davon überzeugt, daß es ein Teil des deutschen Planes war, ihn über Minen oder in einen Torpedo- und U-Bootangriff zu locken.

An der Spitze des Gros war Beatty mit seinen Schlachtkreuzern mit 25 Knoten davongerast, um die feindlichen Flügelschiffe zu suchen. Dieser Versuch, den Kontakt mit dem Feind wiederherzustellen, wurde fast zehn Minuten unterbrochen, weil Beatty aus Gründen, die niemals ganz geklärt worden sind, um 18.50 Uhr einen Vollkreis nach steuerbord fuhr. Pflichtergeben folgten ihm seine vier Schlachtkreuzer in dieses Karussell. Durch diesen Vollkreis entfernte er sich 2,5 bis 4 Seemeilen von den deutschen Schlacht-

Unten: Scheers brillant durchgeführte Gefechtskehrtwendung führte die Flotte mit 19 Knoten von Jellicoe weg. Es vergingen entscheidende Minuten, bevor der Flottenchef, nachdem er bei Beatty angefragt hatte, die Lage erkannte.
Linke Seite: Scheers Entkommen hing nun von seinem Maschinen- und Kesselpersonal ab.

„Das Trommelfell zerreißende Detonationen krepierender Granaten dröhnten rings um uns, Schwaden von giftigen Gasen strichen umher und verursachten, wo sie nicht voll eingeatmet wurden und den Tod herbeiführten, heftigen Husten- und Brechreiz. Unsere Gesichter und Hände waren dunkelgelb von den Geschoßgasen, und wir waren vollkommen taub . . . Unser Schiff glich von achtern bis vorn zum Bug einem rauchenden Trümmerhaufen."

Oberheizer Zenne, Wiesbaden

schiffen. Die neuerliche Sichtung der deutschen Flotte wurde um entscheidende Minuten verzögert.

Als der Feind nach einer weiteren Viertelstunde noch immer nicht in Sicht gekommen war, wurde eine sofortige Drehung nach Westen notwendig. Jellicoes Entscheidung, dem Feind nicht dicht auf den Fersen zu folgen, schien richtig gewesen zu sein. Denn um 19 Uhr meldete das Spitzenschiff der letzten Division, *Marlborough:* „Dringend. Wurde von Mine oder Torpedo getroffen, es ist aber nicht sicher, was genau es war." Fast zur gleichen Zeit wurde Jellicoes Angst vor einer Falle durch eine weitere Meldung, diesmal von *King George V.*, bekräftigt: „U-Boot voraus." Obwohl im Umkreis von hundert Seemeilen kein U-Boot stand, litt die Grand Fleet unter der U-Boot-Hysterie.

Tatsächlich war die *Marlborough* von einem Torpedo getroffen worden, der während eines Torpedobootangriffes im Umkreis der kampfunfähig geschossenen *Wiesbaden* abgeschossen worden war. Es war übrigens der einzige Torpedotreffer auf einem größeren britischen Schiff während der gesamten Skagerrak-Schlacht. Ursprünglich hatte Scheer der deutschen 3. Torpedobootflottille den Angriff auf die Spitze des britischen Gros und das Legen eines Rauchschleiers zur Deckung der Wendung befohlen. Beim Anlaufen erhielten sie auf 6,4 Kilometer schweres Abwehrfeuer und zogen sich wieder zurück. In der Folge versuchten einzelne Boote der 3. Flottille die Besatzung der *Wiesbaden* zu bergen, gerieten aber in vernichtendes Feuer. Ein Offizier der *Colossus* berichtet, wie dieser Angriff abgeschlagen wurde: „Hier zeigt sich, wie ein Teil der Schlachtlinie auf die Unterstützung durch einen anderen Teil angewiesen ist, denn die angreifenden kleinen Einheiten standen näher bei uns, obwohl sie das 1. Schlachtgeschwader angriffen. Wir eröffneten das Feuer mit der Mittelartillerie und dem Turm ‚A', einen haben wir sicher versenkt. Wie ein Hornissenschwarm stürzten sie sich auf unsere Schlußschiffe und schossen ihre Torpedos ab." Der Angriff wurde abgebrochen, als *V 48,* das sich näher als die anderen an den Feind herangekämpft hatte, versenkt wurde. Die anderen Torpedoboote verschwanden wieder im Dunst und ließen die *Wiesbaden* allein zurück.

Wieder einmal beeinflußte die *Wiesbaden* entscheidend den Lauf des Gefechtes, als Goodenough mit der *Southampton* die letzte gesichtete Position der deutschen Schlachtlinie ansteuerte. Der zusammengeschossene Kleine Kreuzer zog die Aufmerksamkeit des Geschwaders auf sich, wobei dieses dann entdeckte, daß die Deutschen schon wieder im Anmarsch waren. Um 19.04 Uhr meldete *Southampton:* „Feind dreht auf OSO." Das britische Kreuzergeschwader erhielt nun schweres deutsches Feuer und mußte sich an den Schluß des eigenen Gros zurückziehen. Zwischen 18.55 und 19.04 Uhr wurde die *Southampton* so von Aufschlägen eingedeckt, daß die Wassermassen der Einschlagfontänen alles an Bord überfluteten.

Kurz vor der Meldung der *Southampton* hatte Beatty gemeldet: „Feind läuft westwärts", und daraus ließ sich ableiten, daß die Deutschen abermals gewendet hatten. Die dauernden Sichtungen aufkommender deutscher Torpedoboote belegten die überraschende Tatsache, daß Scheer nochmals auf die britische Flotte zusteuerte.

Warum Scheer knapp zwanzig Minuten, nachdem er seine Flotte durch ein verwegenes Manöver aus der britischen Umfassung gelöst hatte, eine neuerliche Gefechtskehrtwendung befahl, ist eines der Rätsel dieser Schlacht. Denn nun lief die deutsche Flotte abermals in das vernichtende Feuer ihres Gegners. In seinen Memoiren versucht Scheer seine überraschende Entscheidung zu begründen:

„Den Nachtmarsch anzutreten war es noch zu früh. Wenn der Feind uns folgte, mußte unser Verhalten bei Beibehalten der nach dem Umlegen der Linie eingenommenen Richtung den Charakter des Rückzugs annehmen, und die Flotte mußte bei etwaiger Beschädigung unserer Schlußschiffe sie entweder preisgeben oder sich zu einer Handlungsweise entschließen, die unter dem Druck der feindlichen Wirkung, also nicht aus freiem Entschluß erfolgte und uns daher von vornherein benachteiligte. Dem vorzubeugen, gab es nur ein Mittel: dem Gegner durch einen nochmaligen rücksichtslosen Vorstoß einen zweiten Schlag zu versetzen und die Torpedoboote mit Gewalt zum Angriff zu bringen. Das gute Gelingen der Gefechtskehrtwendung bestärkte mich in diesem Vorhaben und führte zu dem Entschluß, von dieser Beweglichkeit weiteren Gebrauch zu machen."

In seinem mündlichen Bericht an den Kaiser gab

19.00 GEGNER LÄUFT NACH WESTEN

Beatty an Flottenchef

Unten: Admiral Reinhard Scheer hatte seine Flotte vom Feind gelöst, doch wenige Minuten später gab er erneut den Befehl zur Gefechtskehrtwendung. Die Erklärung für diese unglaubliche Entscheidung – Scheer behauptete, durch Nelsons Taktik inspiriert worden zu sein – lag darin, daß er Jellicoe weiter südlich vermutete, so daß die Hochseeflotte im Rücken der Briten entkommen könnte. Oben: Als das Flottenflaggschiff *Friedrich der Große,* das in der Mitte der deutschen Linie fuhr, die Drehung beendet hatte, fand er heraus, daß er wieder mitten in die britischen Linien hineinsteuerte.

Scheer zu: „In Friedenszeiten . . . hätte man mir die Fähigkeit zur Führung einer Schlachtflotte abgesprochen!“

Wahrscheinlich wußte Scheer gar nicht, daß Jellicoes Schlachtschiffe immer noch vor ihm standen. Nach ihrer letzten Sichtung um 18.45 Uhr vermutete er die britischen Schiffe etwa acht Seemeilen südöstlich ihres tatsächlichen Standortes. Boedickers 2. Aufklärungsgruppe hatte nach den vergangenen schweren Gefechten nur halbherzig erkundet. Vielleicht glaubte Scheer, durch eine neuerliche Wendung hinter den Schlußschiffen des britischen Gros – das ihn im Südwesten suchte – vorbeistoßen zu können.

Was auch immer der wahre Grund für Scheers Befehl gewesen sein mag, es war eher er und nicht Jellicoe, der feststellen mußte, daß seine Pläne durchkreuzt waren, als seine Schiffe nochmals direkt ins konzentrierte Feuer der britischen Grand Fleet hineinfuhren.

Für die Spitzendivisionen des britischen Gros war das plötzliche Wiedererscheinen des Gegners überraschend. Während der Gefechtspause war auf einigen britischen Schiffen den Turmbedienungen erlaubt worden, zum Luftschnappen an Deck zu kommen. Als das Gefecht wieder losbrach, setzte ein heftiges Laufen und Drängen zurück in die Türme, Umladekammern und Magazine ein.

Für Hippers angeschlagene Schlachtkreuzer, die in der vordersten Linie standen, kam das Wiederaufflakkern des Gefechtes zur ungünstigsten Zeit. *Lützow* schleppte sich mit 2.395 Tonnen Wasser im Schiff unter dem Schutz von Torpedobooten heimwärts, Kapitän zur See Hartog führte von *Derfflinger* aus stellvertretend den Verband.

Als das Gefecht wieder losbrach, war Hipper gerade dabei, auf das längsseits liegende Torpedoboot *G 39* überzusteigen. Dessen Kommandant, Oberleutnant zur See von Loefen, berichtet: „Unbekümmert um das Toben der Schlacht, frisch und gelassen stieg der B.d.A. (Befehlshaber der Aufklärungsstreitkräfte) von der Schanze des Kreuzers auf die Back des Torpedobootes über.“

„So schnell wie möglich auf *Seydlitz* übersetzen, damit ich die Führung wieder übernehmen kann“, lautete Hippers Befehl.

„Beide Flotten lagen nun im schweren Gefecht, doch der Gegner war im zunehmenden Dunst immer schlechter auszumachen . . . Einige Meilen entfernt brachen aus den Schlünden der gegnerischen Geschütze riesige Feuerzungen hervor, dann folgte eine Pause, während der man darüber nachdenken konnte, daß nun über das große Niemandsland hinweg zwei bis drei Tonnen Metall und Sprengstoff auf einen zuflogen."
Fähnrich auf Neptune

Von Loefen berichtet: „Während *G 39* ablegt, erhält *Lützow* einen schweren Treffer am zweitvorderen Geschützturm. Kartuschen im Turm brennen mit starker Stichflamme ab. Man sieht noch, wie die übrigen Boote der 1. Halbflottille, unterstützt von zwei Booten der 12. Halbflottille, mit ihren Ölkesseln einen starken Rauchschleier zwischen das wunde Schiff und den Feind legen."

Als das dahinstürmende *G 39* die *Seydlitz* erreicht hatte, ergab es sich, daß auch sie schwere Beschädigungen davongetragen hatte. In der Back klaffte ein Loch, so groß wie ein Scheunentor, Hunderte Tonnen Wasser gurgelten im Schiff, vor allem war aber auch hier die Funkentelegrafie außer Betrieb; sie konnte also nicht als Flaggschiff dienen. Also weiter zu *Von der Tann,* doch alle ihre Geschütze waren außer Gefecht, sie war der feindlichen Artillerie wehrlos ausgesetzt. So ging die hektische Jagd mitten im schweren Feuer weiter, als *G 39* die *Moltke* suchte. Der Stab argumentierte zwar, daß ein Schiff der König-Klasse bessere Dienste leisten würde, doch Hipper wollte seinem Verband nicht untreu werden.

Die Lage der deutschen Schlachtkreuzer wurde langsam aussichtslos. „Wir hatten die Seeschlacht in ihrer ganzen wilden Schönheit kennengelernt. Nun sollten uns auch ihre Schrecken nicht erspart bleiben!" schreibt von Hase, dessen *Derfflinger* nun an der Spitze der Hochseeflotte stand:

19.13 SCHLACHTKREUZER RAN AN DEN FEIND, VOLL EINSETZEN.

Scheer an Hipper

Links: Scheer gab diesen Befehl angesichts des neuerlichen Zusammentreffens mit der gesamten britischen Flotte. Tapfer gingen die vier angeschlagenen Schlachtkreuzer auf den Feind los.

„Die feindlichen Schiffe standen wieder mal an der Grenze der Sichtigkeit. Jetzt feuerten sie lebhaft, und da beobachtete ich, daß das Schiff, das ich aufs Korn genommen hatte, Vollsalven aus vier Doppeltürmen feuerte! Die Umrisse unseres Gegners wurden einen Augenblick klarer, und ich erkannte einwandfrei, daß uns große Schiffe gegenüberstanden! Großkampfschiffe der allergrößten Sorte mit 38-cm-Geschützen! Wo man hinsah, blitzte es jetzt auf. Die Spitze unserer Flotte war halbkreisförmig von der feindlichen Flotte umgeben. Wir befanden uns tatsächlich im absoluten ‚Wurstkessel'!"

Um 19.10 Uhr befand sich die gesamte britische Flotte im Gefecht, „ein ungeheuer eindrucksvolles Bild, wie Salve nach Salve aus der Linie hervorbrach". Dieses konzentrierte Sperrfeuer konnten die Deutschen nur schwach beantworten. Nur wenige Einschläge fielen um *Hercules* und *Agincourt,* und nur das dem Feind am nächsten stehende Spitzenschiff der 5. Division, *Colossus,* wurde getroffen. Das Feuer wurde immer stärker, während die Deutschen Manövrierschwierigkeiten hatten. Das Kriegstagebuch von S.M.S. *Kaiserin* vermerkt: „Hierbei schoben sich die Schiffe des 3. Geschwaders so dicht zusammen, daß zur Vermeidung von Kollisionen mehrere Schiffe nach Stbd. ausscheren mußten. *Kaiserin* war gezwungen, trotz Heruntergehens auf kleine Fahrt auszuscheren und kam in Lee von *Prinzregent Luitpold,* in das Kielwasser von *Kaiser*. Dieses Zusammendrängen so vieler Schiffe im stärksten feindlichen Feuer war sehr ungünstig. In dieser kurzen Zeit erzielte der Feind auch die meisten Treffer."

Als die deutschen Spitzenschiffe wegen des schweren Feuers abdrehen mußten und eine Stauchung in der Mitte seiner Linie eintrat, sah sich Scheer der Gefahr von Kollisionen und einer totalen Verwirrung seiner Schlachtlinie gegenüber. Mit jeder Minute erreichte das britische Feuer weitere Schiffe in der deutschen Linie. An Bord der *Helgoland* hatten Matrose Stumpf und seine Kameraden nichts zu tun, weil sich ihr Geschützturm in Feuerlee befand. Die Männer machten ihrer Spannung Luft:

„Es ging deshalb recht laut und ausgelassen her. Jeder trug wohl in seinem Herzen ein Keimchen Angst und suchte das durch Lärmen verstummen zu lassen. Ich legte mich wieder aufs Ohr und lauschte auf das Krägk, Krägk, Krägk. Auf einmal gab es mir eine Backpfeife wie noch nie. Da war auf einmal alles still geworden. Es war 8.10 Uhr abends. Das war ein Treffer im Schiff. ‚Gott sei Dank!' rief einer. ‚Klar bei Heimaturlaub!' Er wurde zur Ruhe verwiesen. ‚Halt's Maul! Wer weiß, wieviel Tote wir schon haben!'

Endlich kam die Meldung vom Geschütz: Treffer in Abteilung 15 über der Wasserlinie. Keine Toten.

Alles atmete auf. Man sprach schon wieder von der Werftliegezeit, wie lange sie dauern könnte, ob es Urlaub gäbe und so weiter. Und draußen hagelten die Granaten und surrten die Splitter ohnmächtig gegen die panzergeschützte Bordwand.

Rechts: Scheers zweite Gefechtskehrtwendung brachte die Hochseeflotte wieder in Gefechtsberührung mit der Grand Fleet. Das 3. Geschwader unter Konteradmiral Paul Behncke (Kreis) mußte die Hauptlast des vernichtenden Feuers ertragen, bevor Scheer die dritte Gefechtskehrtwendung befahl. Für die Hochseeflotte gab es kritische Momente, als die Schiffe zu nahe aneinander aufliefen und, um Kollisionen zu vermeiden, Ausweichkurse fahren mußten, wodurch die Schlachtlinie gestört wurde.

Gefechtspause! ‚Der Gegner ist zu weit entfernt, aber niemand soll den Turm verlassen, denn es kann jeden Augenblick wieder losgehen . . .'

Und in der Tat! Kaum fünf Minuten dauerte es, da huben die Geschütze wieder an zu sprechen. Doch feuerten wir nur sehr langsam und bedächtig, während die ‚*Kaiser*'-Schiffe vorne rauswarfen, was das Zeug hielt."

An Bord der deutschen Schiffe mußten Leckwehr und Feuerlöschgruppen immer neue Wassereinbrüche und Brände bekämpfen. Die Spitzenschiffe versuchten sich voneinander freizumanövrieren, während sie schwere Treffer erhielten. *König* wurde getroffen, sein Kapitän von Behncke verwundet. Auch *Großer Kurfürst* und *Friedrich der Große* wurden getroffen. Scheer erkannte, daß eine kühne Maßnahme gesetzt werden mußte. Eine weitere Gefechtskehrtwendung würde nicht die gewünschte Wirkung haben, so entschloß sich Scheer, die Schlachtkreuzer zu opfern, um den Rückzug des Gros zu decken. Um 19.30 Uhr befahl er den Schlachtkreuzern: „Ran an den Feind!" Dieser tollkühne Befehl wurde auf den schwerbeschädigten Schlachtkreuzern mit stoischer Ergebenheit aufgenommen. Geführt von *Derfflinger,* begannen sie mit äußerster Kraft voraus ihren „Todesritt" gegen die feindlichen Geschütze, wie manche Kapitäne annahmen. In diesem Moment legte Hippers Torpedoboot gerade bei *Moltke* an, und der Admiral stieg über. Es war ihm erst nach eineinhalb Stunden gelungen, das Kommando über seinen angeschlagenen Verband wieder zu übernehmen. Als die Schlachtkreuzer im Schutz der Torpedoboote zum Nahangriff auf das feindliche Gros davonstürmten, mußte sich Hipper wohl fragen, ob sie aus diesem eisernen Ring überlegener britischer Geschütze wieder entkommen würden.

Die Eintragungen von Kapitän zur See Hartog im Kriegstagebuch spiegeln nur schlecht den Opfermut wider, mit dem die Schlachtkreuzer gegen die Übermacht der Grand Fleet antraten:

„19.17 Uhr. Befehl von der Flotte (d. i. vom Flottenchef Scheer): ‚Auf die feindliche Spitze manövrieren.' Nach Stbd. abgedreht . . . Von 19.13 Uhr ab erhielt *Derfflinger* zahlreiche schwere Treffer. Die Spitze des 1. Geschwaders wurde von einem etwa in SO stehenden Gegner beschossen. Gegen diesen Gegner nahmen die Panzerkreuzer das Gefecht auf 8 bis 9 Kilometer von 19.20 bis 19.31 Uhr wieder auf." (Es handelte sich dabei um Beattys Schlachtkreuzer, die wieder aufgeschlossen hatten.) Die lebensnahe Schilderung von Hases setzt dem Mut der Besatzungen der vorstürmenden vier Schlachtkreuzer ein bleibendes Denkmal:

„Und immer noch ging es mit äußerster Kraft hinein in den Hexenkessel, in dem wir dem Gegner ein prächtiges Ziel boten, während unsere Gegner immer noch recht schlecht zu erkennen waren.

Salve auf Salve schlug in unserer unmittelbaren Nähe ein, und Treffer auf Treffer traf unser Schiff. Es waren aufregende Minuten. Mit Oberleutnant von Stosch hatte ich keine Verbindung mehr, die Telefon- und Sprachrohrleitungen zum Vormars waren durchschossen. So war ich beim Schießen nur auf meine eigenen Beobachtungen der Aufschläge angewiesen. Noch hatte ich bisher mit allen vier schweren Türmen geschossen, da ereignete sich um 21.13 Uhr eine schwere Katastrophe. Ein 38-cm-Geschoß durchschlug den Turmpanzer von Turm ‚Cäsar' und explodierte im Inneren des Turmes, fast sämtliche Mannschaften wurden getötet.

Wenige Augenblicke nach dieser Katastrophe erfolgte eine zweite. Ein 38-cm-Geschoß schlug auf die Turmdecke des Turmes ‚Dora', durchschlug die Turmdecke und explodierte auch hier im Inneren des Turmes. Und wieder geschah das Entsetzliche: bis auf einen einzigen Mann, der bei der Explosion durch den Luftdruck durch ein Einsteigeloch aus dem Turm geschleudert wurde, fand die gesamte Turmmannschaft einschließlich aller Munitionskammerleute in Stärke von 80 Mann den gleichzeitigen Tod."

Auf allen deutschen Schlachtkreuzern ereigneten sich die gleichen schrecklichen Vorfälle, auf *Derfflinger* mußte man noch eine ganze Stunde lang die ausgebrochenen Brände bekämpfen, *Seydlitz* lag mit dem Bug tief im Wasser, und aus den beiden beschädigten Türmen schlugen „haushohe" Flammen. Die deutschen Schlachtkreuzer verdankten ihr Überleben nur ihrer sagenhaften Standfestigkeit – Tirpitz' Beharren auf stärkster Panzerung anstelle von stärkerer Geschützbewaffnung erhielt hier seine Rechtfertigung. Ihr heroischer Einsatz gab Scheer die notwendige

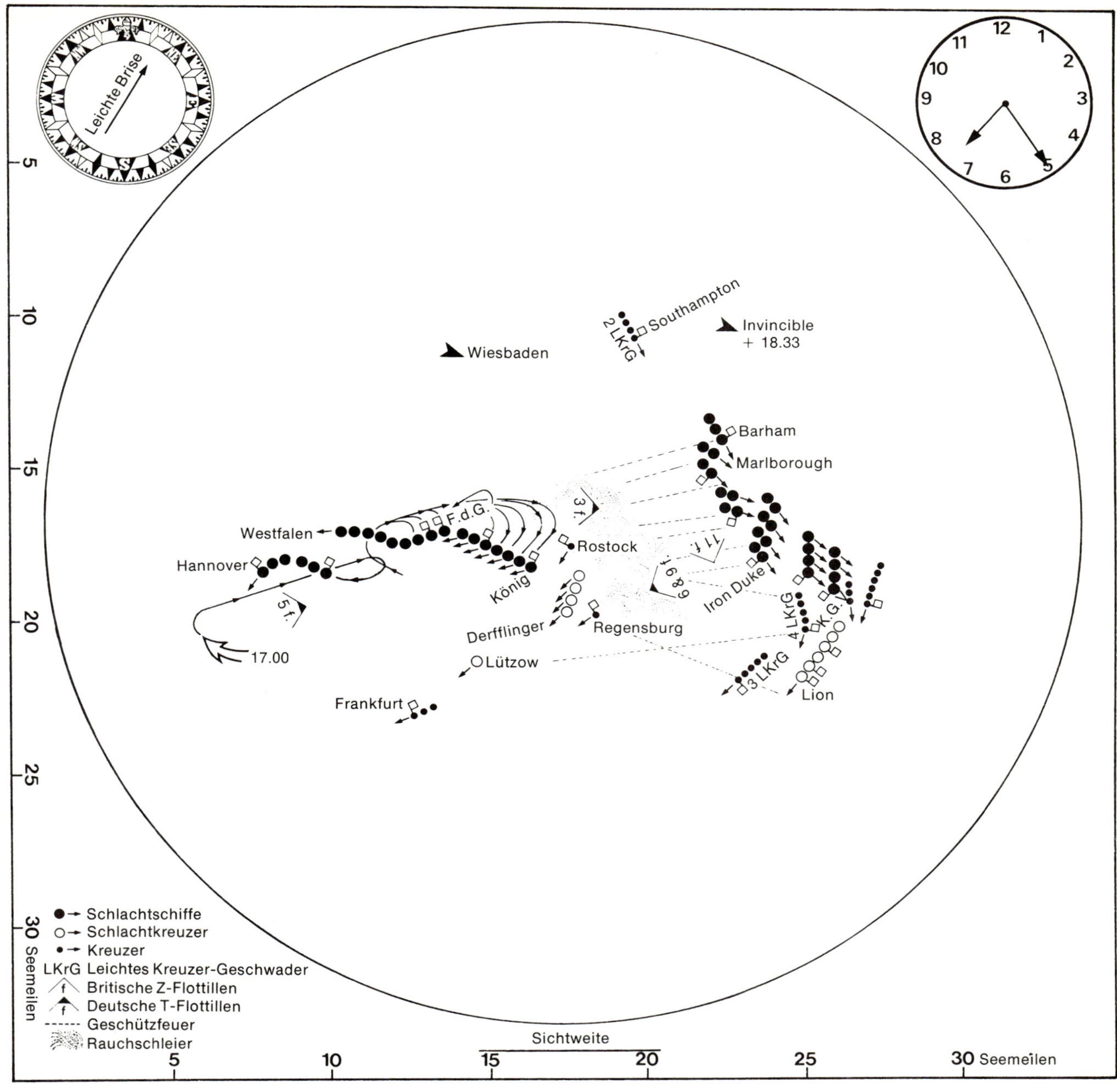

Deckung, um eine dritte Gefechtskehrtwendung einleiten zu können.

Die für diese Kehrtwendung notwendige Zeit war die kritischeste Zeit der Schlacht überhaupt. Scheer wußte: Wenn die „Todesfahrt" der Schlachtkreuzer und die massierten Torpedobootangriffe den Feind nicht zurückhielten, stand ihm ein Schicksal bevor, gegen das die Schlacht von Trafalgar nur ein unbedeutendes Scharmützel sein würde.

Scheer befahl seinem Flaggschiff, die Kehrtwendung über Backbord auszuführen, damit die anderen Divisionen genug Raum hätten. Doch auch noch zehn Minuten später, als die Linie zum dritten Mal auf westlichen Kurs gegangen war, lagen die Deutschen unter schwerem Feuer.

Eine wirkungsvolle Schlachtlinie bestand nicht mehr, und nur die Torpedobootangriffe und Rauchschleier retteten das Gros. Nun erstarb das britische Feuer langsam; nur Beattys Schlachtkreuzer konnten bis 19.35 Uhr auf die deutschen Schlußschiffe feuern.

Scheers dritte Gefechtskehrtwendung hätte schlecht enden können, da seine Formation durcheinandergekommen war. Ein massiver Torpedobootangriff und die Deckung durch die Schlachtkreuzer gaben ihm die Gelegenheit zum Rückzug.
Unten: *Seydlitz* stand in Flammen und machte Wasser. Nur durch den hervorragenden Einsatz der Leckwehrgruppen blieb das Schiff schwimmfähig. Auch *Lützow* war außer Gefecht und sank langsam. Nach Mitternacht mußte sie von eigenen Torpedobooten nach Abbergung der Besatzung durch Torpedoschuß versenkt werden.
Rechts: Torpedoboot *V 45* mit den Geretteten der *Lützow* an Deck.

Wieder konnten die deutschen Besatzungen das Glück nicht fassen, den konzentrierten Salven der britischen Schlachtschiffe abermals entkommen zu sein. Scheer war taktisch geschlagen, und seine Schiffe befanden sich auf einem ungeordneten Rückzug. Für kurze Zeit hatten die Briten die Gelegenheit gehabt, die gesamte Hochseeflotte zu vernichten. Die Chance wurde nicht genützt.

19.2o DIVISIONSWEISE ZWEI STRICH
VOM FEIND ABSTAFFELN,
FORMATION BEIBEHALTEN.

Flottenchef an Gros

19.22 ZUM ANGRIFF AUF DIE FEINDLICHEN VORBEREITEN.

Jellicoes Entschluß, Scheer nicht zu verfolgen, ersparte den Deutschen eine demütigende Niederlage. Energische britische Angriffe hätten die deutschen Schlachtkreuzer sicherlich zur Strecke gebracht. Doch Jellicoes angeborene Vorsicht wurde durch die einfache Tatsache bestärkt, daß er kein klares Bild der wirklichen Vorgänge besaß. Die Sicht nahm nun rapid ab und war schon vorher durch den dichten Rauchschleier, den die deutschen Torpedoboote gelegt hatten, erschwert worden. Außerdem wurde der britische Flottenchef wieder einmal von seinen eigenen Aufklärungsschiffen im Stich gelassen. Unerklärlicherweise berichtete selbst Goodenoughs 2. Leichtes Kreuzergeschwader nichts vom Kurswechsel der Deutschen. Noch bis 19.32 Uhr nahm Jellicoe an, daß die deutsche Hochseeflotte in der Nähe stand. Er signalisierte dem Führer des 4. Leichten Kreuzergeschwaders, Commodore Le Mesurier: „Nicht zu nahe an das feindliche Gros herangehen." Zu diesem Zeitpunkt befanden sich die gegnerischen Schlußschiffe bereits 10 Seemeilen entfernt und fuhren mit fast 19 Knoten nach Westen.

Die deutschen Torpedobootflottillen erreichten also im kritischen Moment, daß die britischen Schiffe abdrehten. Die entscheidenden Angriffe erfolgten in drei Wellen.

Kurz vor 19.15 Uhr griff die 11. Halbflottille als erste an und schoß auf extreme Entfernung elf Torpedos auf die britische 1. Division ab. Um diesen feindlichen Torpedoangriff abzuwehren, befahl Jellicoe dem Divisionsführer, Admiral Jerram, sofort um 45° abzudrehen. Der restlichen Flotte wurde mit dem Stander „Vorbereitung" der Kurswechsel um 22,5° befohlen. Kurze Zeit später wurde auch für sie, wie in den „Battle Orders" vorgesehen, der Kurswechsel um die vollen 45° befohlen. Die feindlichen Angriffe wurden in dem für die Briten ungünstigsten Zeitpunkt vorgetragen, weil die eigenen Zerstörerflottillen noch nicht mit den plötzlichen Kurswechseln der Schlachtschiffe Schritt gehalten hatten, so daß nur Le Mesuriers fünf Leichte Kreuzer zur Stelle waren, um einen Gegenangriff zu fahren.

Der zweite Angriff erfolgte durch die 17 Boote der

Als die deutschen Schiffe wendeten, sah sich Jellicoe zum zweiten Mal einem massierten Angriff deutscher Torpedobootflottillen gegenüber (unten). Er schickte seine Zerstörer zum Gegenangriff und ließ die schweren Schiffe abdrehen, um den Torpedos eine kleine Zielfläche zu bieten. Dadurch erhielt Scheer die Zeit, ein zweites Mal zu entkommen.

3. Flottille gegen die Massierung von Schlachtschiffen am Ende der britischen Linie. Dieser Angriff wurde durch die britische 12. Zerstörerflottille abgewehrt, nachdem nur ein einziger Torpedo abgefeuert worden war.

Zehn Minuten später folgte der dritte Vorstoß: 13 Boote der 6. und 9. Flottille fuhren einen entschlossenen Angriff, wütend bekämpft von Le Mesuriers Kreuzern. Als die deutschen Torpedoboote schließlich durch die Rauch- und Dunstschwaden brachen, trafen sie auf das Abwehrfeuer der gesamten britischen Schlachtflotte. *Conqueror* befand sich im Zentrum des Geschehens:

„Um 19.26 Uhr eröffneten wir das Feuer auf die angreifenden deutschen Torpedoboote. Deren Taktik bestand darin, abzudrehen, wenn wir feuerten, und wieder auf uns zuzudrehen, wenn die Salven einschlugen. Wir schossen daher so ungenau, als hätten wir Schrot geladen. Doch unsere letzte Salve fiel in den Rauchschleier eines Bootes. Inmitten der Einschlagfontänen und des Rauches schienen wir getroffen zu haben. Als sich der Rauch verzogen hatte, sahen wir einen gekenterten Zerstörer."

Das Torpedoboot *S 35* war versenkt, zwei andere schwer getroffen worden. Insgesamt wurden 21 Torpedos auf die britischen Schlachtgeschwader abgefeuert, denen aber allen ausgewichen werden konnte.

Die Torpedoangriffe hatten keine Treffer zur Folge, doch durch die Ausweichbewegungen hatte sich die Gefechtsdistanz vergrößert, und Scheer erhielt die dringend benötigte Verschnaufpause, um zu entkommen. Jahre später schrieb Admiral Drax, der damals an Bord der *Lion* gewesen war:

„Wegen der schlechten Sicht mußte die Grand Fleet das Gefecht abbrechen und verlor so die beste Gelegenheit, den entscheidenden Sieg zu erkämpfen. Ich weiß, daß ich Augenzeuge eines bedauerlichen Manövers war, das mir bis zum Lebensende unauslöschlich in Erinnerung bleiben wird." Die Entscheidung, die feindlichen Torpedos durch Abdrehen auszumanövrieren, wurde später der Kernpunkt der Streitfragen rund um die Skagerrak-Schlacht.

19.47 DRINGEND. STELLE ANHEIM, DASS DIE SPITZENSCHIFFE DER SCHLACHTFLOTTE DEN SCHLACHTKREUZERN FOLGEN. WIR KÖNNTEN DANN DAS GANZE FEINDLICHE GROS ABSCHNEIDEN.

Beatty an Flottenchef

Unten: Als Jellicoe dieses Signal empfing, hatten seine Zerstörerflottillen die deutschen Angriffe bereits abgewehrt und waren in die Formation zurückgekehrt. Der Feind war verschwunden, und Beatty versuchte ihn im Südwesten zu stellen. Unglücklicherweise war die von Beatty angegebene Position ungenau, so daß der Flottenchef über den Kurs der deutschen Hochseeflotte ungewiß war.

Jellicoes Sicherheitsstreben beruhte ganz auf seinen in den *Grand Fleet Battle Orders* niedergelegten vorsichtigen Verhaltensmaßregeln. Ein Abdrehen war wesentlich sicherer als ein Zudrehen auf Torpedos, und Jellicoe versuchte jene 30prozentige Trefferchance zu verringern, die für den Fall eines Torpedoangriffes auf eine Linie von Schlachtschiffen berechnet worden war. Erst in der Schlacht erkannte man, daß die Blasenbahnen der deutschen Torpedos wesentlich besser auszumachen waren, als man erwartet hatte. Die Entscheidung zum Abdrehen beruhte auf einer rein theoretischen Analyse. Doch bei der herrschenden Sicht- und Gefechtslage, bei der die feindlichen Torpedoboote hinter einem dichten Rauchschleier verschwanden, vielleicht weitere Angriffe vorbereiteten und keinerlei Informationen über die nächsten Schritte des deutschen Gros vorlagen, war dieser Kurswechsel Jellicoes vollkommen logisch. Zudem wußte er um seinen unschätzbaren Vorteil: Er stand mit seiner Flotte zwischen den Deutschen und ihren Häfen.

Um 19.35 Uhr nahm Jellicoe an, daß die Gefahr eines Torpedobootangriffes vorüber sei, und befahl: „Divisionsweise über Süd nach West abstaffeln.“ Er hoffte, daß ihn dieser Kurswechsel sehr bald wieder in Geschützreichweite bringen würde. Mit diesem Katz-und-Maus-Spiel versuchten die Briten, der Hochseeflotte das entscheidende Gefecht aufzuzwingen. In der Zwischenzeit war Scheer von West- auf Südwestkurs gegangen, weil er glaubte, sich von der Grand Fleet gelöst zu haben. Doch immer noch standen die Engländer zwischen seinem Verband und der heimatlichen Küste.

Dieser neue Kurs brachte ihn aber wieder in Sicht von Beatty, der um 19.40 Uhr meldete: „Feind peilt NW bis N. Entfernung 10 bis 11 Seemeilen. Mein Standort ist 56°56’ Nord/06°16’ Ost, Kurs SW, Geschwindigkeit 18 Knoten.“ Allerdings war Beattys Positionsangabe falsch. Nach ihr hätte er nur zwei Seemeilen vor dem Gros gestanden, während Jellicoe eine Entfernung von 6 Seemeilen annahm, weil die Schlachtkreuzer nicht in Sicht waren. Der tatsächliche Standort wurde erst ermittelt, als eine weitere Meldung Beattys, mit Morsescheinwerfern weitergegeben, knapp vor 20.00 Uhr bei Jellicoe eintraf. Darin hieß es, daß das feindliche Spitzenschiff NWzW peilte und auf südlichem Kurs lief. Scheer war bereits 15 Seemeilen entfernt, und so ließ Jellicoe nach Westen wenden. Wegen der beschädigten *Marlborough* konnte das Gros aber nur 17 Knoten laufen. Als eine neue

Meldung von Beatty eintraf, wurde die Situation wieder verwirrend: „Dringend. Stelle anheim, daß die Spitzenschiffe der Schlachtflotte den Schlachtkreuzern folgen. Wir könnten dann das ganze feindliche Gros abschneiden."

Tatsächlich waren gut 20 Minuten verstrichen, bevor Beatty erkannt hatte, daß das Gros die Fühlung mit dem Feind zu verlieren drohte. Als seine Meldung Jellicoe erreichte, war er mit *Lion* bereits über 13 Seemeilen entfernt und außer Sicht. Trotzdem gab der Flottenchef dem 1. Schlachtgeschwader Befehl, sich mit den Schlachtkreuzern zu vereinigen. Das konnte aber nicht ausgeführt werden, weil Beatty seine Position nicht mitgeteilt hatte. So fuhr Admiral Jerram mit seinem 1. Schlachtgeschwader in die Richtung des letzten gemeldeten Standorts von Beatty. Dadurch entfernte er sich aber vom deutschen Gros.

Inzwischen war aber Scheer auf Südkurs gegangen. Jellicoe befand sich immer noch auf seinem alten Kurs, so daß sich die beiden Flotten einander wieder näherten. Scheer war sehr besorgt darüber, daß er sich mit jeder Seemeile, die er weiter westwärts fuhr, von der sicheren Heimatküste entfernte. „Es war mit Sicherheit anzunehmen, daß der Feind versuchen würde, uns während der Dämmerung mit starken Streitkräften und während der Nacht durch Zerstörerangriffe nach Westen abzudrängen, um uns beim Hellwerden zur Schlacht zu stellen." Um dies abzuwenden, wollte er „die feindliche Umfassung abwehren und Horns Riff vor dem Feind erreichen".

Um 20.09 Uhr hatte Beatty wieder Fühlung mit der deutschen Spitze. *Calliope* und das 4. Leichte Kreuzergeschwader waren bereits zum Angriff übergegangen:

„Nachdem wir auf 7,8 Kilometer herangekommen waren, gingen wir auf Parallelkurs, um einen Torpedo abzuschießen. Vor der Drehung wurden wir nicht beschossen, weil sie uns augenscheinlich nicht eindeutig identifizieren konnten. Doch sobald wir beidrehten, erkannten sie sofort ihren Fehler und deckten uns ein, bevor wir noch das Unterwassertorpedorohr fluten konnten. Nachdem wir unseren Torpedo abgeschossen hatten, drehten wir ab und gingen auf äußerste Kraft. In Zickzackkursen fuhren wir auf östlichem Kurs zurück zu unseren eigenen Schiffen, die zu diesem Zeitpunkt außer Sicht waren.

Wir befanden uns etwa zehn Minuten in Sichtweite der deutschen Schlachtschiffe. Während dieser Zeit wurden wir von zwei Schlachtschiffen der Kaiser-Klasse und einem der Helgoland-Klasse beschossen. Letzteres schoß sehr genau, und nur unsere hohe

AUGENBLICKLICHER KURS DER FLOTTE IST WEST.

Beatty an Flottenchef

Kurz nach der erneuten Sichtung griffen die Schlachtkreuzer mit Unterstützung des 4. Leichten Kreuzergeschwaders (unten: *Caroline*) die deutschen Spitzenschiffe abermals an.

Geschwindigkeit und das Zacken retteten uns vor der Vernichtung . . . Insgesamt wurden wir fünfmal getroffen, bei dreien dieser Treffer traten hohe Mannschaftsverluste auf."

Am Ende der deutschen Linie konnte Admiral Napier mit seinem 3. Leichten Kreuzergeschwader in Fühlung mit der 4. Aufklärungsgruppe kommen. *Yarmouth* stand bald im Gefecht:

„Es wurde uns befohlen, nach Westen vorzustoßen, um die Spitze der gegnerischen Linie aufzuklären. Wir waren gerade dabei, aufzufächern, als um 20.20 Uhr fünf feindliche Kleine Kreuzer in Peilung NNW gemeldet wurden. Drei Schlachtkreuzer folgten ihnen. Wir gingen wieder in Kiellinie über und nahmen auf etwa 6,4 Kilometer Entfernung das Gefecht mit den feindlichen Kleinen Kreuzern auf. Alle ihre Salven lagen zu kurz, aber auch unsere könnten ebenso schlecht gelegen haben, weil es unter den herrschenden Sichtbedingungen fast unmöglich war, die Einschläge zu beobachten. Der Feind drehte ab und verschwand."

Beatty drehte auf den Gefechtslärm zu und sichtete um 20.23 Uhr erneut seinen alten Gegner. Er eröffnete das Feuer auf die am Flügel des deutschen Gros stehenden deutschen Schlachtkreuzer. Ein Volltreffer ließ den letzten intakten Turm der *Seydlitz* ausfallen, und für von Hase auf *Derfflinger* schienen sich die Schrecknisse des vorangegangenen Gefechtes zu wiederholen:

„Ein schwerer Treffer streifte Turm ‚Anna' und verbog eine Dichtungsschiene des Schwenkkranzes, so daß der Turm klemmte. Unsere letzte Waffe drohte unserer Hand zu entfallen!

Da lief kurz entschlossen der Stückmeister Weber aus dem Turm und entfernte mit Hilfe einiger Unteroffiziere und Geschützmannschaften mit Äxten und Beilen die verbogene Dichtungsschiene und machte dadurch den Turm wieder gefechtsklar. So konnte doch wenigstens ab und zu ein Schuß gefeuert werden. Es war wieder einmal eine äußerst ungemütliche Situation. Da kam Hilfe von einer Seite, die wir am wenigsten erwartet hatten."

„Um 20.26 standen wir auf 8 Kilometer Entfernung neuerlich schwer im Gefecht. Um 20.42 hatten sie genug und drehten ab, so daß wir das Feuer einstellen mußten. Sollte ich das Glück haben, an noch einem Gefecht teilnehmen zu dürfen, dann werde ich darauf achten, daß sich nur *ein* Grammophon im Turm befindet. Bei uns war eines im Turm und eines in der Umladekammer, und während jeder Gefechtspause spielten beide gleichzeitig, jedes aber verschiedene Platten. Das Ergebnis war eines der echten grauenhaften Erlebnisse im Krieg.“
Turmoffizier auf Indomitable

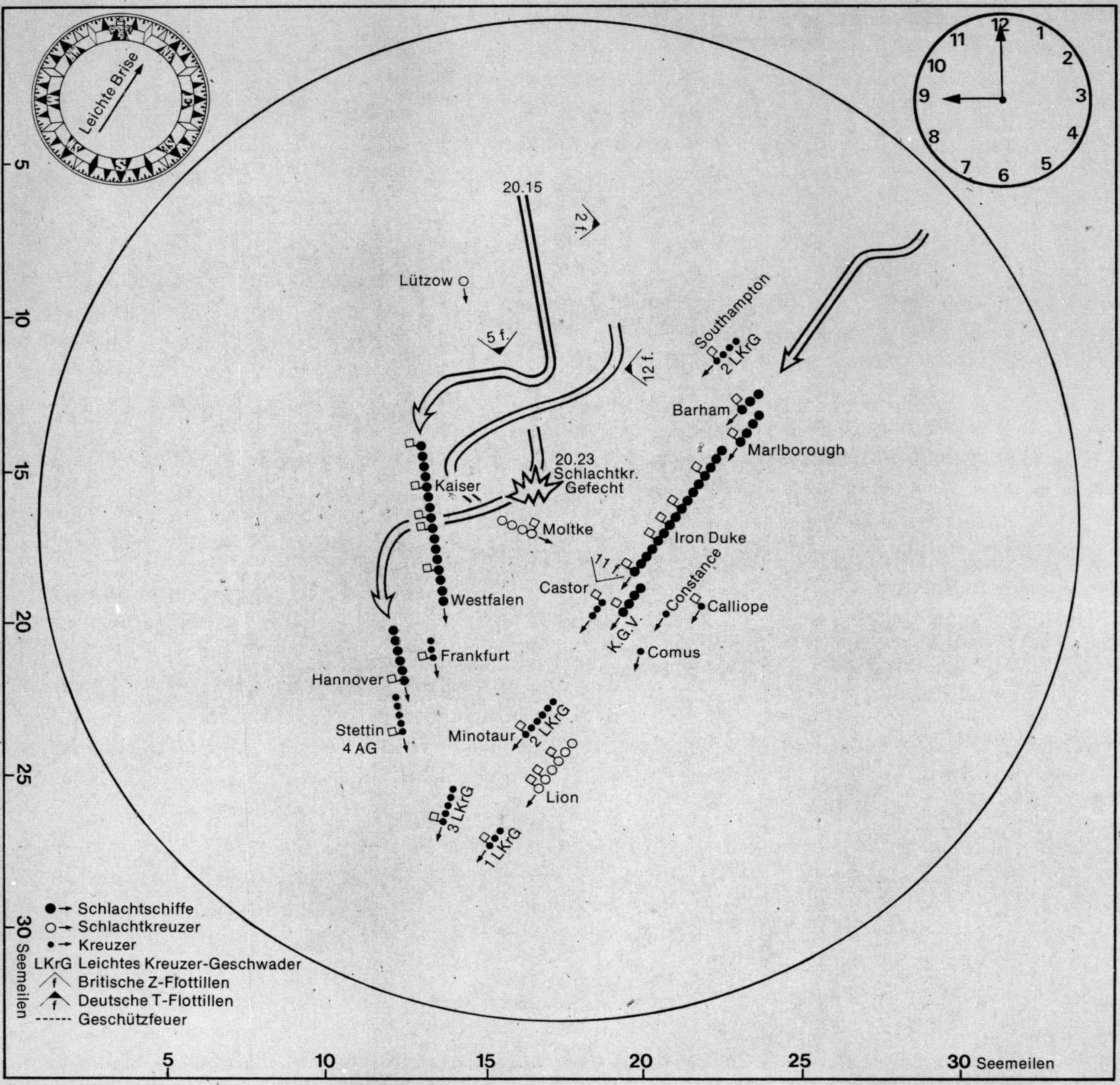

Leichte Brise

12 1 2 3 4 5 6 7 8 9 10 11

20.15

2 f.

Lützow

5 f.

12 f.

Southampton

2 LKrG

Barham

Marlborough

20.23
Schlachtkr.
Gefecht

Kaiser

Moltke

Iron Duke

11 f.

Castor

Constance

Calliope

Westfalen

K.G.V.

Comus

Frankfurt

Hannover

Stettin
4 AG

Minotaur

2 LKrG

Lion

3 LKrG

1 LKrG

Schlachtschiffe
Schlachtkreuzer
Kreuzer
LKrG Leichtes Kreuzer-Geschwader
Britische Z-Flottillen
Deutsche T-Flottillen
------ Geschützfeuer

5 10 15 20 25 30 Seemeilen

5 10 15 20 25 30 Seemeilen

Links: Lage kurz nach 20 Uhr. Die Hochseeflotte versucht mit Südwestkurs den Hafen zu erreichen, die Schlachtkreuzer befinden sich im Gefecht mit Beatty. Die zusammengeschlagenen Reste von Hippers Verband, mit *Moltke* an der Spitze, schwenken ab.
Rechts unten: Gedeckt wurde Hipper von den alten Linienschiffen des 2. Geschwaders mit *Hannover* an der Spitze. Knapp vor 21 Uhr konvergierten die Kurse wieder.
Unten: Das schnelle Schlachtschiff *King George V.* stand knapp 5 Seemeilen von der *Westfalen* entfernt, doch Admiral Jerram (im Kreis), lehnte es ab, das Feuer ohne Befehl zu eröffnen.

2o.28 DRINGEND. BIN IM GEFECHT MIT FEINDLICHEN KREUZERN, MEIN STANDORT IST 56°47 NORD/o6° 25 OST.

Falmouth an Flottenchef

Konteradmiral Mauve hatte sein 2. Geschwader, aus Vor-Dreadnoughts bestehend, aus der Schlachtlinie gezogen und stand nun mit seinem Verband zwischen den beschädigten Schlachtkreuzern und dem sie hart bedrängenden Feind.

Mauves sechs alte Linienschiffe hielten dem Feuer wesentlich länger stand als „die fünf Minuten", die man ihnen in solch einem Fall gegeben hatte. Doch um 20.35 Uhr war er nach zahlreichen Treffern gezwungen abzudrehen, aber der Vorstoß bis auf 7,3 Kilometer an die britischen Schlachtkreuzer heran rettete die eigenen Schlachtkreuzer, die sich hinter einem Rauchschleier auf die andere Seite des Gros zurückzogen. Um 20.40 Uhr stellte Beatty das Feuer ein, als die Ziele in der Dämmerung und im Dunst verschwanden. Niemand ahnte, daß dieses unentschiedene Gefecht das letzte Treffen von Großkampfschiffen in diesem Krieg war.

Während dieses Gefecht an der Spitze der deutschen Schlachtlinie stattfand, schlug an ihrem Ende die *Southampton* an der Spitze des 2. Leichten Kreuzergeschwaders den letzten Angriff der deutschen 12. Torpedobootflottille ab. Unter dem Druck Beattys war Scheer abermals gezwungen, sich mit Südwestkurs vom Feind zu lösen. Wenige Minuten später, um 20.45 Uhr, sichteten die zwei Seemeilen vor der *King George V.* stehenden Leichten Kreuzer *Caroline* und *Royalist* im Zwielicht drei feindliche Schlachtschiffe. Es handelte sich um die Spitzenschiffe von Mauves 2. Geschwader, die sich wieder mit dem Gros vereinigten. Admiral Jerram auf der Brücke von *King George V.* zögerte mit der Feuereröffnung, weil er die Schiffe nicht mit absoluter Sicherheit als deutsche ansprechen konnte. Tatsächlich aber hatten *Caroline* und *Royalist* den Gegner eindeutig identifiziert und in der Annahme, daß Jerram mit dem 5. Schlachtgeschwader zum Angriff übergehen würde, ihre Torpedos abgeschossen. Doch Jerram zeigte einen erstaunlichen Mangel an Entschlußfreudigkeit und eröffnete das Feuer nicht.

Auch das 2. Schlachtgeschwader hatte die Schiffe gesichtet, und Admiral Levesons Flaggleutnant drängte seinen Geschwaderkommandanten, mit der *Orion* zum Angriff überzugehen: „Sir, wenn Sie die Schlachtlinie jetzt verlassen und (auf den Feind) zudrehen, werden Sie ebenso berühmt wie Nelson." Wie so viele andere hohe Offiziere während der Skagerrak-Schlacht ergriff auch Leveson nicht die sich bietende Möglichkeit. Nachdem er den Vorschlag überdacht hatte, antwortete er: „Wir müssen dem Spitzenschiff folgen." Wieder einmal wurde Jellicoe durch die mangelnde Initiative seiner Divisionsführer der letzten Möglichkeit beraubt, das Gefecht beim letzten Tageslicht wiederaufzunehmen.

20.40 NACHTMARSCHFORMATION EINNEHMEN.

Flottenchef

Knapp bevor sich die Dunkelheit endgültig über die Nordsee senkte, stand die Grand Fleet um 20.30 Uhr gerade richtig, um der Hochseeflotte den Rückmarsch abzuschneiden und diese sogar noch vor Einbruch der Dunkelheit zum letzten Gefecht zu stellen. Beide Flotten dampften auf einander zulaufenden Südwestkursen dahin, nur knapp zehn Seemeilen voneinander entfernt. Um 21 Uhr hatte Jellicoe durch die Gefechte an der Spitze und am Ende der deutschen Linie ein relativ genaues Bild der gegnerischen Gliederung. Scheer hatte sich auf Grund derselben Ereignisse ebenfalls ein Bild gemacht und ging mit der Flotte erneut auf Westkurs, um nicht noch einmal in ein Gefecht verwickelt zu werden, bevor er in der Dunkelheit entkommen konnte. Damit waren für die Briten alle Chancen auf die Entscheidungsschlacht an diesem 31. Mai vorbei. Jellicoe schrieb später an seine Frau: „Wäre es anstatt Tagesende nur etwa 18 Uhr gewesen und klar anstatt des Dunstes, hätten wir ein zweites Trafalgar erkämpft.“ Erst später stellte sich heraus, wie nahe er dieser Entscheidung wirklich gewesen war, denn *King George V.* stand nur fünf Seemeilen neben dem deutschen Spitzenschiff *Westfalen.* Es war vorwiegend Admiral Jerram zuzuschreiben, daß es nicht zur Schlacht gekommen war, denn er unterließ es, das Feuer auf die von der *Caroline* gemeldeten feindlichen Schlachtschiffe zu eröffnen. In der nun herrschenden vollkommenen Dunkelheit hofften die Briten, daß ihnen der folgende Morgen einen glorreichen Tag bescheren würde. In der Gewißheit, dem Feind den Rückzug abgeschnitten zu haben, entschloß sich der britische Flottenchef, seinen Standort beizubehalten, um die Hochseeflotte im Morgengrauen zu stellen. Für Jellicoe kam eine Nachtschlacht nicht in Frage: „Den Gedanken an eine Nachtschlacht zwischen den schweren Schiffen wies ich sofort zurück. Es bestanden viel zu schlechte Voraussetzungen, denn erstens befand sich eine große Zahl von Torpedoträgern im betreffenden Seegebiet, und zweitens war es unmöglich, eigene von feindlichen Schiffen zu unterscheiden. Außerdem mußten die Ergebnisse einer Nachtschlacht heutiger Prägung immer vorwiegend vom Zufall abhängen.“

Unten: Bei Einbruch der Dämmerung waren Grand Fleet und Hochseeflotte etwa 10 Seemeilen voneinander entfernt. Jellicoe war entschlossen, ein Nachtgefecht um jeden Preis zu verhindern.
Rechts: Nachtschießübungen hatten den britischen Flottenchef davon überzeugt, daß die Schwierigkeiten der Feuerleitung und Verbandsführung einer so großen Flotte bei Dunkelheit unüberwindlich wären. Sein Gegenspieler Scheer hingegen war entschlossen, in der Dunkelheit zu entkommen.

Um im ersten Tageslicht zur Entscheidungsschlacht antreten zu können, mußten die britischen Streitkräfte während der nur fünf Stunden dauernden Sommernacht Sichtkontakt halten und, was noch viel wichtiger war, Scheers Fluchtwege blockieren. Jellicoe wußte, daß Scheer nur eine von drei möglichen Rückmarschrouten wählen konnte. Die erste und schnellste führte zum Horns-Riff-Feuerschiff und dann durch das Küstenfahrwasser zurück in den Jadebusen. Die zweite verlief mitten durch die ausgedehnten Minensperren in der Deutschen Bucht. (In den britischen Sperren war absichtlich eine Schneise in der Mitte der Deutschen Bucht freigelassen worden; die Hochseeflotte war aber durch eine eigens geräumte Minengasse in die Nordsee vorgestoßen.) Scheers dritte Möglichkeit bestand darin, die Minenfelder auf der Ems-Route südlich zu umgehen, das bedeutete aber den längsten Rückmarsch.

Jellicoe war der Ansicht, daß die Deutschen vermutlich die am weitesten südlich liegende Passage vor der holländischen Küste und der Ems ansteuern würden.

21.25 KURS SSO 1/4 O,
16 SM FAHRT, DURCHHALTEN.

Flottenchef an Flotte

Dieser Befehl zum Durchbrechen nach Horns Riff wurde an alle deutschen Schiffe gegeben.
Rechts: Die Gefechtsrudergänger wechselten den Kurs je nachdem, wie die Aufklärungsstreitkräfte die Position des Feindes abtasteten. Im Laufe der Nacht gelang Scheers Vorhaben, er kämpfte sich seinen Weg durch die schwachen Zerstörerverbände am Ende des britischen Gros.

Das schien ihm bestätigt, als er um 21.41 Uhr von Beatty folgende Sichtmeldung erhielt: „Feind peilt Nord über West und steuert WSW.“ Die Meldung gelangte erst eine Dreiviertelstunde nach der Sichtung zum Flottenflaggschiff, währenddessen hatten die Deutschen aber schon wieder nach Südwesten abgedreht. Diese entscheidenden Faktoren brachten Jellicoe zu seiner falschen Lagebeurteilung: „In Anbetracht des WSW-Kurses der deutschen Flotte um 21.41 Uhr und unserer häufigen U-Boot-Patrouillen vor Horns Riff schien es mir, daß Admiral Scheer den Rückmarsch seiner Flotte am ehesten über die Ems-Route bewerkstelligen würde.“ Jellicoe hatte den schnellen Minenleger *Abdiel* zum Minenlegen vor Horns Riff, südlich der eigenen U-Boot-Patrouillen, befohlen und war nun überzeugt, Scheers nördlichsten Rückmarschweg ausreichend blockiert zu haben. Dann ging er einen Kurs, der seine Verbände um 2 Uhr vor die mittlere Minengasse brachte. Von hier aus glaubte er, Scheer immer noch im ersten Morgenlicht abfangen zu können, wenn dieser die Südroute in die Ems nehmen sollte.

Jellicoes Entscheidung war falsch. Er konnte nicht ahnen, daß Scheer „um jeden Preis“ jenen Weg nehmen wollte, der von den Briten, abgesehen von der *Abdiel* und einigen U-Booten, nicht verriegelt worden war. Scheer ordnete für das Gros den Kurs auf Horns Riff an, und dieser sollte, „allen Angriffen des Feindes trotzend“, durchgehalten werden.

Jellicoes Fehlentscheidung brachte ihn um den eben noch gehabten Vorteil, außerdem wurde er von der Admiralität und seinen eigenen Aufklärungsstreitkräften fatal im Stich gelassen. Obwohl die Admiralität während der Nacht Geheimdienstberichte erhielt und zwischen vielen Schiffen immer wieder kurze Gefechte stattfanden, erreichte keine brauchbare Meldung das Flaggschiff, auf Grund derer der Flottenchef – selbst wenn zu spät – schließen konnte, daß die Deutschen Kurs auf Horns Riff nahmen.

Um 21.17 Uhr formierte sich die Grand Fleet gemäß dem Befehl Jellicoes: „Nachtmarschformation Nr. 2 einnehmen, Geschwaderkiellinien bilden.“ Die vier Schlachtgeschwader fuhren in parallelen Kiellinien mit einer Seemeile Seitenabstand und Sichtkontakt in allen Richtungen. Admiral Jerram auf *King George V.* führte die dem Feind am nächsten stehende Steuerbordkolonne. Die zweite Kolonne fuhr mit *Iron Duke* an der Spitze, die dritte mit *Colossus*, und die vierte Kolonne hinkte mit der beschädigten *Marlborough* an der Spitze etwa vier Seemeilen an Backbord achteraus. Als Spitzensicherung fuhr das 4. Leichte Kreuzergeschwader; Goodenoughs 2. Leichtes Kreuzergeschwader lief im Westen, um Fühlung mit dem Feind zu halten. Etwa 15 Seemeilen WSW vor dem Gros fuhr Beatty mit seinen Schlachtkreuzern einen etwas südlicheren Kurs: „In dieser Lage war es meine Pflicht, sicherzustellen, daß die feindliche Flotte nicht auf Heimatkurs gehen konnte, indem sie um unsere südliche Flanke herumfuhr.“ Für die Schlachtkreuzer sollte es aber während der Nacht keine Gefechtsberührung mehr geben. Als aber *Lion* mit dem Morsescheinwerfer an *Princess Royal* durchgab: „Bitte mich sofort anzurufen bzw. gleich zu antworten, wenn (die Deutschen) verloren werden sollten“, konnten die in zwei Seemeilen Entfernung stehenden deutschen Aufklärungsgruppen (2. und 4.) die Erkennungssignale entziffern und diese wichtigen Informationen an das Gros weitergeben. Während der folgenden Gefechte konnten diese englischen Signalgruppen wirkungsvoll zur Täuschung verwendet werden.

Jellicoe placierte seine Zerstörerverbände fünf Seemeilen hinter den vier Kolonnen der Großkampfschiffe. Von backbord nach steuerbord fuhren die 12., 10., 9., 4. und die 11. Flottille der Tiefe nach gestaffelt. Ihre Hauptaufgabe war, „das Gros gegen nächtliche Torpedoangriffe abzuschirmen und außerdem den eigenen Flottillen den Angriff auf den Feind zu ermöglichen, falls dessen schwere Einheiten nach Süden laufen sollten, um ihre Stützpunkte zu erreichen“. Die Nachtgefechtsanweisungen der britischen Zerstörer waren ungenügend und spärlich, verglichen mit der deutschen Praxis, die eigenen Torpedoflottillen stets auf dem laufenden zu halten. Jellicoe überließ seine Boote während der Nachtgefechte mehr oder weniger sich selbst. In stockdunkler Nacht fuhr die britische Flotte mit 17 Knoten in Nachtmarschformation nach Süden. Weniger als 8 Seemeilen entfernt lief die Hochseeflotte auf Parallelkurs. Da sie einen Knoten langsamer marschierte, fiel sie langsam zurück, und Scheer wartete auf seine Gelegenheit, in der Dunkelheit durch

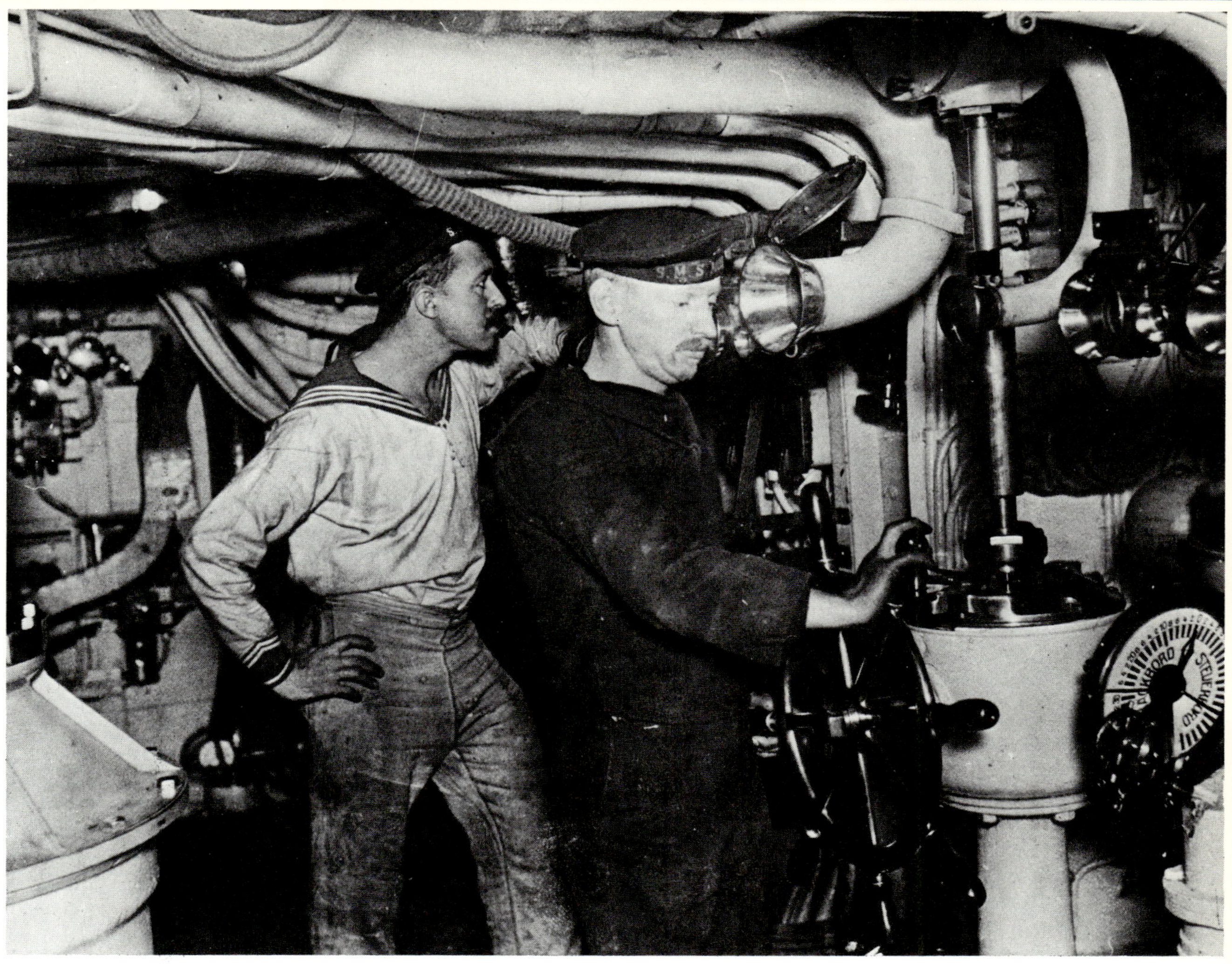

die britischen Linien zu stoßen. An der Spitze des deutschen Gros fuhr das 1. Geschwader mit seinem Flaggschiff *Westfalen,* gefolgt vom 3. Geschwader und den alten Linienschiffen des 2. Geschwaders. Am Schluß der Linie folgten die Schlachtkreuzer *Derfflinger* und *Von der Tann. Seydlitz* und *Moltke* schleppten sich schwer beschädigt etwas östlich abseits der Hauptflotte heimwärts. Weit abgeschlagen, kämpfte *Lützow* um ihre Schwimmfähigkeit. Die Kleinen Kreuzer der 2. Aufklärungsgruppe sicherten die Spitze, und die 4. Aufklärungsgruppe, einschließlich der detachierten *Elbing,* sicherten die Flanke gegen den Feind.

Die höhere Geschwindigkeit der Grand Fleet bewirkte, daß die britischen Schlachtkreuzer knapp nach 21.30 Uhr vor der Spitze der Hochseeflotte standen, doch keine der beiden Parteien sichtete den Gegner. Fünfzehn Minuten später rechnete Scheer damit, daß die Grand Fleet nun vor ihm stand und es an der Zeit war, den Kurs etwas mehr östlich zu legen, damit er hinter ihr vorbeilaufen konnte. Bereits vorher hatte er angeordnet, daß die Torpedoboote seinen Durchbruch durch Ablenkungsangriffe auf die britische Linie decken sollten. Doch die Aktion nahm einen unglücklichen Verlauf: Um 21.10 Uhr eröffnete das 3. Geschwader irrtümlich das Feuer auf die eigene 7. Torpedobootflottille, verursachte aber keine Schäden. Dann liefen die Boote mit nur 18 Knoten, um verräterischen Funkenflug aus den Schornsteinen zu vermeiden, hinter dem britischen Gros vorbei und fuhren direkt in die britischen Zerstörerflottillen. Das erste Nachtgefecht spielt sich um 21.50 Uhr zwischen der deutschen 7. Flottille und der britischen 4. Flottille ab. Insgesamt wurden vier Torpedos ohne Wirkung abgeschossen. Die meisten deutschen Torpedoboote liefen dann hinter dem britischen Gros vorbei und nahmen unbehindert Kurs auf Horns Riff. Etwa zur selben Zeit ereignete sich ein zweites Nachtgefecht. Die deutschen Kleinen Kreuzer *Frankfurt* und *Pillau*

Rechts: Scheers Kleine Kreuzer tasteten die britischen Linien ab, was zu zwei scharfen Gefechten mit den britischen Zerstörern (links) führte. Der Hochseeflotte gelang der Durchbruch, und nach Mitternacht querte sie das Kielwasser Jellicoes. Knapp vor 2 Uhr traf Scheer auf die letzte britische Zerstörerflottille, die sich seiner Heimkehr in den Weg stellte.

sichteten die britische 11. Zerstörerflottille, die unter der Führung von *Castor* ihren Standort im Rücken des britischen Gros ansteuerte. Die Deutschen schossen zwei Torpedos ab, benützten aber klugerweise ihre Scheinwerfer nicht und eröffneten auch kein Artilleriefeuer. So konnten sie entkommen, ohne von den Engländern gesichtet zu werden. Als *Castor* mit den britischen Schlußschiffen Fühlung aufnahm, korrigierte sie ihren südlichen Kurs. Um 21.45 Uhr sichtete sie drei Schiffe und rief sie mit dem Erkennungssignal an. Als sie ein fast richtiges Antwortsignal erhielt, schloß sie auf, um genaueres zu erkunden. Der britische Zerstörer war urplötzlich in gleißende Helle getaucht, als die deutschen Kleinen Kreuzer ihre Scheinwerfer einschalteten und sofort das Feuer aus allen Rohren eröffneten.

Castor erhielt mehrere Treffer und hatte zahlreiche Verwundete, versäumte aber in der Hitze des Gefechts, eine FT-Meldung abzugeben. Erst etwa eine halbe Stunde später erhielt Jellicoe eine verworrene Meldung, die aber keine Angaben über den eigenen Standort und den Kurs des Feindes enthielt.

Das um 22 Uhr geführte Gefecht war ebenso kurz wie heftig. Das 2. Leichte Kreuzergeschwader Commodore Goodenoughs sichtete Kapitän zur See von Reuters 4. Aufklärungsgruppe auf kurze Entfernung. *Southampton* und *Dublin* wurden urplötzlich von Scheinwerfern aus mehreren Richtungen beleuchtet und befanden sich unter schwerem Feuer. Während dieses kurzen Scharmützels erlitt die *Southampton* schwere Beschädigungen. Doch auch die Deutschen bekamen genug ab, als die *Frauenlob* von einem Torpedo der *Southampton* getroffen wurde: „Der Kreuzer erhielt derartige Backbordschlagseite, daß die Munition in den Kammern durcheinanderpolterte. Ein ins Achterschiff einschlagender Treffer setzte Bereitschaftsmunition in Brand. Aber nichts konnte den Heldenmut der Besatzung erschüttern. Die Bedienung des 4. Geschützes unter der Führung von Bootsmannsmaat Anton Schmitt stand zwar bis zur Brust im Wasser, schoß aber weiter auf den Feind, bis Flammen und eindringendes Wasser den Kampf beendeten.“

In dem Durcheinander konnte der Kleine Kreuzer *Stuttgart* gerade noch um Haaresbreite ausweichen, als die beschädigte *Moltke* vierkant durch den Verband der vier überlebenden, schwerbeschädigten Kreuzer pflügte.

Auch Goodenoughs Geschwader befand sich für längere Zeit in einem Zustand völliger Verwirrung. Die beschädigten Schiffe gerieten weit auseinander. Jellicoe erfuhr überhaupt erst eine Stunde später von dem Gefecht. Die Meldung kam zu einem sehr ungünstigen Zeitpunkt, denn eben war eine Funkmeldung der Admiralität von höchster Wichtigkeit entschlüsselt worden: „Rückmarschbefehl für deutsches Gros wurde um 21.14 Uhr gegeben, Schlachtkreuzer fahren am Schluß. Kurs SSO 3/4 O. (149°). Geschwindigkeit 16 Knoten.“ Das Funkpersonal auf *Iron Duke* benötigte 30 Minuten zur Entschlüsselung.

Von Jellicoes Beurteilung dieser Information, die „Room 40“ aus drei vorangegangenen FT-Signalen Scheers zusammengestellt hatte, hing nun der weitere Verlauf der Schlacht ab. Ausgehend vom letzten bekannten Standort der Deutschen um 21 Uhr – der Jellicoe hinlänglich bekannt war –, mußte dieser Kurs die Hochseeflotte nach Horns Riff führen. Jellicoe mußte seinerseits daraus ersehen, daß die Hochseeflotte in seinem Rücken zu entkommen drohte. Er stand sechs Seemeilen näher an Horns Riff als die Deutschen, und mit einigen Knoten mehr Geschwindigkeit hätte er noch Kurs wechseln und Scheer in der nächsten Stunde den Rückzug abschneiden können.

Allerdings hatte Jellicoe kein Vertrauen in den Nachrichtendienst der Admiralität. Denn vor einer Stunde hatte er von ihr eine Mitteilung erhalten, die die Position des deutschen Schlußschiffes mit acht Seemeilen südwestlich der eigenen Spitze angab – und dies zu einem Zeitpunkt, als er auf Grund der Gefechtstätigkeit wüßte, daß der Feind im Nordwesten stand. „Wem sollte ich nun glauben?“ schrieb er später. „Den Berichten meiner eigenen Schiffe, die den Feind tatsächlich gesichtet hatten, oder den Funksprüchen der Admiralität, die über den Stand der feindlichen Bewegungen vor über zwei Stunden berichteten?“

Die Mitteilung der Admiralität enthielt noch dazu einen geradezu kriminellen Fehler. Um 21.06 Uhr fing Room 40 einen Befehl Scheers auf, der dessen Absichten eindeutig klarlegte. Eine Stunde später wurde der entschlüsselte Funkspruch der Operationsabteilung

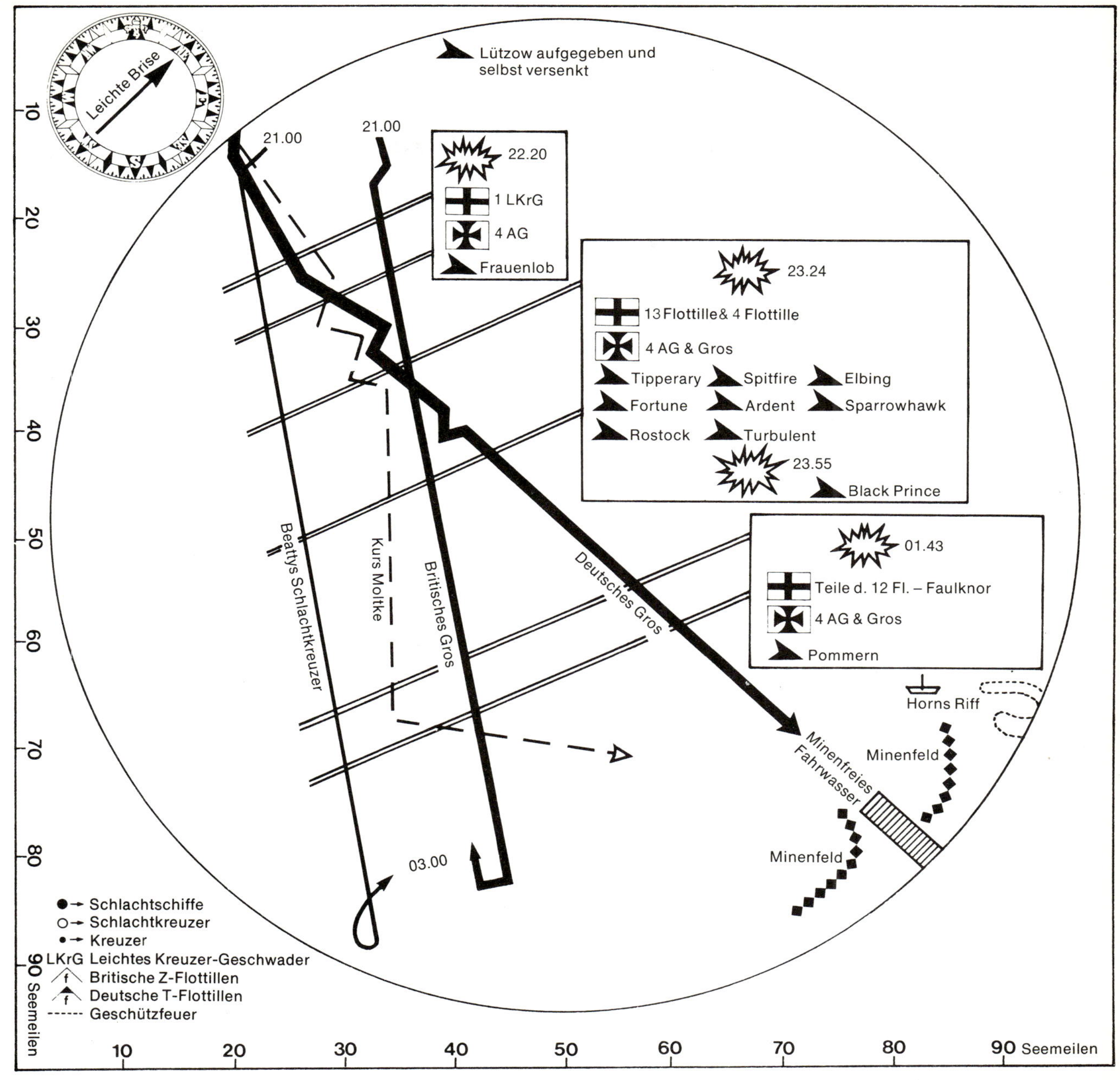

übermittelt: „Flottenchef an Marineluftschiffabteilung. Aufklärung im Gebiet von Horns Riff bei Tagesanbruch dringend notwendig." Während der nächsten eineinhalb Stunden wurden nicht weniger als sechs Feindfunksprüche von äußerster Wichtigkeit der Operationsabteilung des Admiralstabes zur Kenntnis gebracht. Jeder für sich enthielt eindeutige Hinweise. Hätte man nur einen davon Jellicoe übermittelt, so hätte dieser unverzüglich Kurs auf Horns Riff genommen und noch rechtzeitig einen wesentlichen Teil der Hochseeflotte abgefangen. So befahl zum Beispiel um 23.15 Uhr der Führer der deutschen 1. Torpedobootflottille allen Booten, vor Horns Riff zu sammeln; ein anderer um 23.50 Uhr aufgefangener Funkspruch beinhaltete die augenblickliche Position der Hochseeflotte.

Es gab nur einen einzigen Grund, warum diese entschlüsselten Funksprüche nicht weitergegeben wurden: Der Admiralstabschef Admiral Oliver, der alle Operationen „lässig" nur mit der „linken Hand" führte, hatte beschlossen, sich zur Ruhe zu begeben! Weder er noch irgend jemand anderer erwartete ein

Die Admiralität kam immer mehr zu der Auffassung, daß Scheer sein gestecktes Ziel nicht erreicht hatte. Als die *Frauenlob* (rechts) im Gefecht mit Goodenoughs Leichten Kreuzern schließlich sank, versäumte es die Admiralität, Jellicoe wichtige Meldungen des Nachrichtendienstes zu übermitteln. Hätte der britische Flottenchef diese Meldungen erhalten, wäre ihm Scheers Absicht, nach Horns Riff durchzubrechen, klargeworden. In diesem Fall wäre die 4. Zerstörerflottille (unten) mit ihrem Führerschiff *Spitfire* ins Gefecht gekommen.

Nachtgefecht. Bezeichnenderweise erkannten die Offiziere der Nachtablösung nicht den Ernst der Situation und des Nachrichtenmaterials in ihren Händen. Jene Funksprüche, die den Lauf der Geschichte hätten ändern können, wurden zu den Akten gelegt.

Um 23.20 Uhr begann sich das ausgedehnteste Nachtgefecht zu entwickeln, als die britische 4. Zerstörerflottille, geführt von Captain Wintour auf *Tipperary,* Schatten sichtete, nahe aufschloß und dann eine böse Überraschung erlebte. Die Scheinwerfer und Geschosse der deutschen Kleinen Kreuzer *Frankfurt, Pillau* und *Elbing* nagelten ihn fest.

„Ich glaubte, daß es sich um eigene Schiffe handelte, die uns irrtümlich beschossen", schrieb später der einzige Überlebende der *Tipperary,* Sub-Lieutenant William Powlett. „Kurz danach schoß dieses Schiff eine Salve, die uns in die Back traf. Ich eröffnete mit den achteren Geschützen das Feuer. Dann zerriß ein Geschoß die Hauptdampfleitung, und ich konnte vor lauter Dampf nichts sehen, doch unsere beiden Backbord-Torpedos wurden abgefeuert . . . Als das Ausströmen des Dampfes nachließ, erkannte ich, daß das Boot stillag und vorn heftig brannte. Der Feind war nicht auszumachen; mittschiffs waren fast alle gefallen oder verwundet, eine nach der anderen explodierten die Kisten mit Bereitschaftsmunition an den vorderen Geschützen."

Eine Stunde später war *Tipperary* gesunken. Dicht in ihrem Kielwasser waren *Spitfire* und *Broke* gelaufen. Lieutenant-Commander Trelawney erinnert sich: „Ich schoß meinen achteren Torpedo auf das zweite Schiff in der gegnerischen Linie ab, es war ein Kreuzer mit vier hohen Schornsteinen. Er traf zwischen dem zweiten Schornstein und dem Fockmast. Sie (der Kreuzer) schien gleichzeitig vorn und achtern in Brand zu geraten, rollte nach Steuerbord über und sank unzweifelhaft." Es war *Elbing,* die den ersten Schuß der Skagerrak-Schlacht abgegeben hatte. Schwerst beschädigt schleppte sie sich zurück in den Schutz des Gros, wo sie von dem Linienschiff *Posen* gerammt und noch

mehr beschädigt wurde. Trotzdem schwamm sie noch einige Stunden.

Nach diesem Angriff zog Boedicker die ihm verbliebenen Kleinen Kreuzer zurück. Die britischen Zerstörer der 4. Flottille gerieten dann in schweres Feuer der deutschen Spitzenschiffe *Westfalen, Nassau* und *Rheinland.* Zum Glück für Trelawney schossen die Schlachtschiffe, die er für Kreuzer ansprach, sehr schlecht:

„Ich schoß einige Salven auf den feindlichen Scheinwerfer, worauf dieser erlosch, und ging mit *Spitfire* näher heran. Im selben Moment kam ich in Sichtweite von zwei sehr nahe stehenden gegnerischen Kreuzern, die nach Südosten liefen. Der mir am nächsten stehende, südlichere, wechselte Kurs, wahrscheinlich um mich zu rammen. Ich ging mit Hartruder nach Backbord, die beiden Schiffe prallten, auf Gegenkurs liegend, mit der Backbordseite aufeinander ... Ich glaube, daß ich diesen Kreuzer erheblich beschädigt habe (in Wirklichkeit war es die *Nassau),* weil etwa fünf Meter seiner Außenverkleidung auf meiner Back liegengeblieben waren ... Aus dem Zustand des Anstriches schlossen wir, daß es ein sehr neues Schiff gewesen sein mußte. Auf *Spitfire* wurden die Brücke und das Scheinwerferpodest vollkommen zerstört, Mast und vorderer Schornstein wurden auf Deck geworfen, der Kutter und das Dinghi samt ihren Davits abgerissen. Aus allernächster Nähe schoß der Kreuzer noch mit einem schweren Geschütz, das Geschoß durchschlug das Steuerbord-Brückenschanzkleid, ohne zu explodieren ... Gerade als wir von dem Kreuzer klargekommen waren, erschien achteraus ein feindlicher Schlachtkreuzer. Ich glaube, auch er wollte uns rammen."

Mit einem 18 Meter langen Überwasserleck im Vorschiff konnte *Spitfire* nur mehr sechs Knoten laufen, daher löste Trelawney das Boot vom Feind und trat „mit den zusammengeklebten Resten seiner See-

21.4o FEIND BEHAUPTET DIE VERSENKUNG VON WARSPITE, QUEEN MARY, INDEFATIGABLE, ZWEI VIER-SCHORNSTEIN-PANZERKREUZERN, ZWEI LEICHTEN KREUZERN UND 1o ZERSTÖRERN. ES WERDEN FALSCHMELDUNGEN VERBREITET WERDEN, DIE SOFORTIGE DEMENTIERUNG ERFORDERN. GEFECHTSVERLUSTE UND SOLCHE ANDERER ART MELDEN.

Admiralität an Flottenchef

„Das Schiff blieb die ganze Nacht im Alarmzustand und daher gefechtsbereit. Wegen der Nähe des Feindes war jeden Augenblick mit einem Angriff zu rechnen. Die Freiwache schlief auf den Decks, wo immer sie ein Plätzchen fanden."
Matrose Stumpf auf Helgoland

karten" eine mühevolle Heimreise in die Tynemündung an.

Commander Allen auf der *Broke* hatte nun das Kommando über den Rest der 4. Flottille übernommen. Er steuerte südwärts, um wieder Anschluß an Jellicoe zu gewinnen. Zu ihrer Bestürzung gerieten sie noch einmal in die Spitze des deutschen Gros. Allen versuchte noch sein Boot herumzuwerfen, „doch die Deutschen hatten unser Manöver beobachtet, und schon war es zu spät. Innerhalb weniger Sekunden, nachdem wir sein (das imitierte britische) Erkennungssignal beobachtet hatten, blendete er uns mit dem Scheinwerfer. Die Verwirrung war so groß, daß wir uns vollkommen hilflos vorkamen. Dann, nach wenigen Sekunden, hörten wir Granaten über unsere Köpfe fliegen. Ich kann mich undeutlich erinnern, auch die Fontänen von Kurzschüssen gesehen zu haben, ebenso das Feuern unserer 10,2-cm-Geschütze auf dieses deutsche Schlachtschiff, das wir mit Sicherheit als die *Westfalen* ansprachen. Dann erinnere ich mich, daß das Schiff sich schwer zur Seite neigte, als uns eine Salve getroffen hatte, ich hörte das Geräusch berstenden Glases und herumsausende Trümmer. Danach erloschen die Scheinwerfer, und wir lagen wieder in der Dunkelheit."

Während die Zerstörer in schwerem Gefecht mit den deutschen Spitzenschiffen standen, fuhr der britische Panzerkreuzer *Black Prince* direkt in das deutsche Zentrum. Seit dem Nachmittag, als *Warrior* und *Defence* gesunken waren, war das Schiff auf sich allein gestellt und versuchte seine Position in der britischen Linie wieder einzunehmen.

Der Gefechtsbericht des deutschen 1. Geschwaders beschreibt: „... näherte sich von backbord voraus ein großes Schiff ... Es wurde erst angestrahlt, dann von *Ostfriesland* und *Thüringen* 40 sec. lang auf 1 bis 1,5 Kilometer und schließlich auch noch von *Friedrich dem Großen* unter Feuer genommen. Das Schiff brannte vier Minuten und sank." Es gab keine Überlebenden aus diesem Inferno.

Der unverzeihliche Fehler der britischen Schiffe, keine Gefechtsberichte zu geben, war insbesondere in den Nachtgefechten ausschlaggebend dafür, daß Jellicoe in der Skagerrak-Schlacht keinen Sieg errungen hat. Ab 20.30 Uhr entspannen sich heftige Gefechte zwischen den britischen Schlußzerstörern und den Spitzenschiffen des deutschen Gros. Der britische Panzerkreuzer *Black Prince* (unten) explodierte, vier Zerstörer sanken. Auf deutscher Seite sank der Kleine Kreuzer *Rostock* (Mitte), außerdem ging noch der Kleine Kreuzer *Elbing* verloren.

Die britische 4. Zerstörerflottille erzielte schließlich noch einen Erfolg, als ein Torpedo der *Achates* den Kleinen Kreuzer *Rostock* traf. „Beide Turbinen stoppten, das elektrische Licht und die Rudermaschine fielen aus. Das Schiff drehte hart nach steuerbord, und eine Kollision mit den Nachbarschiffen konnte nur mit Mühe vermieden werden.“ So der deutsche Gefechtsbericht. *Rostock* wurde in Schlepp genommen. Nun hatten die beiden Schwesterboote der *Achates, Fortune* und *Ardent,* für diesen Erfolg zu bezahlen: Die Deutschen konzentrierten ihr gesamtes Feuer auf die beiden kleinen Fahrzeuge. *Fortune* erlag als erste, dann wurde *Ardent* getroffen und sank.

Der heroische Angriff der 4. Zerstörerflottille hätte vielleicht einen wichtigen Einfluß auf die Entwicklung der Schlacht gehabt, wenn einer der britischen Zerstörerkommandanten seinem Flottenchef eine Meldung der Vorgänge zugefunkt hätte. Es war wieder eine verlorene Gelegenheit, denn dieser Angriff kostete Scheer viele Minuten und machte seinen Rückmarsch

Trotz ihrer heldenhaften Versuche waren die britischen Zerstörer (Mitte) kein ernst zu nehmender Gegner für die Hochseeflotte mit ihrer ausgezeichneten Nachtgefechtsausbildung. Es ist unglaublich, daß zahlreiche Einheiten des britischen Gros das Geschützfeuer beobachteten, manche von ihnen sichteten sogar unzweifelhaft den Gegner, doch keines der Schiffe eröffnete das Feuer oder gab eine Meldung an den Flottenchef ab. Jellicoe hämmerte später seinen Kommandanten ein: „Nehmen Sie nie an, daß auch Ihr Kommandant sieht, was Sie sehen!"

offensichtlich. Auf *Malaya* und dem 5. Schlachtgeschwader hatte man das Gefecht beobachtet. Der Bericht des Kapitäns (mit der Uhrzeit 23.40) hält fest:

„Es schien sich um einen Angriff unserer Zerstörer auf einige gegnerische Schiffe zu handeln, von denen zwei ihre Scheinwerfer verwendeten. Einer unserer Zerstörer mit drei Schornsteinen *(Tipperary)* wurde in Brand geschossen, nachdem er das zweite Schiff (in der gegnerischen Linie) getroffen hatte. Man konnte die Rauchwolke sehen und die Explosion deutlich hören und spüren. Das Spitzenschiff des Feindes, das im Schein der Explosion ausgemacht werden konnte, hatte zwei Masten und zwei Schornsteine sowie einen auffälligen Bootskran (vermutlich Westfalen-Klasse)."

Alle Geschütze wurden auf dieses Schiff gerichtet, das in der Tat die an der Spitze des deutschen Gros

22.5o LAUFE MIT 17 KNOTEN AUF SÜDKURS. BIN IM GEFECHT MIT FEINDLICHEN KREUZERN.

Commodore F an Flottenchef

„Urplötzlich überschütteten uns die beiden Spitzenschiffe, die uns mit ihren Scheinwerfern anstrahlten, mit einem wahren Vernichtungsfeuer. Die Beschießung dauerte etwa fünf Minuten . . . danach war das Boot ein vollkommenes Wrack und schien zu sinken. Ich versenkte das Geheimmaterial . . . alle unsere Boote, Rettungsflöße usw. waren zerschmettert worden. In diesem Augenblick eröffnete der Feind abermals das Feuer aus allernächster Entfernung. Ich befahl: ‚Alle Mann von Bord.'"
Lieutenant Cmdr. Marsden von Ardent

fahrende *Westfalen* war. Doch der Kommandant der *Malaya,* Captain Boyle, gab keinen Feuerbefehl, weil auch sein Vordermann stumm blieb. Auch auf *Valiant* sichtete man kurz diese Aktion. Es bestand kein Zweifel, daß es sich um feindliche Schlachtschiffe handelte. Doch auch *Valiant* eröffnete das Feuer nicht, weil es auch der Geschwaderführer Evan-Thomas auf *Barham* unterließ. Dieser wiederum feuerte nicht, weil er keine Befehle erhalten hatte und annahm, daß auch die Schiffe vor ihm, einschließlich des Flottenflaggschiffes *Iron Duke,* das Gefecht beobachtet haben mußten und aus gutem Grund nicht eingriffen. So wurde die letzte Chance vertan, Scheers Entkommen zu vereiteln. Keines der im Gefecht stehenden britischen Schiffe und der beobachtenden Schlachtschiffe meldete die Vorfälle an Jellicoe weiter. Viele Jahre

später mahnte Jellicoe bei einem Vortrag über Flottentaktik die Zuhörer eindringlichst: „Nehmen Sie nie an, daß auch der Flottenchef sieht, was Sie sehen.“

Auch andere britische schwere Einheiten hatten den Flottenchef nicht über die Vorgänge unterrichtet. Bereits um 22.30 Uhr hatte die im 2. Schlachtgeschwader fahrende *Thunderer* die *Moltke* gesichtet, als diese bei ihren einsamen Anstrengungen, nach Osten durchzubrechen, die britischen Linien querte. Mehrere andere Schiffe dieses Geschwaders sichteten sie ebenfalls, machten aber keine Meldung an Jellicoe. Am spektakulärsten entkam *Seydlitz,* die um 23.45 Uhr die britischen Linien in der Lücke zwischen dem 2. und dem 5. Schlachtgeschwader durchbrach. Sie wurde auf *Agincourt* gesichtet, deren Kapitän in seinen Bericht schrieb: „Ich ließ sie nicht anrufen (mit dem Erkennungszeichen anmorsen), um nicht den Standort unserer Division zu verraten. Sie wechselte Kurs und dampfte davon.“

Seydlitz lief in weniger als einer Seemeile Abstand vor den kampfstarken Schlachtschiffen Evan-Thomas' vorbei, die den angeschlagenen Schlachtkreuzer in wenigen Minuten erledigen hätten können. Auch *Marlborough* und *Revenge* sichteten den Schatten, es wurde aber nichts unternommen. Auf *Revenge* erhielt die Mittelartillerie Feuerbefehl, doch die Geschützbedienungen erholten sich außerhalb ihrer Türme und waren ganz vom Anblick der Zerstörer-Nachtgefechte in Anspruch genommen. Bis sie ihre Gefechtsstationen wieder besetzt hatten, war die *Seydlitz* verschwunden. Der feindliche Schlachtkreuzer wurde auch von *Fearless* und der 1. Zerstörerflottille gesichtet. Auch sie traten nicht in Aktion: da niemand das Feuer eröffnet hatte, wollten auch sie ihre Position nicht verraten.

Rechts: Dieses FT-Signal wurde auf *Iron Duke* nie empfangen, vermutlich wegen der starken deutschen Störtätigkeit. Es zeigte die letzte Gelegenheit an, Scheers Entkommen aufzuhalten. Kurz danach schoß der Zerstörer *Faulknor* einen Torpedo auf das Linienschiff *Pommern* (links), das in einem Feuerball explodierte.

o1.56 DRINGEND. VORRANG. FEIND-

LICHES SCHLACHTSCHIFF IN SICHT.

MEIN STANDORT IST 1o SEEMEILEN HINTER DEM 1. SCHLACHTGESCHWADER.

Führer der 12. Zerstörerflottille an Flottenchef

Um 0.15 Uhr am 1. Juni durchquerten die Spitzenschiffe der deutschen Hochseeflotte knapp drei Seemeilen hinter dem 5. Schlachtgeschwader dessen Kielwasser. Fünfzehn Minuten später entwickelte sich das fünfte Nachtgefecht, als die deutschen Schiffe auf die britische 9., 10. und 13. Zerstörerflottille trafen, die östlich des eigenen Gros standen.

„Um 0.25 Uhr sichteten wir einen dunklen Schatten etwa 5 bis 6 Strich steuerbord voraus, der in knapp 600 Meter Entfernung südöstlich steuerte", schrieb ein Offizier der *Petard*. „Bei näherem Hinsehen erkannten wir deutlich die großen Bootskräne gegen den Nachthimmel, und nur deutsche Schiffe führten so etwas. Zur gleichen Zeit riefen uns die deutschen Schlachtschiffe mit einem Erkennungssignal an, das aus zwei roten Lichtern über einem weißen bestand. Da *Petard* alle Torpedos in der Tagschlacht verschossen hatte, blieb uns nichts anderes übrig, als uns abzusetzen. Daher gingen wir auf Höchstfahrt und änderten den Kurs auf einen Strich nach backbord, um vor dem feindlichen Bug vorbeizuscheren. Kaum waren wir vorne vorbei, richteten sie ihre vorderen Scheinwerfer auf uns . . . Wir sahen die Abschüsse der feindlichen Mittelartillerie und spürten ein leichtes Zittern im Schiff, daher vermuteten wir, achtern getroffen worden zu sein. Sie schossen eine weitere Salve auf uns, dann fiel das zweite Schiff in der Linie – insgesamt konnten wir nun vier erkennen – ein. Die zweite Salve traf uns mehr mittschiffs, glücklicherweise wurden aber die dort stehenden Geschützbedienungen und die Brücke nicht getroffen. Plötzlich schwenkten die Scheinwerfer von uns weg nach ihrer (der Deutschen) Backbordseite und hefteten sich auf meinen Hintermann *Turbulent*. Sofort darauf wurde sie von dem deutschen Spitzenschiff (*Westfalen*) gerammt und versenkt . . . wir entkamen ohne weiteren Zwischenfall."

Hätte eine der drei britischen Zerstörerflottillen dem Flottenchef die Anwesenheit deutscher Schiffe gemeldet, hätte *Marlborough*, die lediglich fünf Seemeilen entfernt stand, wenden und Scheers Rückmarsch blockieren können. Doch nun stand nur mehr eine dünne Linie britischer Schiffe vor der gesamten deutschen Hochseeflotte – Captain Stirlings 12. Zerstörerflottille.

Ein Brückenoffizier der *Faulknor* berichtet:

„Steuerbord voraus wurde eine Schlachtschiffdivision gesichtet. *Faulknor* ging mit der Flottille auf Parallelkurs, und etwa um 1.55 Uhr kamen die Schlachtschiffe abermals steuerbord voraus in Sicht. Wir steigerten unsere Geschwindigkeit auf 25 Knoten und änderten den Kurs, so daß diese Schiffe von querab auf uns zukamen. Nun stellte sich heraus, daß es Deutsche waren, die uns offensichtlich noch nicht gesichtet hatten, da sie keine Scheinwerfer benutzten und uns nicht anriefen. Der Captain gab Feuerbefehl für die Torpedos, sobald die Ziele näher gekommen seien, und drehte um 2 Uhr auf Parallelkurs. Um 2.02 Uhr schoß *Faulknor* den ersten Torpedo. Dieser ging vor dem zweiten Schiff vorbei, weil der Torpedooffizier entweder zu früh geschossen oder die Geschwindigkeit des Feindes zu hoch geschätzt hatte. Etwa zwei Minuten später wurde der zweite Torpedo losgemacht, doch gleichzeitig sichteten die Deutschen unsere Flottille, alle Schlachtschiffe und die am Ende der Linie laufenden Leichten Kreuzer eröffneten schweres Feuer auf uns. Durch all die explodierenden Geschosse schien die See rund um uns zu kochen, und die vorüberfliegenden Geschosse heulten durch die Luft . . . Plötzlich ereignete sich auf dem dritten deutschen Schiff eine riesige Explosion. Im ohrenbetäubenden Lärm der Druckwelle sah es aus, als bräche es auseinander, um dann in der Mitte zusammenzuklappen . . . und dann war es fort! Der Vor-Dreadnought *Pommern* verschwand mit der gesamten Besatzung in einem Feuerball. In der folgenden Stille sagte jemand auf der Brücke: ‚Arme Teufel; die sind nicht mehr auf ihre Kosten gekommen.' Wir erhielten weiterhin schweres Feuer, und *Nessus* und *Onslaught* wurden getroffen."

Als rühmliche Ausnahme in der Reihe der spärlichen Gefechtsberichte hatte der Kommandant der *Faulknor* während des Gefechtes drei Lageberichte gefunkt. Doch keiner erreichte das Flottenflaggschiff, teils wegen der heftigen deutschen Störtätigkeit, teils wegen der schlechten Sendeleistung der damals verwendeten Geräte. Es war dies der letzte Zeitpunkt, zu dem Jellicoe noch den Kurs auf Horns Riff legen und zumindest die deutschen Schlußschiffe hätte abfangen können.

Nach der Skagerrak-Schlacht
Am frühen Morgen des 1. Juni erreichte die Hochseeflotte das sichere Fahrwasser hinter Horns Riff. Manche deutschen Schiffe waren so schwer getroffen worden, daß sie Wilhelmshaven nur unter größten Schwierigkeiten erreichten. Insbesondere die *Seydlitz* hatte 5300 t Wasser im Schiff (unten, in der Wilhelmshavener 3. Einfahrt).

Feind in den Hafen zurückgekehrt

Im Morgengrauen hörte man auf dem Führerschiff der 13. Zerstörerflottille, dem Leichten Kreuzer *Champion,* aus dem Nordosten den Gefechtslärm der letzten Aktion der 12. Flottille. Mit Höchstgeschwindigkeit raste sie auf diesen Ort zu. Begleitet wurde sie von den Zerstörern *Obdurate* und *Obedient,* unterwegs schlossen sich die Boote *Marksman* und *Maenad* an, die von ihrer 12. Flottille abgekommen waren. Um 2.30 Uhr sichtete der Verband die letzten vier deutschen Schlachtschiffe. *Moresby* konnte gerade noch einen Torpedo auf die davondampfenden alten Linienschiffe abfeuern, die am Schluß von Scheers Gros fuhren. Der Torpedo fand ein Ziel, traf aber keines der deutschen Schlachtschiffe, sondern das Torpedoboot *V 4,* welches versenkt wurde. Wieder einmal wurde Jellicoe nicht sofort Bericht erstattet, obwohl es für ihn nun bereits zu spät war, irgend etwas Entscheidendes zu unternehmen. Das 2. Geschwader und die am Schluß fahrenden überlebenden Schlachtkreuzer *Derfflinger* und *Von der Tann* näherten sich dem Horns-Riff-Feuerschiff. Damit endete Scheers bemerkenswertes Entkommen.

Um 4.27 Uhr meldete ein deutsches Torpedoboot dem Flottenchef: „1.45 Uhr *Lützow* gesprengt. Mannschaft geborgen. *G 40.*“ Jene deutschen Torpedoboote, die die Besatzung der *Lützow* geborgen hatten, wurden um 3.30 Uhr von dem Leichten Kreuzer *Champion* gesichtet und mit den 15,2-cm-Geschützen

Kein Trafalgar
Scheers Flotte wurde in Wilhelmshaven mit Jubel begrüßt. „Tausende Stimmen jubelten uns ihr Willkommen zu, aus allen Fenstern hingen Flaggen, und die Kirchenglocken läuteten eine volle Stunde lang.“ Während die Briten Hunderte handgeschriebene Gefechtsberichte studierten (unten), um herauszufinden, warum sie nicht gesiegt hatten, erkannte Scheer, daß die schweren Gefechtsschäden, wie zum Beispiel die klaffenden Löcher auf *Derfflinger* (links), seine Flotte für Monate in die Häfen zwingen würden.

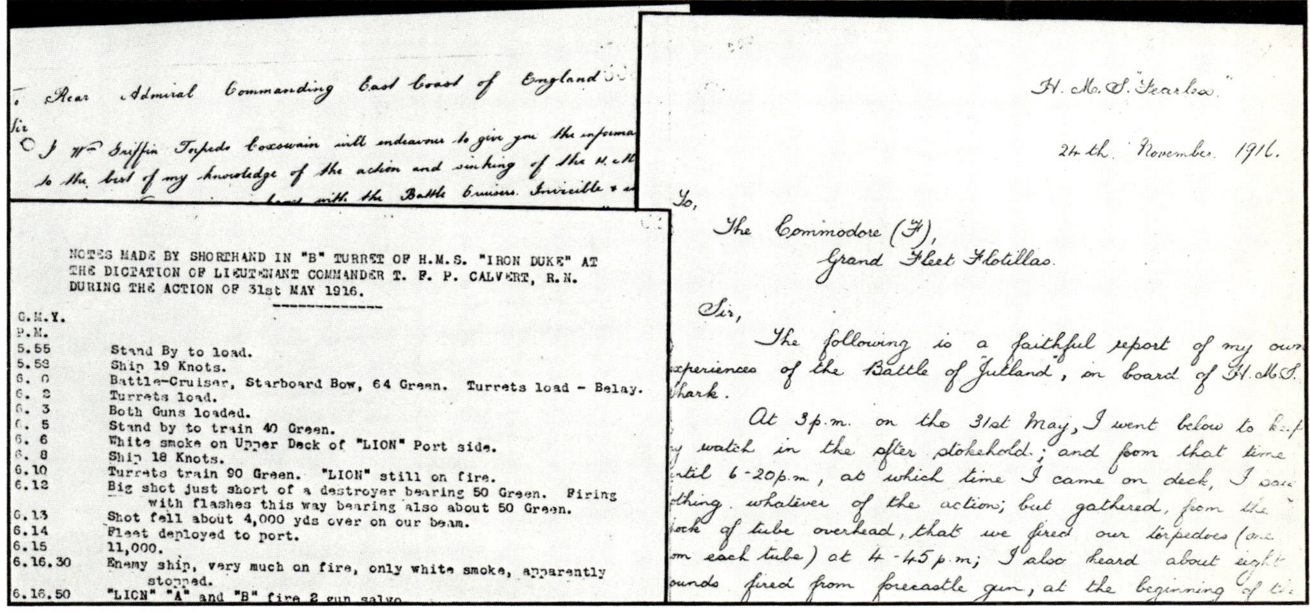

To Rear Admiral Commanding East Coast of England
Sir
I Wm Griffin Torpedo Coxswain will endeavour to give you the informa
to the best of my knowledge of the action and sinking of the H.M
with the Battle Cruisers. Invincible &

NOTES MADE BY SHORTHAND IN "B" TURRET OF H.M.S. "IRON DUKE" AT THE DICTATION OF LIEUTENANT COMMANDER T. F. P. CALVERT, R.N. DURING THE ACTION OF 31st MAY 1916.

G.M.Y.
P.M.
5.55 Stand By to load.
5.58 Ship 19 Knots.
6. 0 Battle-Cruiser, Starboard Bow, 64 Green. Turrets load - Belay.
6. 2 Turrets load.
6. 3 Both Guns loaded.
6. 5 Stand by to train 40 Green.
6. 6 White smoke on Upper Deck of "LION" Port side.
6. 8 Ship 18 Knots.
6.10 Turrets train 90 Green. "LION" still on fire.
6.12 Big shot just short of a destroyer bearing 50 Green. Firing with flashes this way bearing also about 50 Green.
6.13 Shot fell about 4,000 yds over on our beam.
6.14 Fleet deployed to port.
6.15 11,000.
6.16.30 Enemy ship, very much on fire, only white smoke, apparently stopped.
6.16.50 "LION" "A" and "B" fire 2 gun salvo

H. M. S. "Fearless"
24th November 1916.
To,
The Commodore (F),
Grand Fleet Flotillas.
Sir,
The following is a faithful report of my own experiences of the Battle of Jutland, on board of H.M.S. Shark.
At 3 p.m. on the 31st May, I went below to keep my watch in the after stokehold; and from that time until 6-20 p.m, at which time I came on deck, I saw nothing whatever of the action; but gathered, from the knock of tube overhead, that we fired our torpedoes (one from each tube) at 4-45 p.m; I also heard about eight rounds fired from forecastle gun, at the beginning of the

unter Feuer genommen. Aus unerklärlichem Grund ließ der Brite dann ab, und die Boote kamen ungeschoren nach Wilhelmshaven. So endete das letzte Nachtgefecht, welches die Skagerrak-Schlacht abschloß.

Das fahle Licht der Morgendämmerung über der Nordsee fand Jellicoe auf der Brücke der *Iron Duke*. Er suchte den Horizont ab, in Erwartung eines weiteren Gefechts, und hatte noch immer keine Ahnung davon, daß ihm Scheer im Lauf der Nacht entwischt war und nun westlich außerhalb der Reichweite der britischen Flotte stand. Auf dem Schlachtschiff erhoffte man sich viel von diesem Tag, und die Besatzungen erwarteten vertrauensvoll das Signal des Flottenchefs zur Umgruppierung der Zerstörer. „Die Sichtigkeit versprach einen besseren Tag“, schrieb ein Fähnrich und gab damit der Zuversicht in der Flotte Ausdruck. „Wir hatten noch genug Munition und spürten, daß wir mit den Überresten des Feindes kurzen Prozeß machen könnten, wenn sich noch eine Gelegenheit bot.“ Kurz vor 3.00 Uhr morgens ging die Flotte wieder in Gefechtskiellinie über. Entsprechend Jellicoes Plan, Horns Riff abzuriegeln, wenn bis zur Morgendämmerung nichts gesichtet werden sollte, steuerte sie nach Norden. Aber es war bereits zu spät. Um 3.29 Uhr wurde auf *Iron Duke* eine Meldung der Admiralität empfangen. Danach war Scheer vor einer Stunde durch seine Funksprüche 30 Seemeilen nordöstlich der *Iron Duke* geortet worden. Er steuerte südöstliche Kurse und stand nur mehr eine Fahrtstunde vor den sicheren Gewässern hinter Horns Riff. Jellicoe überblickte sofort die Lage – die Hochseeflotte würde in Kürze in der Minengasse in Sicherheit sein. „Diese Meldung zeigte eindeutig, daß ich den Feind auf keinen Fall mehr vor Erreichen der Häfen erwischen konnte, sogar wenn ich die Gefahr in Kauf nahm, ihm in die Minenfelder zu folgen.“ Beatty war überzeugt, daß der Gegner immer noch im Süden stand, und erbat die Erlaubnis zu einem Vorstoß bis 4.40 Uhr, konnte aber zu diesem Zeitpunkt nur mehr entmutigt melden: „Feind in den Hafen zurückgekehrt.“

Bei Sonnenaufgang ging die Flotte in Marschformation zu sechs Geschwaderkiellinien über, um im Norden nach feindlichen Nachzüglern zu suchen und Überlebende von den treibenden Wrackstücken aufzunehmen. Traurig mußten die Briten der Tatsache ins Auge blicken, daß dieser 1. Juni alles andere als glorreich war.

Scheer war erfolgreich der sicheren Vernichtung entkommen, denn seine Schiffe hätten einer nochmaligen Feindberührung nicht mehr standgehalten. Behnckes Geschwader litt bereits unter Munitionsknappheit. Von den Schlachtkreuzern hatte *Lützow* versenkt werden müssen, *Derfflinger* und *Moltke* waren schwer angeschlagen, auf *Von der Tann* waren alle schweren Türme ausgefallen; *Seydlitz* war noch

Die Narben der Skagerrak-Schlacht
Der lange Heimweg war besonders für die lahmgeschossenen britischen Schiffe, wie zum Beispiel den Leichten Kreuzer *Chester*, sehr schwierig zu bewältigen. Sein Rumpf war an mehreren Stellen von deutschen Granaten durchlöchert worden (unten). Der Zerstörer *Spitfire* kehrte erst zwei Tage nach der Schlacht heim: „Mit Tischen, Fendern und Matratzen wurde versucht, das gähnende Leck im Bug zu dichten – doch als Wind und Seegang zunahmen, wurde alles immer und immer wieder innenbords gespült. Wir bezweifelten, ob das Schott dieser Belastung standhalten würde."

schwerer beschädigt, sie hatte Tausende Tonnen Wasser im Vorschiff und sackte immer tiefer.

Einen letzten, wenn auch nicht entscheidenden Schlag mußte Scheer noch hinnehmen: *Ostfriesland* lief auf eine Mine, die drei Wochen vorher von *Abdiel* gelegt worden war, erlitt aber keine schweren Beschädigungen und konnte am Nachmittag gemeinsam mit der Flotte einlaufen.

Die Briten hatten einen wenig angenehmen Tag vor sich. Während die Besatzung der *New Zealand* auf ihren Gefechtsstationen dahindöste, „sah man vom Feind nur mehr Hunderte ertrunkene Blaujacken in ihren Schwimmwesten in der Nähe eines großen Ölflecks und inmitten von Wrackteilen, die das Grab eines Schiffes anzeigten. In der Nähe dieser Wrackstücke trieben große Mengen von Fischen, die durch eine Explosion getötet worden waren". Die britischen Schiffe hatten einen weit längeren Heimweg, wobei sich die Nordsee launenhaft zeigte und der Wind zu Sturmstärke anschwoll. Einige der lahmgeschossenen Schiffe brauchten bei 2 bis 3 Knoten Fahrt drei volle Tage, um den sicheren Hafen zu erreichen. Der

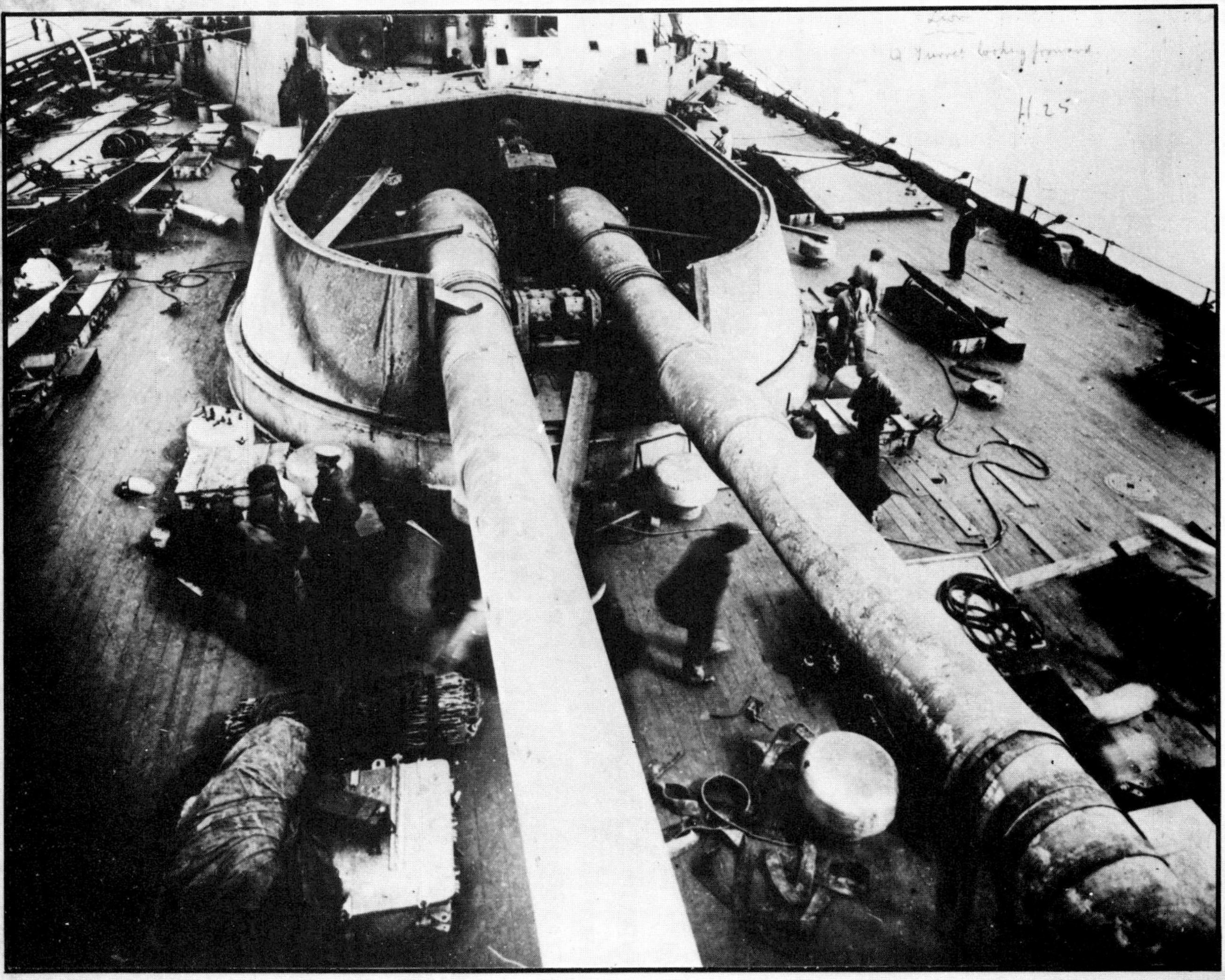
A Turret looking forward
H25

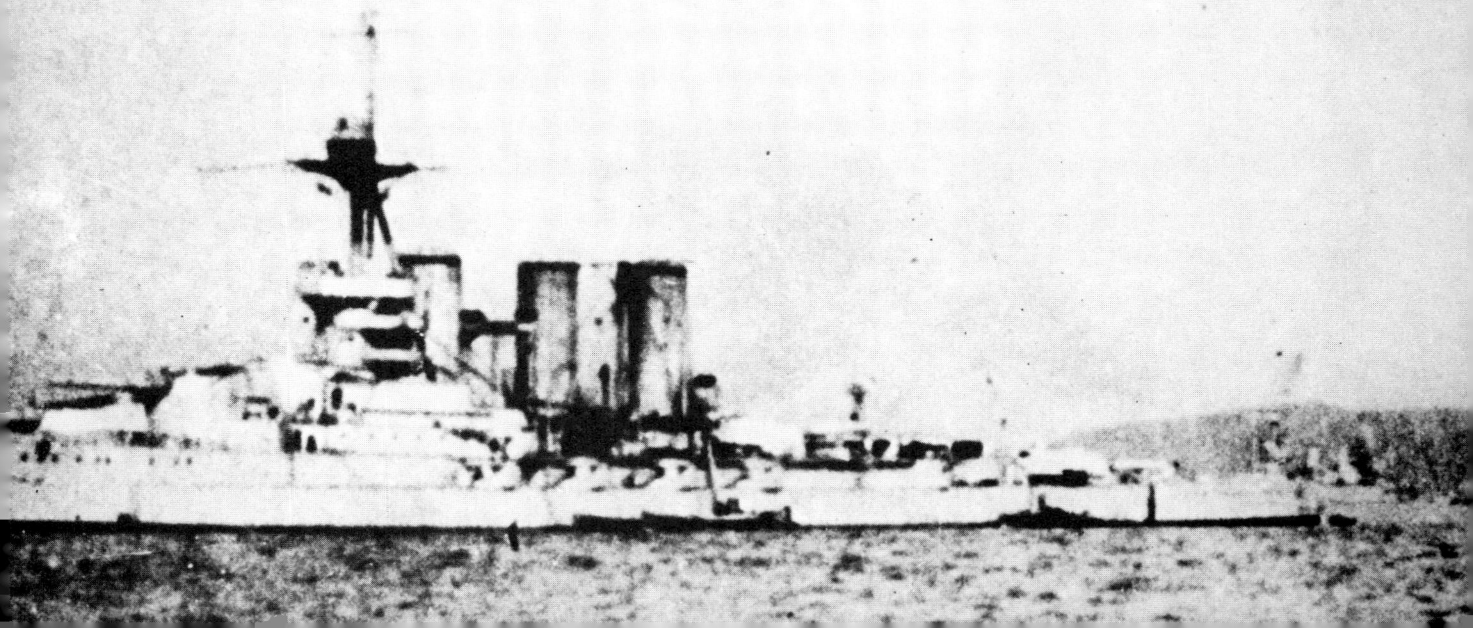

Fieberhafte Instandsetzung
Die britische Schlachtkreuzerflotte ging sofort nach der Skagerrak-Schlacht in Rosyth vor Anker. Sie hatte die meisten Schäden zu verzeichnen. Die Ursache dafür lag in der schwachen Panzerung der Munitionsmagazine. Das hätte fast zum Verlust der *Lion* geführt (unten, gemeinsam mit *Tiger* in Rosyth vor Anker liegend).
Links: Von dem schwerbeschädigten Turm „Q" der *Lion* ist die Turmdecke bereits abgenommen. Die Presse strich Beattys wilden Kampfgeist gegenüber Jellicoes Vorsicht heraus, die schließlich dazu führte, daß die Deutschen nicht vernichtet werden konnten.

„Einer der traurigsten Tage meines Lebens."
Beatty

Zerstörer *Broke* war am Bug so schwer beschädigt, daß er nur über das Heck laufen konnte. Während der schweren See, die am 1. Juni aufkam, wurde er zuerst auf die deutsche Küste zugetrieben, bevor er endgültig auf Heimatkurs gehen konnte. Manche Schiffe waren so schwer beschädigt, daß sich die Kommandanten fragten, ob sie überhaupt noch seefähig genug für die Heimreise waren. Sie hatten ihre Navigationsausrüstung, die Signal- und Funkanlagen eingebüßt. Andere wurden von ihren Schwesterschiffen eingeschleppt. *Defender* machte mit *Onslough* im Schlepptau ganze 3 bis 4 Knoten. *Acasta* schleppte die *Nonsuch* heim. *Warspite* kroch auf den Firth of Forth zu und konnte sogar noch zwei U-Bootangriffen ausweichen.

Lieutenant Bickmore erinnert sich an die Stimmung an Bord, als sie mit dem großen Schiff einliefen:

„Wir kamen an Rosyth vorbei und dampften den Firth hinauf. Sieben Brände gab es noch an Bord, die in alle Richtungen qualmten. Eine Gruppe von Anstreichern arbeitete an der Brücke über den Forth. Sie sahen uns kommen, alle kletterten von ihren Leitern und jubelten uns zu. Wir fuhren direkt ins Dock . . ."

Bickmore wurde beauftragt, dem Kommandanten der *Queen Elizabeth*, die während der Skagerrak-Schlacht in der Werft gelegen hatte, ein Schreiben zu überbringen:

„Ich ging an Bord der *Queen Elizabeth* . . . und übergab das Schreiben . . . Dann rief der Kommandant nach einer Flasche Champagner. Ich stürzte etwas davon hinunter, und er drängte mich, ihm alles zu erzählen. Dann kam der Wachoffizier herein, und ich wurde in die Offiziersmesse geführt. Dort gaben sie mir Whisky, und ich schilderte ihnen alles. Als ich damit fertig war, wurde ich ans Artilleriedeck weitergereicht. Dort gab es Bier . . ."

Im Gegensatz zu der tiefen Niedergeschlagenheit bei der Grand Fleet waren die Deutschen begeistert darüber, daß sie mit der Flotte heil nach Hause gekommen waren. Immerhin war man auf die Briten getroffen und hatte überlebt. Da gab es genug zu berichten. Auf der Brücke von *Friedrich der Große* entkorkte Scheer feierlich eine Flasche Champagner: „Inzwischen war den Besatzungen aller Schiffe die Größe unseres Erfolges gegen überlegene feindliche Kräfte voll zu Bewußtsein gekommen, und herzhafte Hochrufe ertönten, als sie hinter dem Flaggschiff ihres Führers einliefen."

Scheer stellte fest, daß den im heftigsten Feuer gewesenen Linienschiffen äußerlich kaum etwas anzumerken war, da sie weder Schlagseite noch ein nennenswertes Mehr an Tiefgang aufwiesen. Bei näherer Besichtigung zeigte sich jedoch, daß erhebliche Zerstörungen eingetreten waren. Die *Seydlitz* war fast ein Wrack, und es brauchte sechs Monate, bis die wiederhergestellte *Derfflinger* erneut zur Flotte stieß. *Großer Kurfürst, Markgraf* und *Moltke* gingen nach Hamburg zu Blohm & Voss und Vulkan; *König* und *Derfflinger* nach Kiel, *Seydlitz, Ostfriesland* und *Helgoland* blieben in Wilhelmshaven.

Großbritanniens Prestigeverlust
Rechts: Das Titelbild des *Simplicissimus* zeigt eindringlich, in welcher Art Deutschland den Seesieg für sich in Anspruch nahm. Jellicoe meldete der Admiralität am 2. Juni, daß *Iron Duke* (unten) innerhalb von 4 Stunden an der Spitze einer voll gefechtsfähigen Flotte von 24 Dreadnoughts wieder auslaufen könnte. Scheer hatte nur mehr zehn. Das strategische Kräfteverhältnis hatte sich nicht geändert.

Der verlorene Sieg

„Der Bann von Trafalgar ist gebrochen.“
Kaiser Wilhelm II., 5. Juni 1916

Der Zeitungskrieg
Die kaiserliche Marine verheimlichte das Ausmaß der Verluste, und die Presse beider Seiten (rechts) zeichnete ein falsches Bild vom deutschen Seesieg im Skagerrak. Halbherzige Erklärungen der Admiralität verzerrten ebenfalls die wahre Bedeutung der Skagerrak-Schlacht.

Für die deutschen Presse gab es keinen Zweifel über den Ausgang der Schlacht. Das kaiserliche Marine-Bureau hatte auf Grund von Scheers erstem Bericht schnell ein Kommuniqué herausgegeben. Darin wurde die Zahl der britischen Verluste wie folgt angegeben: Ein Großkampfschiff (*Warspite*), drei Schlachtkreuzer, zwei Panzerkreuzer, zwei Leichte Kreuzer und 13 Zerstörer. Die offizielle Meldung bestätigte den Verlust von *Pommern* und *Wiesbaden*, verheimlichte aber den Verlust von *Lützow* und *Rostock*.

Die tatsächlichen Verlustziffern sprachen zugunsten der Deutschen, waren jedoch bei den Briten nicht so hoch, wie Deutschland der Welt glauben machen wollte.

England hatte 14 Schiffe mit insgesamt 111.000 Tonnen, Deutschland 11 Schiffe mit insgesamt 62.000 Tonnen verloren.

Verluste:	England	Deutschland
Schlachtschiffe	–	*Pommern*
Schlachtkreuzer	*Indefatigable*	*Lützow*
	Invincible	
	Queen Mary	
Kreuzer	*Black Prince*	
	Defence	
	Warrior	
Leichte (Kleine)	–	*Elbing*
Kreuzer		*Frauenlob*
		Rostock
		Wiesbaden
Zerstörer bzw.	*Ardent*	*S 35*
Torpedoboote	*Fortune*	*V 4*
	Nestor	*V 27*
	Nomad	*V 29*
	Shark	*V 48*
	Sparrowhawk	
	Tipperary	
	Turbulent	

Der Blutzoll der Deutschen war weit geringer als der der Briten: 2551 Gefallene und 507 Verwundete, das waren 6,79 Prozent der gesamten Besatzungen. Die 6097 Gefallenen, 510 Verwundeten und 177 Gefangenen der Grand Fleet bedeuteten 8,84 Prozent der insgesamt 60.000 Teilnehmer an der Schlacht. Das Kommuniqué des Marine-Bureaus verzerrte das Ergebnis jedoch zugunsten der Deutschen. Die „Frankfurter Zeitung" vom 2. Juni berichtete mit Balkenlettern:

EINE GROSSE SEESCHLACHT IN DER NORDSEE . . .

Das „Berliner Tageblatt" schrieb: „Unsere Hochseeflotte hat einen großen Erfolg über die englischen Seestreitkräfte davongetragen."

Die „Vossische Zeitung" meldete: „Deutscher Seesieg zwischen Skagerrak und Horns Riff." In ganz Deutschland wurden Feiern abgehalten, Führer und Truppenteile des Feldheeres sandten Glückwunschbotschaften an die Flotte. Die Kinder erhielten schulfrei.

Der Kaiser fuhr am 5. Juni nach Wilhelmshaven und hielt von Bord des Flottenflaggschiffes an die an Land angetretenen Abordnungen sämtlicher an der Schlacht beteiligt gewesenen Schiffe eine Ansprache:

„Sooft ich in den vergangenen Jahren meine Marine in Wilhelmshaven besucht habe, jedesmal habe ich mich in tiefster Seele gefreut. Während das Heer in heißen Kämpfen gegen übermächtige Feinde allmählich die Gegner niederringen konnte, einen nach dem andern, wartete und harrte die Flotte vergeblich auf den Kampf . . . Ein tapferer Führer an der Spitze einer Flotte, die über ein vorzügliches Material und tapfere alte Seeleute verfügte – *so kam die übermächtige englische Armada heran, und die unsere stellte sie zum Kampf*. Und was geschah? *Die englische Flotte wurde geschlagen: Ein neues Kapitel der Weltgeschichte* ist von euch aufgeschlagen . . .

Ich aber stehe heute hier als euer Oberster Kriegsherr, um tiefbewegten Herzens euch *meinen Dank* auszusprechen."

In England herrschten ganz andere Gefühle. An Bord seines Flaggschiffes stützte Jellicoe den Kopf in seine Hände und gestand: „Ich habe eine der größten Gelegenheiten vorbeigehen lassen, die ein Mann je gehabt hat."

Als die britischen Seeleute ihren Frauen und Familien die Nachricht von ihrem Überleben telegrafierten und zusammengeschossene Kriegsschiffe sich in die Häfen der Ostküste schleppten, breitete sich die Nach-

The Daily News

LORD KITCHENER

HORNS REEF: HOW GERMANY IS FED WITH FALSE HOPES OF VICTORY.

WRIGLEY'S SPEARMINT

W. J. HARRIS & Co.

If It's Due to

Berliner Tageblatt und Handels-Zeitung

Nach der Seeschlacht am Skagerrak.

DERFFLINGER ON FIRE AND SINKING.

British Battle Cruisers' Fight With Main German Fleet.

HOLDING THE ENEMY UNTIL JELLICOE CAME.

(From Our Special Correspondent.)

THE EAST COAST, Sunday.

WHEN THE GERMANS TURNED & RAN.

Dreadnought Squadron

Heroic

WOUNDED

richt von einer großen Nordseeschlacht wie ein Lauffeuer aus. Doch am Morgen des 3. Juni wurden die Hoffnungen des Volkes grausam gedämpft, als die erste offizielle Verlautbarung der Admiralität bekanntgemacht wurde. Balfours Verlautbarung, abgefaßt vor Jellicoes Rücktritt, las sich wie die mühsame Vertuschung einer vernichtenden Niederlage:

„Am Donnerstag, dem 31. Mai, fand nachmittag vor der Küste von Jütland ein Seegefecht statt. Die Hauptlast des Kampfes trugen die britische Schlachtkreuzerflotte und Leichte Kreuzer, unterstützt von vier schnellen Schlachtschiffen. Sie erlitten schwere Verluste.

Die deutsche Schlachtflotte vermied, begünstigt von der schlechten Sicht, ein längeres Gefecht mit unseren Hauptstreitkräften. Kurz nach deren Erscheinen auf dem Schlachtfeld kehrte der Gegner in den Hafen zurück, mußte aber vorher noch schwere Beschädigungen durch unsere Schlachtschiffe hinnehmen."

Das Kommuniqué setzte mit der Aufzählung der bis dorthin bekannten britischen Verluste fort, sagte aber überhaupt nichts Genaues über die deutschen Verluste aus:

„Der Gegner erlitt ernstliche Verluste. Zumindest ein Schlachtkreuzer wurde zerstört, ein weiterer schwer beschädigt; die Versenkung eines Schlachtschiffes während der Nachtangriffe durch unsere Zerstörer wird berichtet; zwei Leichte Kreuzer wurden außer Gefecht gesetzt und sind vermutlich gesunken.

Die Gesamtzahl der während der Schlacht außer Gefecht gesetzten gegnerischen Zerstörer kann nicht mit Gewißheit angegeben werden, muß aber groß gewesen sein."

Das war nun kaum der Tonfall, um die Stimmung des britischen Volkes zu heben. Traurige Szenen spielten sich vor dem in der Admiralität in Whitehall eingerichteten Auskunftsbüro ab. Ängstliche Angehörige warteten auf Neuigkeiten.

Balfour veröffentlichte am 3. und am 4. Juni zwei neue Kommuniqués, um die Scharte wieder auszuwetzen; nun beanspruchten die Briten die Versenkung von zwei Schlachtschiffen, zwei Schlachtkreuzern, vier Kleinen Kreuzern und neun Torpedobooten sowie eines U-Bootes. Auch wurde darin betont, daß Großbritannien nach wie vor die See beherrsche und daß sich die Deutschen hinter die Minenfelder in der Deutschen Bucht zurückgezogen hätten.

In der Zwischenzeit hatten auch die Deutschen den Verlust von *Lützow* und *Rostock* zugeben müssen, so daß die Skagerrak-Schlacht aus britischer Sicht nicht mehr so ganz die Niederlage war, wie sie die öffentliche Meinung angenommen hatte.

Die ungeschickte Formulierung jener ersten Mitteilung an die Presse hatte ernste Auswirkungen auf das britische Prestige in der Welt. Bald trafen die ersten Schreiben der britischen Botschafter ein, die ihrem Zorn über die Admiralität Ausdruck gaben. Die britische Regierung war insbesonders höchst besorgt um die öffentliche Meinung im größten neutralen Land, in den USA. Das Magazin „Vaterland" wandte sich an die zahlreichen Amerikadeutschen und brachte auf

seiner Titelseite stolz ein Bild von Admiral Scheer mit der Überschrift „Der Sieger vom Skagerrak." Der Ton des Leitartikels war scharf: „Wenn England noch einige solcher Treffen wie die Skagerrak-Schlacht verliert, ist seine Bedeutung als Seemacht dahin. Den seiner gelähmten Hand entfallenen Dreizack wird der Kaiser entschlossen an sich nehmen." Andere US-Zeitungen übernahmen diese Version des Gefechtes, insbesondere die irischamerikanische Presse.

Doch der U-Bootkrieg hatte die Gemüter der Amerikaner derart erregt, daß trotz „Vaterland" und anderer sympathisierender Zeitungen die britische Flotte eine bewundernde Presse hatte. Zynisch schrieb der New Yorker „American" über die tödlichste Waffe des Seekrieges – die Schreibmaschine:

„In den Annalen der Seekriegsgeschichte kennen wir nichts, das der überlegenen Kühnheit und Tapferkeit der journalistischen Marinereserve gleichkäme. In den letzten vier Tagen hat sie Schiff für Schiff des teutonischen Feindes vernichtet und mit erstaunlichem Erfolg die Niederlage in einen glorreichen Sieg umgemodelt, ohne dabei mehr als ein Tintenfaß einzubüßen."

Die Leistungen der Deutschen im Skagerrak zwangen die Grand Fleet zu einer tiefgreifenden Überprüfung ihrer Stärke und Kampfbereitschaft. Auf den britischen Schiffen wurden neue Brandschutzeinrichtungen eingebaut, und man ging daran, ein neues panzerbrechendes Geschoß zu entwickeln. Es hatte sich gezeigt, daß die Panzersprenggranaten mit Lydditfüllung oft wirkungslos waren. Sie neigten dazu, gleich beim Auftreffen zu explodieren, anstatt die Panzerung zu durchschlagen und im Schiffsinneren zu detonieren. Die Signalgebung und die Befehlsübermittlung wurden kritisch durchleuchtet. Die Schlachtkreuzerflotte drängte auf eine ganze Reihe von Verbesserungen, die von verstärkter Torpedobeobachtung und verbesserter Aufstellung der Feuerleitgeräte bis zum Einsatz der Seeflugzeuge reichten.

Ein Vorwurf war allerdings nicht zu widerlegen: Die Grand Fleet hatte es nicht fertiggebracht, einen Sieg à la Nelson zu eringen, obwohl sie die deutsche Hochseeflotte bereits festgenagelt gehabt hatte.

Die deutschen Schlachtgeschwader konnten nicht weit nach Norden vorstoßen, da sie dabei Gefahr liefen, wie vor dem Skagerrak von überlegenen britischen Seestreitkräften gestellt zu werden. Die strenge Blockade Deutschlands wurde fortgesetzt, und Großbritannien beherrschte weiter die See und damit die lebenswichtigen Verbindungslinien nach Europa, den USA und der gesamten Welt. Ironischerweise blieb es Scheer vorbehalten, anzuerkennen, daß es Deutschland unmöglich war, den Krieg durch eine große Seeschlacht zu gewinnen. In seinem schriftlichen Bericht an den Kaiser führte er unter anderem aus:

„Es kann kein Zweifel bestehen, daß selbst der glücklichste Ausgang einer Hochseeschlacht England in diesem Kriege nicht zum Frieden zwingen wird: die Nachteile unserer militärgeographischen Lage gegenüber der des Inselreichs und die große materielle Übermacht des Feindes werden durch die Flotte nicht in dem Maße ausgeglichen werden können, daß wir der

Tiger an der Kette
Der Kaiser wollte kein weiteres Risiko mit der Hochseeflotte mehr eingehen und nahm Scheers Ratschlag an. Mit der Eröffnung des uneingeschränkten U-Bootkrieges glaubte man die britische Blokkade brechen zu können. Trotz anfeuernder Kaiserbesuche in Wilhelmshaven (links) begann die Moral der untätigen Hochseeflotte zu verfallen.

gegen uns gerichteten Blockade oder des Inselreichs selber Herr werden, auch nicht wenn die Unterseeboote für militärische Zwecke voll verfügbar sind. Ein sieghaftes Ende des Krieges in absehbarer Zeit kann nur durch Niederringen des englischen Wirtschaftslebens erreicht werden, also durch Ansetzen des Unterseeboots gegen den englischen Handel."

Scheer drängte den Kaiser, alle halbherzigen Maßnahmen zu vermeiden und den uneingeschränkten U-Bootkrieg anzuordnen. In letzter Konsequenz wurde damit die Tirpitz-Doktrin verworfen, und das ausgerechnet durch den einzigen deutschen Admiral, der je gegen die gesamte britische Kriegsflotte in der Nordsee gekämpft hatte.

Im Zeitraum zwischen der Skagerrak-Schlacht und dem Ende des Krieges unternahm die deutsche Hochseeflotte nur mehr drei bedeutendere Vorstöße. Der Schwerpunkt der deutschen Seekriegsführung wurde auf den U-Bootkrieg verlegt. In einer Rede vom Februar 1917 faßte Winston Churchill die Änderung der deutschen Strategie zusammen:

„Diese riesige Flotte war das Produkt der einander folgenden deutschen Flottengesetze. Sie wuchs vor unseren Augen Jahr für Jahr an. Vorsichtig und ängstlich verglichen wir den Prozentsatz unserer Überlegenheit in jeder Schiffsklasse. Diese ganze riesige Flotte und all die geheimgehaltenen geschickten Versuche, die sie (die Deutschen) in allen Teilen der Welt unternommen hatten, um uns einen aggressiven Seekrieg aufzuzwingen, wurden für sie zu einer großen Enttäuschung. Die einzige Sorge, die wir heute noch haben müssen, bereiten uns nicht die Schiffe der Hochseeflotte, wie wir sie aus der Zeit vor dem Krieg kannten, sondern Schiffe, die es bei Kriegsbeginn kaum noch gab. Besorgt sind wir auch über die Anwendung von Seekriegsmethoden, die vor Ausbruch dieses Krieges von den besten Fachleuten für unmöglich gehalten worden waren, die so unglaublich sind, daß niemand erwartet hätte, daß sie von zivilisierten kriegführenden Ländern angewendet und von neutralen Nationen erduldet werden würden."

Die britische Propaganda behauptete allgemein, daß die deutsche Flotte nach der Skagerrak-Schlacht nie mehr auf die offene See gefahren sei, und nach und nach wurde dies als historische Wahrheit angesehen. In Wirklichkeit aber setzte Scheer seine ursprünglich vor dem Skagerrak geplante Operation am 19. August 1916 in die Tat um. Während des Vorstoßes bildeten U-Boote und Zeppeline Aufklärungslinien, um die Hochseeflotte vor der Grand Fleet zu warnen, während Scheer Sunderland beschoß, um den Briten zu zeigen, daß er keineswegs auf See besiegt war.

Die Briten hatten nun alle Erfahrungen aus der Skagerrak-Schlacht analysiert und waren entschlossen, in Hinkunft Fehler zu vermeiden. Jellicoe war durch entschlüsselte Funksprüche gewarnt und stand mit einer erdrückenden Übermacht bereits in See, bevor die Deutschen um 21 Uhr aus der Jade ausgelaufen waren. Das Gros vereinigte sich früh mit den aus dem Firth of Forth ausgelaufenen Schlachtkreuzern, die vereinigte Streitmacht dampfte den Deutschen entgegen. Die Schlachtkreuzer operierten weit näher am Gros als während der Skagerrak-Schlacht. Sie standen höchstens 30 Seemeilen entfernt.

Doch das Schicksal verwehrte den Briten, die Skagerrak-Schlacht noch ein zweites Mal zu schlagen. Durch Zufall hatte Scheer kurze Zeit zuvor abgedreht, und Skagerrak Nr. 2 kam um Haaresbreite nicht zustande.

Am 6. Oktober 1916 wurde wieder der U-Bootkrieg nach Prisenrecht eröffnet.

Die Rolle der Hochseeflotte wandelte sich. Nach dem aggressiven Kampf um die Vorherrschaft in der Nordsee wurde sie nun vordringlich zur Unterstützung der U-Boote eingesetzt. Nachdem die Deutschen nur kurz die Möglichkeit eines Sieges über die größte Seemacht der Welt gewittert hatten, kehrten sie zu den langen Liegezeiten in Wilhelmshaven zurück. Die Dickschiffe konnten den Lauf des Krieges nicht mehr ändern, die Verantwortung für den Sieg auf See lag nun auf den Schultern der U-Boot-Kommandanten. Am 18. Oktober 1916 unternahm Scheer einen weiteren Vorstoß, die Grand Fleet machte zwar Dampf auf, lief aber nicht aus, so daß Scheer ohne Zwischenfall wieder heimkehren konnte.

Die Moral der Hochseeflotte war nach der Skagerrak-Schlacht außerordentlich hoch gewesen, nun aber verfiel sie verhängnisvoll. Auf den in und vor Wilhelmshaven vor Anker liegenden Schiffen wurde die Langeweile zu einem ernsten Problem, dessen Scheers

Offiziere kaum Herr wurden. Sie pflegten immer noch ihren Kastengeist und quälten die Besatzungen mit strenger Disziplin.

Richard Stumpf auf der *Helgoland* schildert die Spannungen zwischen besser- und schlechtergestelltem Personal an Bord: „An Bord haben wir in Ermangelung äußerer Kriegsereignisse gewissermaßen den inneren Krieg."

Die Verpflegung der Flotte wurde immer schlechter, und nach dem „Rübenwinter" von 1917 erhielten die Matrosen unausgesetzt „Drahtverhau-Eintopf". (Stumpf: „Mit völliger Sicherheit konnte ich nur folgende Zusammensetzung analysieren: Wasser 75 Prozent, Oldenburger 10 Prozent, Kartoffeln 3 Prozent, Erbsen 2 Prozent, gelbe Rüben 1 Prozent, Rindfleisch 1/2 Prozent, Essig 1/2 Prozent, Fett 1/4 Prozent, der Rest ist unbestimmbar. In den Offiziersmessen wurde weit besseres Essen serviert, und auf manchen Schiffen stand den Offizieren pro Kopf und Tag eine Flasche Wein zu.")

Im August 1917 ereignete sich an Bord der *Prinzregent Luitpold* wegen der schlechten Verpflegung eine Meuterei. Die Führung hatte Angst, daß die Russische Revolution auf Deutschland übergreifen könnte, und unterdrückte den Aufruhr. Scheer ließ zwei der Rädelsführer erschießen.

Die Spannungen blieben, obwohl die Deutschen mit ihrem uneingeschränkten U-Bootkrieg Erfolge erzielten. Im zweiten Vierteljahr 1917 versenkten die U-Boote eine alarmierende Zahl von Schiffen, die insgesamt 2,2 Millionen Registertonnen Ladefähigkeit hatten. Das übertraf die Neubaurate immerhin um das Vierfache. Bis zum Jahresende wurden über 6 Millionen BRT Handelsschiffraum versenkt. Nur die Einführung des Konvoisystems schwächte diese katastrophalen Verluste etwas ab.

Scheers Eintreten für den uneingeschränkten U-Bootkrieg führte letzten Endes zum Zusammenbruch Deutschlands. Die unbarmherzigen Angriffe führten zum Kriegseintritt der USA mit ihrem gesamten unerschöpflichen Kriegspotential. Ein Geschwader von US-Schlachtschiffen wurde der Grand Fleet, die inzwischen nach dem südlicheren Rosyth verlegt worden war, angegliedert.

Erst im April 1918 unternahm die Hochseeflotte einen weiteren Vorstoß. Scheer lief bis vor die norwegische Küste, um den dortigen Handelsverkehr anzugreifen. Er hatte allerdings nicht viel Glück und mußte umkehren, als *Moltke* eine Schraube verlor und die mit Leerlast laufende Turbinenschaufel zersprang. Die Trümmer durchlöcherten den Maschinenraum, worauf dieser vollief.

Nach der Einstellung des U-Bootkrieges im Jahr 1918 dachte Scheer wieder an eine Offensive über Wasser. Es sollte ein letzter, verzweifelter Versuch sein, Deutschland bei zukünftigen Friedensverhandlungen einen Vorteil zu sichern. Scheer faßte zusammen: „Ein Erfolg zur See mußte von günstigem Einfluß auf die Friedensbedingungen sein und dazu beitragen, die Stimmung im Lande zu heben; denn die Forderungen der Feinde würden sich nach dem Maß von Widerstandkraft richten, das wir ihnen noch entgegenzusetzen bereit waren, und nach der Einschätzung, ob ihre eigene Kraft die dazu erforderliche Beanspruchung noch vertragen würde. Jede Schwächung derselben mußte für uns von Vorteil sein."

Das Marineoffizierskorps stand den Friedensbemühungen zutiefst mißtrauisch gegenüber. Scheer und Hipper planten für den Oktober 1918 einen Angriff nach dem Vorbild der Holländer von 1667. Bei diesem letzten Angriff, der von den Mannschaften als „Todesfahrt des Admirals" bezeichnet wurde, sollten leichte Seestreitkräfte Kriegs- und Handelsschiffe vor der flandrischen Küste und in der Themsemündung angreifen, während die Flotte im Hintergrund bereitstand. Sollte die Grand Fleet nach Süden kommen, würde sie auf U-Bootschwärme treffen. Dann sollte Hipper in der südlichen Nordsee Beatty zum Endkampf stellen. Die Besatzungen der Schlachtgeschwader waren entsetzt, als die ersten Gerüchte über diese Unternehmung auftauchten. Sie hatten bereits genug vom Krieg und wußten, daß Friedensverhandlungen kurz bevorstanden.

Als die Flotte in den letzten Oktobertagen des Jahres 1918 zusammengezogen wurde, beschlossen die unzufriedenen Matrosen zu handeln. Schiff nach Schiff weigerte sich, Hippers Befehl zu folgen und auszulaufen. Darunter waren einige der berühmtesten Einheiten der Flotte, wie *Von der Tann* und *Kronprinz Wilhelm*. Trotz Scheers Druck auf Hipper, gegen die

Leichenzug einer Flotte
Die Hochseeflotte spielte nur mehr bei der Unterstützung des U-Bootkrieges eine Rolle, ansonst verbrachte sie den Großteil ihrer Zeit im Hafen. Die Moral war durch die Untätigkeit und die Revolution unterhöhlt. Am 21. November 1918 mußte die Flotte zur Übergabe auslaufen. Für die Briten war es ein Moment stolzen Triumphes, als die alten Erzfeinde ihre Flaggen niederholen mußten. Unten: Der Neubau *Baden* war erst nach der Skagerrak-Schlacht zur Flotte gestoßen.

Meuterer strengstens vorzugehen, konnte dieser nicht mehr anders, als die „Todesfahrt“ abzublasen. Die einzelnen Verbände verlegten wieder zurück nach Kiel, Wilhelmshaven und in die Elbe. Und bald hißte man die rote Flagge der Revolutionäre anstelle der kaiserlichen Kriegsflagge.

Die Meutereien in Wilhelmshaven und Kiel waren der auslösende Funke für den Zerfall des deutschen Kaiserreiches. Aufruhr und Revolution verbreiteten sich über ganz Deutschland. Als der Waffenstillstand am 11. Oktober 1918 in Kraft trat, stand Deutschland an der Schwelle des Chaos.

Die britischen Feuereinstellungsbedingungen waren in der Tat sehr hart und betrafen in besonderem Maße die kaiserliche Flotte. Die Regierung Lloyd George akzeptierte die Forderung der Admiralität, daß zwei der drei deutschen Schlachtgeschwader interniert werden sollten, dazu alle fünf Schlachtkreuzer. Alle U-Boote mußten übergeben werden. Mit Zustimmung des Arbeiter- und Matrosenrates fuhr eine Offiziersdelegation zum Firth of Forth, um die Übergabe der deutschen Schiffe auszuhandeln.

Im Morgengrauen des 21. November 1918 liefen 370 Einheiten der Grand Fleet zu ihrer letzten Unternehmung, der „Operation ZZ“, aus. Die deutsche Flotte sollte zu ihrem letzten Ankerplatz geleitet werden. Die Briten wollten nach zwanzigjährigem Kampf ihren Sieg besiegeln. In sechs Seemeilen Abstand liefen zwei Kolonnen mit insgesamt vierzig Großkampfschiffen. Die Geschütze waren besetzt, standen aber in Ruhestellung. Auf der Brücke der *Queen Elizabeth* stand Admiral Beatty, seine abgeschabte Mütze wie immer keck schräg aufgesetzt. Alle Augen waren erwartungsvoll auf den Horizont gerich-

Abrechnung
Am 21. November 1918 erreichten die Waffenstillstandsverhandlungen das, was die Grand Fleet nicht geschafft hatte – das Ende der deutschen Hochseeflotte. Mit pompösem Zeremoniell und detailliert ausgearbeiteten Anweisungen (rechts) wurden die deutschen Schiffe von der Royal Navy in die Internierung geleitet. Beatty, der nunmehrige Flottenchef der Grand Fleet, drängte den Premierminister: „Die Geschichte wird es uns nie verzeihen, wenn wir diese Gelegenheit versäumen, die Bedrohung unserer Seemacht wirkungsvoll zu verringern."

tet, wo sich kurz nach 9.30 Uhr die grauen Schatten der deutschen Flotte aus dem Dunst schälten. Neun Schlachtschiffe, fünf Schlachtkreuzer, sieben Kleine Kreuzer und 49 Torpedoboote kamen da angedampft.

Admiral Ruge, damals noch ein junger Torpedobootoffizier, beschreibt die Szene aus deutscher Sicht: „Da kamen sie im fahlen Licht des grauen Novembermorgens und umgaben uns von allen Seiten, Geschwader um Geschwader, Flottille um Flottille, an die vierzig englische Großkampfschiffe, fast ebenso viele Kreuzer, einhundertundsechzig Zerstörer, ein amerikanisches Geschwader, ein Franzose, darüber Flugzeuge und kleine unstarre Luftschiffe. Überall standen die Bedienungen an den Geschützen klar zum Gefecht mit Gasmaske und Flammenschutzhelm aus Asbest. So niederdrückend die Lage aber auch für uns war, so schien doch in dem Aufmarsch einer derartigen Übermacht eine ungewollte Anerkennung für das zu liegen, was die Hochseeflotte gewesen war."

Auch die Engländer, die die herrlichen Schiffe ihres Gegners beobachteten, die nun zwischen ihren Linien fuhren, um sich nach Scapa Flow geleiten zu lassen, waren bewegt, als sich diese stolze Flotte so schmachvoll ergeben mußte.

Die Deutschen wurden an ihren Liegeplatz bei Inchkeith geleitet. Beatty befahl: „Die deutsche Flagge ist heute bei Sonnenuntergang niederzuholen und darf ohne Erlaubnis nicht mehr gesetzt werden."

Erst im Mai 1919 erfuhr man auf der in Scapa Flow internierten Flotte die Absichten der Alliierten, die der deutschen Delegation in Versailles vorgelegt worden waren. Die gesamte in Scapa Flow internierte Flotte sollte den siegreichen Alliierten übergeben werden, wobei Großbritannien mit 70 Prozent den größten Anteil erhalten sollte. Deutschland wurde eine Kleinstmarine mit 15.000 Mann gestattet, die nur aus sechs Einheiten mit 10.000 t, sechs 6000-t-Kreuzern und wenigen Torpedobooten bestehen durfte. Der Besitz von U-Booten und Flugzeugen war ganz untersagt. Die deutschen Seeleute waren zutiefst erschüttert über die kompromißlosen Friedensbedingungen, die die gesamte Kriegsschuld den Deutschen anlasteten und Gebietsabtretungen forderten (Elsaß, Saarland usw.). Diese Friedensbedingungen waren so erniedrigend, daß die deutsche Regierung lange beriet, ob sie sie überhaupt annehmen sollte. Als sich die Verhandlungen in die Länge zogen, überlegte man auf den internierten Schiffen trotz der Entwaffnung die Wiederaufnahme der Feindseligkeiten.

Ungewiß über die voraussichtliche Haltung der deutschen Regierung, gab Vizeadmiral von Reuter bei günstiger Gelegenheit – die britischen Wachschiffe waren zu einer Übung ausgelaufen – den Befehl zur Selbstversenkung der Schiffe der Hochseeflotte.

Ruge beschreibt diese dramatischen Augenblicke:

„Das technische Personal öffnete die Ventile und die Deckel der Kondensatoren und zertrümmerte die vorher bestimmten Rohrleitungen. Die Seeleute setzten Kriegsflagge und Kommandantenwimpel; dann öffneten sie die Lastendeckel, Kammertüren und Bullaugen, machten das Ankerspill unbrauchbar und warfen alles Werkzeug außenbords, das zum Losmachen von der Boje dienen konnte. Für alle Fälle brachten sie die Rettungsflöße außer dem Kutter zu Wasser. Wer mit seiner Arbeit fertig war, packte seine Sachen und machte sich bereit zum Aussteigen.

Während wir noch ausstiegen, war allen voran *Friedrich der Große,* Scheers Flaggschiff in der Skagerrak-Schlacht, etwa um 12.15 Uhr in die Tiefe gegangen.

Als nächster folgte gegen 13 Uhr *König Albert.* Von den Schlachtkreuzern, die uns am nächsten lagen, sank zuerst *Moltke* kurz nach 13 Uhr.

Nun sanken überall Schiffe und Boote. *Seydlitz,* der Vorkämpfer der Flotte, der von allen Schiffen bei Freund und Feind die schwersten Gefechtsverluste gehabt hatte, legte sich auf die Seite. Wenige Minuten später verschwand *Von der Tann,* berühmt aus der Skagerrak-Schlacht, in der er den gleich großen und schwerer bewaffneten Schlachtkreuzer *Indefatigable* mit einem Dutzend Salven der schweren Artillerie in die Luft gejagt hatte. Eine halbe Stunde später erfüllte sich das Schicksal der *Derfflinger,* des ‚Eisernen Hundes'. Mit der großartig geschwungenen Linie seines über 200 Meter langen Oberdecks und seinen wuchtigen Schornsteinen war er das schönste Schiff der Flotte . . ."

Von der Flotte des Kaisers und ihrer Herausforderung zur See war nur mehr Schrott auf dem Grund des Sundes von Scapa Flow geblieben.

"Der Tag."

Diagram of Surrender of German Fleet.

21st November, 1918.

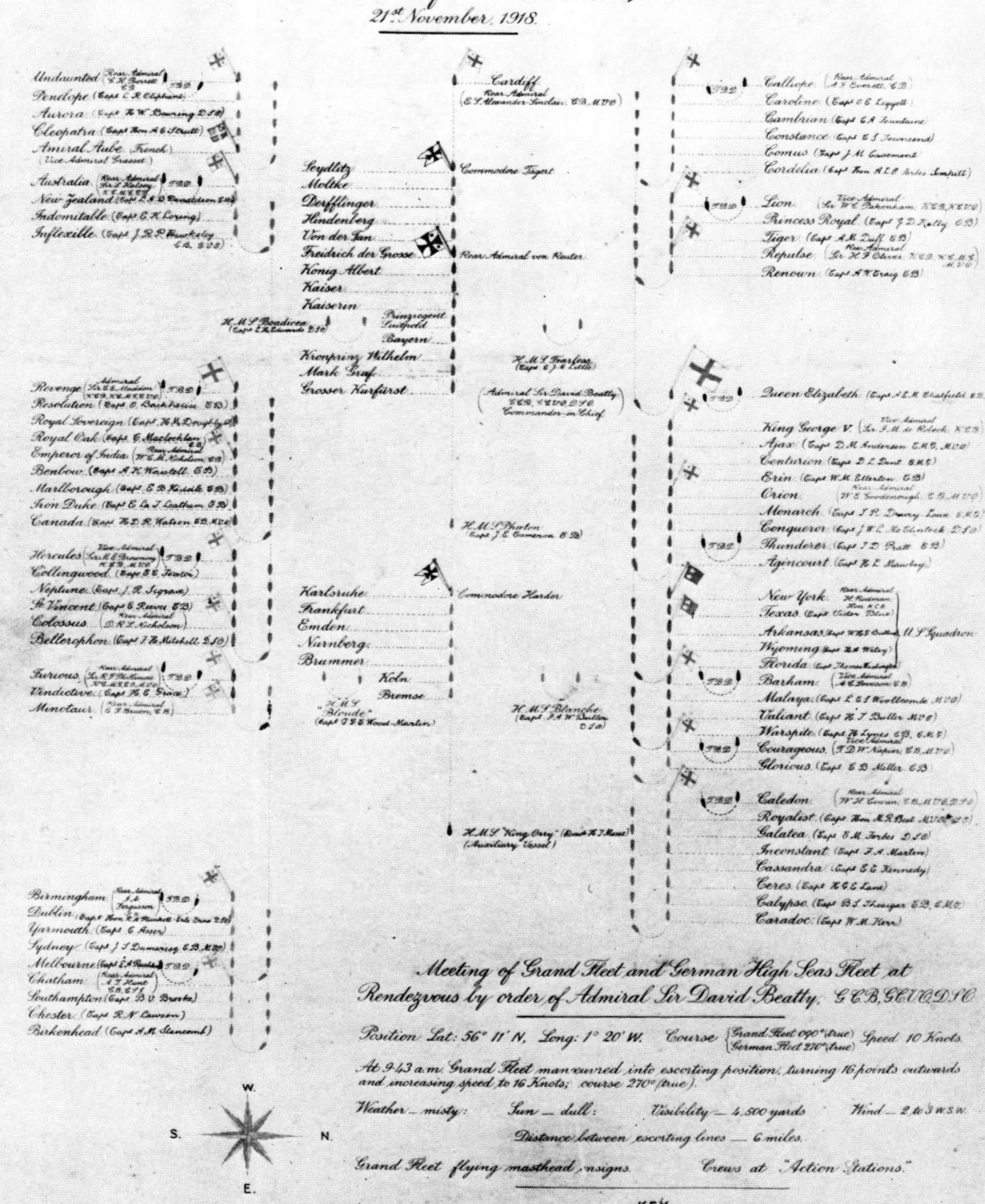

KEY.

Battleships	–	Blue.
Battle-cruisers	–	Red.
Cruisers	–	Green.
Aircraft Vessels	–	Shaded Black.
Destroyers	–	Black.

Scale 1" = 1 mile.

Saml. A. Brooks, R.N.
Clarence H. Burd

Die Gliederung der deutschen Hochseeflotte

DAS GROS
Flottenflaggschiff*
Friedrich der Große (Flottenchef Vizeadmiral Reinhard Scheer)
I. GESCHWADER
1. Division
Ostfriesland (Geschwaderchef Vizeadmiral Erhard Schmidt)
Thüringen
Helgoland
Oldenburg
2. Division
Posen (2. Admiral: Konteradmiral Walter Engelhardt)
Rheinland
Nassau
Westfalen
II. GESCHWADER
3. Division
Deutschland (Geschwaderchef Konteradmiral Franz Mauve)
Hessen
Pommern
4. Division
Hannover (2. Admiral: Konteradmiral Freiherr von Dalwigk zu Lichtenfels)
Schlesien
Schleswig-Holstein
III. GESCHWADER
5. Division
König (Geschwaderchef Konteradmiral Paul Behncke)
Großer Kurfürst
Kronprinz
Markgraf
6. Division
Kaiser (2. Admiral: Konteradmiral Hermann Nordmann-Burgau)
Kaiserin
Prinzregent Luitpold

KREUZER
I. Aufklärungsgruppe (Schlachtkreuzer)
Lützow (B.d.A. Vizeadmiral Franz Hipper)
Derfflinger
Seydlitz
Moltke
Von der Tann

* Zu keiner Division gehörend

II. Aufklärungsgruppe (Kleine Kreuzer)
Frankfurt (Konteradmiral Friedrich Boedicker)
Wiesbaden
Pillau
Elbing
IV. Aufklärungsgruppe(Kleine Kreuzer)
Stettin (Kapitän zur See Ludwig von Reuter)
München
Hamburg
Frauenlob
Stuttgart

TORPEDOBOOTSFLOTTILLEN
Rostock (Kleiner Kreuzer, Flaggschiff des 1. F.d.T., Kommodore Kapitän zur See Andreas Michelsen)
I. Flottille
1. Halbflottille
4 Boote: G 32, G 38, G 39, G 40
II. Flottille
3. Halbflottille
4. Halbflottille
10 Boote: B 98, B 97, B 101, B 102, B 112, B 109, B 110, B 111, G 103, G 104
III. Flottille
5. Halbflottille
6. Halbflottille
7 Boote: S 53, V 71, V 73, G 88, S 54, V 48, G 42
V. Flottille
9. Halbflottille
10. Halbflottille
11 Boote: G 11, V 1, V 2, V 3, V 4, V 6, G 8, G 7, V 5, G 9, G 10
VI. Flottille
11. Halbflottille
12. Halbflottille
9 Boote: G 41, V 44, G 87, G 86, V 69, V 45, V 46, S 50, G 37
VII. Flottille
13. Halbflottille
14. Halbflottille
9 Boote: S 24, S 15, S 17, S 20, S 16, S 18, S 19, S 23, S 189
IX. Flottille
17. Halbflottille
18. Halbflottille
11 Boote: V 28, V 27, V 26, S 36, S 51, S 52, V 30, S 34, S 33, V 29, S 35.
Regensburg (Kleiner Kreuzer, Flaggschiff des 2. F.d.T., Kommodore Kapitän zur See Paul Heinrich)

Die Gliederung der britischen Grand Fleet

DAS GROS
I. SCHLACHTGESCHWADER
6. Division
Marlborough (Geschwaderchef Vizeadmiral Sir Cecil Burney)
Revenge
Hercules
Agincourt
5. Division
Colossus (Divisionsführer Konteradmiral E.F.A. Gaunt)
Collingwood
Neptune
St. Vincent
II. SCHLACHTGESCHWADER
1. Division
King George V. (Geschwaderchef Vizeadmiral Sir Martin Jerram)
Ajax
Centurion
Erin
2. Division
Orion (Divisionsführer Konteradmiral A. C. Leveson)
Monarch
Conqueror
Thunderer
IV. SCHLACHTGESCHWADER
3. Division
Iron Duke (Flottenflaggschiff von Admiral Sir John Jellicoe)
Superb (Divisionsführer Konteradmiral A. L. Duff)
Royal Oak
Canada
4. Division
Benbow (Divisionsführer Vizeadmiral Sir Doveton Sturdee)
Bellerophon
Téméraire
Vanguard
Beigestellte Leichte Kreuzer*
Active
Bellona
Blanche
Boadicea
Canterbury
Chester
Beigestellt:
Abdiel (schneller Minenleger)
Oak (Zerstörermutterschiff)

* Vorwiegend zur Weitergabe optischer Signale zwischen den Schlachtgeschwadern eingesetzt.

SCHLACHTKREUZER
III. Schlachtkreuzergeschwader
Invincible (Geschwaderchef Konteradmiral H.L.A. Hood)
Inflexible
PANZERKREUZER
I. Kreuzergeschwader
Defence (Geschwaderchef Vizeadmiral Sir Robert Arbuthnot)
Warrior
Duke of Edinburgh
Black Prince
II. Kreuzergeschwader
Minotaur (Geschwaderchef Vizeadmiral H. L. Heath)
Hampshire
Cochrane
Shannon
LEICHTE KREUZER
4. Leichtes Kreuzergeschwader
Calliope (Geschwaderchef Commodore Le Mesurier)
Constance
Caroline
Royalist
Comus
ZERSTÖRERFLOTTILLEN
4. Zerstörerflottille
Tipperary (Flottillenführer, Captain C. J. Wintur)
Acasta
Achates
Ambuscade
Ardent
Broke (Flottillenführer)
Christopher
Contest
Fortune
Garland
Hardy
Midge
Ophelia
Owl
Porpoise
Shark
Sparrowhawk
Spitfire
Unity
11. Zerstörerflottille
Castor (Leichter Kreuzer, Commodore J.R.P. Hawksley)
Kempenfelt (Flottillenführer)
Magic
Mandate
Manners
Marne
Martial
Michael
Milbrook
Minion
Mons
Moon
Morning Star
Mounsey
Mystic
Ossory
12. Zerstörerflottille
Faulknor (Flottillenführer, Captain A.J.B. Stirling)
Maenad
Marksman (Flottillenführer)
Marvel
Mary Rose
Menace
Mindful
Mischief
Munster
Narwhal
Nessus
Noble
Nonsuch
Obedient
Onslaught
Opal

Die Schlachtkreuzerflotte

SCHLACHTKREUZER
Lion (Flaggschiff von Vizeadmiral Sir David Beatty)
1. Schlachtkreuzergeschwader
Princess Royal (Geschwaderchef Konteradmiral O. de Brok)
Queen Mary
Tiger
2. Schlachtkreuzergeschwader
New Zealand (Geschwaderchef Konteradmiral W. C. Pakenham)
Indefatigable
SCHNELLE SCHLACHTSCHIFFE
V. Schlachtgeschwader
Barham (Geschwaderchef Konteradmiral Hugh Evan-Thomas)
Valiant
Warspite
Malaya
LEICHTE KREUZER
I. Leichtes Kreuzergeschwader
Galatea (Geschwaderchef Commodore E. S. Alexander-Sinclair)
Phaeton
Inconstant
Cordelia
II. Leichtes Kreuzergeschwader
Southampton (Geschwaderchef Commodore W. E. Goodenough)
Birmingham
Nottingham
Dublin
III. Leichtes Kreuzergeschwader
Falmouth (Geschwaderchef Konteradmiral T.D.W. Napier)
Yarmouth
Birkenhead
Gloucester

ZERSTÖRERFLOTTILLEN
1. Zerstörerflottille
Fearless (Leichter Kreuzer, Captain D. C. Roper)
Acheron
Ariel
Attack
Badger
Defender
Goshawk
Hydra
Lapwing
Lizard
Teile der 9. und 10. Zerstörerflottille:
9. Zerstörerflottille
Lydiard (Commander M. L. Goldsmith)
Landrail
Laurel
Liberty
10. Zerstörerflottille
Moorsom
Morris
Termagent
Turbulent
13. Zerstörerflottille
Champion (Leichter Kreuzer, Captain J.U. Farie)
Moresby
Narborough
Nerissa
Nestor
Nicator
Nomad
Obdurate
Onslow
Pelican
Petard
Seeflugzeugmutterschiff:
Engadine

Hatte diese Seeschlacht

Das verlorene Trafalgar

Schon drei Tage nach dem letzten Schuß dieser Schlacht ordnete die britische Admiralität Untersuchungen bis ins letzte Detail an. Es wurden Ausschüsse eingesetzt. Strategie, Taktik und Nachrichtendienst, Befehlsübermittlung und vor allem das Material sollten unter die Lupe genommen werden, um die entscheidende Frage beantworten zu helfen: Wieso war es der Grand Fleet trotz ihrer zahlenmäßigen und artilleristischen Überlegenheit nicht gelungen, ein zweites Trafalgar zu erkämpfen? Die Untersuchung dieser Schuldfrage spaltete die Royal Navy bis zum Ausbruch des Zweiten Weltkrieges in mehrere Lager. Die Debatten konzentrierten sich schließlich auf die Führungsstile Jellicoes und Beattys. Die Beatty-Gruppe erklärte, daß der übervorsichtige Jellicoe nicht deutlich genug erkannt hatte, daß Beatty das deutsche Gros sehr geschickt in die Umfassung durch das britische Gros gelockt hatte. Die Anhänger des Flottenchefs argumentierten, daß es Beatty verabsäumt habe, den Flottenchef über Standort, Kurs und Stärke der Deutschen zu unterrichten. Sein überhastetes Vorgehen bei der Sichtung Hippers habe in Verbindung mit Signalfehlern verhindert, daß das 5. Schlachtgeschwader zum entscheidenden Zeitpunkt ins Gefecht eingreifen konnte.

31. Mai: Unentschiedener Ausgang

Bei den heftigen Diskussionen für und wider wurde das Zentralproblem eigentlich wenig berührt. Nach unserer Ansicht geht es eigentlich darum: Konnte überhaupt irgendein Admiral, ein deutscher, ein britischer – oder sogar Nelson selbst, unter den vorgegebenen Behinderungen durch wechselnde Sicht- und Wetterverhältnisse, durch Mängel im Material und in der Befehlsübermittlung und unter dem Druck der alles beherrschenden strategischen Richtlinien die Skagerrak-Schlacht bis zu einer endgültigen Entscheidung durchkämpfen?

Im ersten Gefechtsabschnitt am 31. Mai suchten die Deutschen ein entscheidendes Gefecht mit Beattys Schlachtkreuzern und verfolgten damit ihren Plan, einen Teil der britischen Flotte zu vernichten. Nach dem brillanten Manöver Hippers, Beattys Verband vor die Geschütze des deutschen Gros zu locken, drehte Beatty den Spieß um und lockte seinerseits nun trotz schwerer Verluste die deutsche Hochseeflotte auf das eigene Gros.

Sobald Scheer erkannt hatte, daß er der gesamten britischen Schlachtflotte gegenüberstand – was seine taktischen und strategischen Überlegungen durchkreuzte –, drehte er ab, um der Vernichtung durch die artilleristische Übermacht des Gegners zu entgehen. Doch wenige Minuten später drehte Scheer nochmals auf Jellicoes Schiffe zu, vielleicht um dem Vorwurf zu entgehen, er habe sich vorschnell zurückgezogen, bis er dann schließlich endgültig zum Abdrehen gezwungen wurde.

Jellicoe war an seine vorsichtige Taktik gebunden, welche die Verfolgung eines zurückgehenden Feindes ausschloß. In den wenigen noch verbleibenden Stunden mit Tageslicht war er nicht mehr in der Lage, eine Entscheidung herbeizuführen. Selbst wenn er das Risiko in Kauf genommen hätte, trotz der erwarteten Torpedoangriffe und Minengefährdung Scheer durch Rauch und Qualm nachzustoßen, hätten seine Schiffe nicht genügend Geschwindigkeit entwickeln können, um ihre volle Übermacht gegenüber den Deutschen auszuspielen. Schlechte Sicht, ungenügende Aufklärung und unzuverlässige Befehlsübermittlung hätten auf jeden Fall gegen eine Entscheidungsschlacht in den letzten Stunden des Tages gesprochen.

Hätte Jellicoe seinem Gegenspieler eine ausgedehnte Schlacht aufgezwungen, müßte man auch in Rechnung stellen, daß die Deutschen in der Tagschlacht wesentlich erfolgreicher gewesen waren. Obwohl beide Seiten ungefähr die gleichen Trefferprozente erzielten, gelang es den Engländern nicht, eine vergleichbare Anzahl deutscher Schiffe zu versenken. Die *Seydlitz,* die einundzwanzig schwere Treffer überlebte, bewies eindeutig, daß jedes Schiff der Hochseeflotte standfester als die britischen Schiffe war. Die Unterteilung des Schiffsinneren, die wirksamen Leckwehrmaßnahmen und die nach dem Gefecht bei der Doggerbank getroffenen Vorkehrungen gegen Kartuschbrände waren das wirkungsvolle Ergebnis von Tirpitz' Forderung, daß die deutschen Schiffe „unsink-

überhaupt einen Sinn?

bar" sein müßten. Auf der anderen Seite kam die erwartete britische artilleristische Überlegenheit, erkauft durch leichtere Panzerung, wegen der schlechten Qualität der britischen Granaten nicht mehr zum Tragen. Besonders bei großen Schußweiten explodierten die Geschosse mit ihrem empfindlichen Zünder bereits beim Auftreffen, bevor das Geschoß die Panzerung durchgeschlagen hatte. Fachleute der Admiralität haben später errechnet, daß die Verwendung eines wirksamen panzerbrechenden Geschosses, wie es nach der Skagerrak-Schlacht angeschafft wurde, zur Versenkung von mindestens sechs deutschen Großkampfschiffen geführt hätte.

1. Juni:
Bei Tagesanbruch kein Feind mehr zu sehen

Wenn schon die Gefechte am 31. Mai zu keiner Entscheidung geführt hatten, hätte dann die Royal Navy am folgenden Tag einen „glorreichen 1. Juni" herbeiführen können? Bei Anbruch der Nacht hatten die Engländer den unschätzbaren Vorteil, zwischen Scheer und seinen Stützpunkten zu stehen. Selbst wenn der deutsche Flottenchef ein Gefecht nicht annehmen wollte und die Lage ansonst gleich blieb und man voraussetzt, daß die Grand Fleet ihren Standort beibehalten konnte, blieb Scheer abgeschnitten. In dieser Nacht schien eine Schlacht am nächsten Tag unausbleiblich. Doch was ging dann schief?

Jellicoes Anordnungen für die Nacht erwiesen sich als nutzlos, als es darum ging, der Hochseeflotte auf den Fersen zu bleiben und sie nicht zu verlieren. Die britische Abneigung gegen ein Nachtgefecht und die mangelnde Übungspraxis stellten sich als fatal heraus. Die englischen Schiffsbesatzungen waren für ein Nachtgefecht weder ausgebildet noch ausgerüstet: Leuchtraketen waren vollkommen unbekannt, ein Nachtsignalsystem war nicht entwickelt worden. Als die britischen Schiffe in der Nacht auf Scheers Geschwader stießen, unterließen es die Kommandanten, ihren Flottenchef zu informieren. Und nicht bloß einmal, sondern wiederholt, passierten unglaubliche Fehler bei der Übermittlung wichtigster Informationen.

Ohne ein klares Bild von der Gefechtslage und ausgehend von einer falschen Annahme über den Rückmarschkurs Scheers, war Jellicoe nicht in der Lage, die Nachrichten der Admiralität mit seinem Lagebild in Einklang zu bringen. Noch dazu wurden entzifferte Feindfunksprüche, die eindeutig klarstellten, daß das deutsche Gros dabei war, das Kielwasser der Engländer zu queren, Jellicoe nicht rechtzeitig durchgegeben, so daß er keinerlei Gegenmaßnahmen mehr einleiten konnte. Diese Kette von Fehleinschätzungen und Irrtümern führte in Verbindung mit Scheers festem Entschluß, zur Heimatküste durchzubrechen, dazu, daß am Morgen des 1. Juni den Deutschen das Entkommen gelungen war.

Churchills Fehler

Viele der Unzulänglichkeiten, die bei der Skagerrak-Schlacht zutage gekommen waren, hätten sich vermeiden lassen, wenn man bereits aus dem Gefecht bei der Doggerbank manche Lehre gezogen hätte. Der Erste Lord der Admiralität, Winston Churchill, hatte 1915 eine Analyse des Gefechts bei der Doggerbank abgelehnt. Das sollte sich als Fehler erweisen. An der Doggerbank hatten sich die schlechten Schießleistungen, der ungenügende Panzerschutz sowie die unzureichende Signalübermittlung der britischen Schlachtkreuzer herausgestellt. Selbst das Abdrehen vor einem erwarteten U-Bootangriff, das den deutschen Schlachtkreuzern die Lösung von den Briten gestattet hatte, hätte sich bei einer eingehenden Analyse des Gefechtes als Fehlverhalten herausgestellt. Auch wären bei der Skagerrak-Schlacht Verluste an Schlachtkreuzern zu vermeiden gewesen, hätte man nach den Beschädigungen an der Doggerbank und bei den Falklandinseln Brandschutzeinrichtungen angebracht.

Für Churchills Ablehnung einer Untersuchung des Doggerbank-Gefechtes gibt es nur ein Motiv: Der dringend notwendig gewordene Seesieg der Navy sollte nicht „aufgeweicht" werden. Churchill schrieb: „Der Seesieg an der Doggerbank brachte mit einem Schlage die Stimmen gegen meine Führung der Admiralität zum Schweigen."

Das unerreichbare Ziel

Selbst wenn jene Fehler und Unzulänglichkeiten, die in der britischen Flotte zutage getreten waren, beseitigt worden wären und es Jellicoe gelungen wäre, die Deutschen am Morgen des 1. Juni zum Kampf zu stellen: Hätte der Totaleinsatz der beiden Dreadnought-Flotten überhaupt eine kriegsentscheidende Wendung herbeiführen können? Waren die damaligen Mittel der Verbandsführung und Signalübermittlung überhaupt ausreichend, um die langen Schlachtlinien, die Geschwader und Flottillen, die sich mit hoher Geschwindigkeit weitverstreut in einem Seegebiet mit schlechten Sichtbedingungen bewegten, im Griff zu behalten? Waren die beiden Flottenführer im Getümmel der Schlacht überhaupt imstande, ihre Streitkräfte so lange so konzentriert einzusetzen, bis eine wirkliche Entscheidung erfochten war? Die Technologie und Taktik der Großkampfschiffe, die vor dem Krieg so vorangetrieben worden waren, hatten die Fähigkeit des Menschen, sie zu kontrollieren, längst überflügelt. Die Grand Fleet erreichte ihr taktisches Ziel allein durch ihre Anwesenheit in Scapa Flow, von wo aus sie die Blockade unterstützte und eine Gefahr für die unterlegenen deutschen Streitkräfte darstellte, die es deswegen nicht zum offenen Kampf kommen lassen konnten. Aus diesem Blickwinkel stellt sich heraus, daß die Skagerrak-Schlacht für beide Seiten unnötig war, obwohl natürlich die Bevölkerungen den großen Seesieg herbeisehnten. Die Briten hatten eine Schlacht gar nicht nötig, die Deutschen durften eigentlich keine riskieren.

Scheers Annahme, daß die Überlegenheit des Gegners durch eine Reihe von Gefechten mit britischen Teilverbänden gebrochen werden könnte, stellte sich nach der Skagerrak-Schlacht als unhaltbar heraus. Die einzige zielführende Strategie für die Deutschen hätte darin bestehen können, sich Fishers Konzept des „Blitzes aus heiterem Himmel“ anzueignen und die Grand Fleet mit einem von Torpedo- und U-Booten geführten Präventivschlag anzugreifen. Und genau diese Taktik setzte eine andere zahlenmäßig unterlegene Seemacht fünfundzwanzig Jahre später gnadenlos ein, als japanische Trägerflugzeuge die US-Flotte in Pearl Harbour angriffen.

Bibliographie

ADMIRALTY, British
Jutland Despatches
Narrative of the Battle of Jutland
Record of the Battle of Jutland; prepared by Captain J. E. T. Harper
BACON, Admiral Sir R. H.
The Life of John Rushworth Earl Jellicoe
BALFOUR, Michael
The Kaiser and His Times
CHALMERS, Rear-Admiral W. S.
The Life and Letters of David Beatty, Admiral of the Fleet
CHATFIELD, Admiral of the Fleet, Lord
The Navy and Defence
CHURCHILL, Winston S.
The World Crisis, 1914–1918
CORBETT, Julian, and NEWBOLT, Henry
Naval Operations, 1914–1918
DREYER, Admiral Sir Frederic
The Sea Heritage
FAWCETT, H. W., and HOOPER, G. W. W.
The Fighting at Jutland
FISCHER, Fritz
Griff nach der Weltmacht
FREIWALD, Ludwig
Die letzten Tage der deutschen Flotte
FROST, Commander H., USN
The Battle of Jutland
GEBESCHUS, K.
Doggerbank
GIBSON, Langhorne, and HARPER, Vice-Admiral J. E. T.
The Riddle of Jutland
HARPER, Vice-Admiral J. E. T.
The Truth about Jutland
HASE, Fregattenkapitän Georg von
Skagerrak
HERWIG, H. H.
The German Naval Officer Corps
HISLAM, P. A.
The Admiralty of the Atlantic
HORN, Daniel
War, Mutiny and Revolution in the German Navy
JAMESON, Rear-Admiral Sir William
The Fleet that Jack Built
JELLICOE, Admiral Viscount John R.
Lord Jellicoe's Erinnerungen zwischen Skagerrak und Scapa Flow
KEMP, Lieutenant-Commander P. K.
The Papers of Admiral Sir John Fisher *(Navy Records Society)*
MAC INTYRE, Captain Donald
Jutland
MARDER, A. J.
Fear God and Dread Nought
From the Dreadnought to Scapa Flow
MORRIS, A. J. (Editor)
Radicals Against War
MOUNTBATTEN, The Earl of Burma, Admiral of the Fleet
The Battle of Jutland *(Manuskript aus dem Jahre 1967)*
NAVY RECORDS SOCIETY
The Jellicoe Papers
RITTER, Gerhard
Staatskunst und Kriegshandwerk, Das Problem des „Militarismus" in Deutschland
RUGE, Friedrich
Scapa Flow 1919
SCHEER, Admiral Reinhard
Deutschlands Hochseeflotte im Weltkrieg
SCHOFFELIUS, H., und DEIST, W.
Marine und Marinepolitik im Kaiserlichen Deutschland, 1871 bis 1914 *(Seminar)*
STEINBERG, Jonathan
Yesterday's Deterrent
STUMPF, Richard
Warum die Flotte zerbrach
TIRPITZ, Alfred von
Erinnerungen
WALDEYER-HARTZ, Hugo von
Admiral Hipper
WOODWARD, C. L.
Great Britain and the German Navy

Artikel:
HAGGIE, Paul
„The Royal Navy and War Planning in the Fisher Era" – Journal of Contemporary History, Vol. 8 No. 3 (July 1973)
JORDAN, Gerald H. S.
„Pensions not Dreadnoughts" – Edwardian Radicalism 1900–1914 (Ed. A. J. A. Morris)
ROSKILL, S. W.
„The Dismissal of Admiral Jellicoe" – Journal of Contemporary History, Vol. 1 No. 4 (1966)
STEINBERG, Jonathan
„The Copenhagen Complex" – Journal of Contemporary History, Vol. 1 No. 3
„The Novelle of 1908" – Transactions of the Royal Historical Society (5th series, Vol. 21)
„The Kaiser's Navy and German Society" – Past and Present 28
WOODWARD, David
„Mutiny at Wilhelmshaven" – History Today, Vol. XVII No. 11

Für die Übertragung ins Deutsche wurden zusätzlich benutzt:
BENNETT, Geoffrey
Die Skagerrakschlacht
BUSCH, Fritz-Otto
Unter der alten Flagge
DOHM, Arno
Geschwader Spee
GRÖNER, Erich
Die deutschen Kriegsschiffe 1815–1936
KÜHLWETTER, Friedrich von
Skagerrak
PECKELSHEIM, Frh. von und zu Spiegel
Oberheizer Zenne, der letzte Mann der „Wiesbaden"
PEMSEL, Helmut
Von Salamis bis Okinawa
Chronik der Seekriegsgeschichte
POCHHAMMER, Hans
Graf Spees letzte Fahrt
PRESTON, Antony
Großkampfschiffe des Ersten Weltkrieges

Kriegstagebücher folgender Einheiten und Kommandos der Hochseestreitkräfte: *Friedrich der Große; Derfflinger; Lützow; Von der Tann; Seydlitz; Moltke;* I. Geschwader; *Westfalen;* II. Geschwader; *Kaiser; Kaiserin; Kronprinz Wilhelm;* II. B.d.A.; *Regensburg; München;* Marine-Luftschiff-Abteilung Nordholz; sowie zahlreiche weitere Gefechtsberichte, die vom Bundesarchiv in Freiburg/Br. (BRD) freundlicherweise zur Verfügung gestellt wurden.

Register

Die beiden S

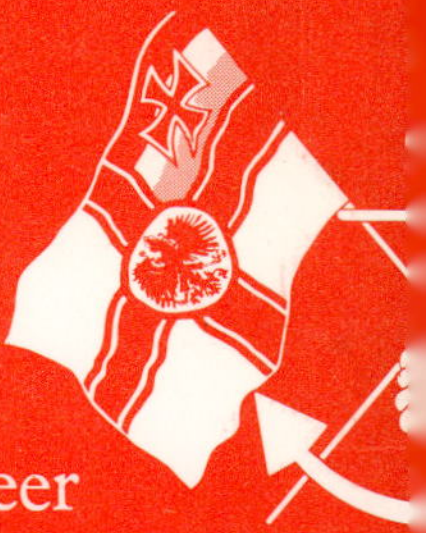

DIE HOCHSEEFLOTTE

Admiral Reinhard Scheer

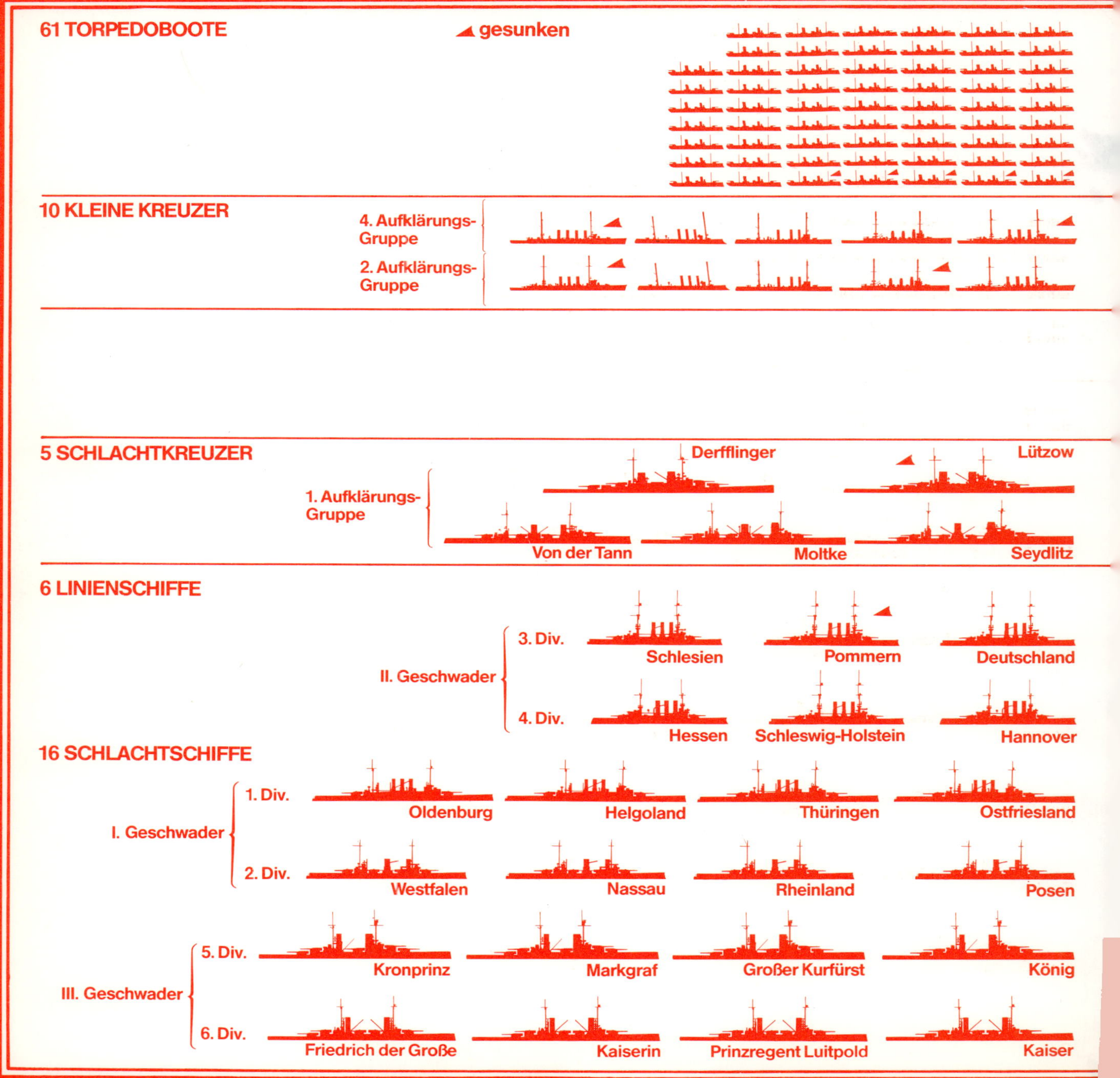

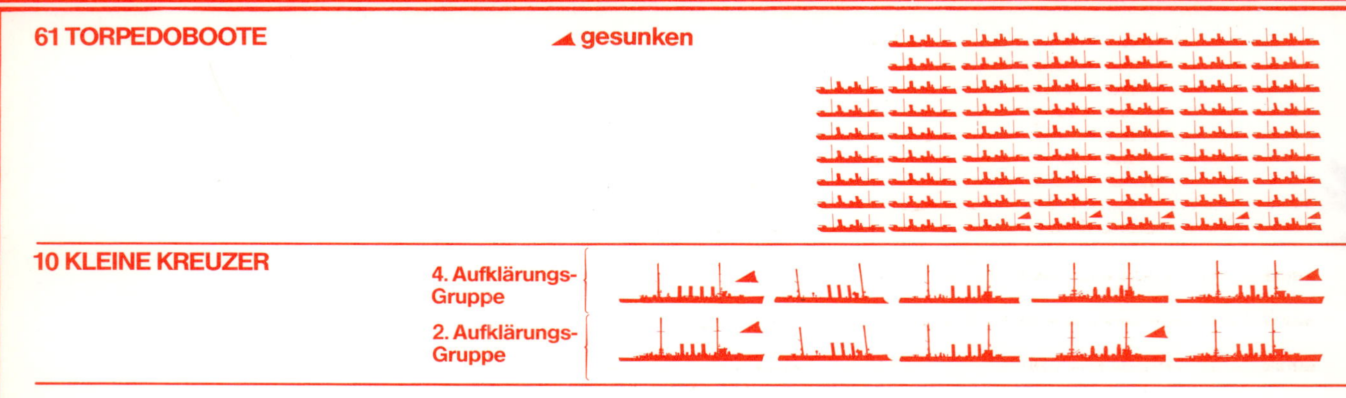

61 TORPEDOBOOTE
gesunken
10 KLEINE KREUZER
4. Aufklärungs-Gruppe
2. Aufklärungs-Gruppe
5 SCHLACHTKREUZER
1. Aufklärungs-Gruppe
Derfflinger
Lützow
Von der Tann
Moltke
Seydlitz
6 LINIENSCHIFFE
II. Geschwader
3. Div.
Schlesien
Pommern
Deutschland
4. Div.
Hessen
Schleswig-Holstein
Hannover
16 SCHLACHTSCHIFFE
I. Geschwader
1. Div.
Oldenburg
Helgoland
Thüringen
Ostfriesland
2. Div.
Westfalen
Nassau
Rheinland
Posen
III. Geschwader
5. Div.
Kronprinz
Markgraf
Großer Kurfürst
König
6. Div.
Friedrich der Große
Kaiserin
Prinzregent Luitpold
Kaiser